本书获云南大学双一流建设项目"地缘政治理论创新高地项目"资助

地缘政治理论研究丛书

马来西亚
民族国家建构研究

（1957~2003）

蒋炳庆 / 著

社会科学文献出版社
SOCIAL SCIENCES ACADEMIC PRESS (CHINA)

目 录

导　论

一　研究的缘起与意义

（一）研究的缘起

民族国家（Nation-state）是当今世界最基本的国家形态，在当代国际体系中即使说不是唯一的，也是最重要的行为体之一。民族国家是近代以来社会发展的产物，到现在为止世界上有近200个民族国家。而这近200个民族国家则是近代民族国家诞生以来6次大规模的民族国家建立浪潮的产物。① 以英法等国为代表的欧洲民族国家的建立，拉开了近代以来民族国家建立的序

① 也有学者将近代以来民族国家建立的浪潮分为四波：第一波始自1648年《威斯特伐利亚和约》的签订，在历经三次大规模的资产阶级革命，尤其是法国资产阶级革命后，形成了英法等老牌民族国家；19世纪至20世纪前后，德意俄等作为民族国家涌现，是为第二波；二战后的民族解放运动成就了民族国家建立的第三波；冷战后苏联解体、巴尔干地区国家重组等构成民族国家建立的第四波。详见许章润主编《历史法学》第一卷《民族主义与国家建构》，法律出版社，2008，第25~26页。

幕，这是世界民族国家建立浪潮的第一波。以美国和拉丁美洲革命为代表，第二波民族国家建立浪潮随之而来。19世纪中后期，德意日俄等国通过革命、战争和改革建立了民族国家，这是民族国家建立浪潮的第三波。一战结束后，随着德俄奥土四大帝国的灭亡，一系列新兴民族国家的建立标志着民族国家建立浪潮第四波的到来。二战结束后，英法日德意等帝国主义和殖民主义国家受到了极大的削弱，广大亚非拉地区掀起了大规模的民族解放运动，催生了战后新一轮的民族国家建立的浪潮，也是近代以来民族国家建立浪潮的第五波。最后，东欧剧变和苏联解体使得一些战后建立的民族国家解体，诞生出更多新的民族国家，这可以视为民族国家建立浪潮的第六波。民族国家建立的浪潮一波比一波汹涌，使得世界上民族国家的数量不断增加。然而，无论是一些学者眼中的原生性民族国家（如英法等国），还是众多在二战之后独立的国家，大都面临着民族国家建构（Nation-State Building）的重任。民族国家建构对任何一个多族群的国家来说，都是一项长期、复杂和艰巨的任务，它的成败关乎民族国家的兴衰。东欧剧变、苏联解体背景下南斯拉夫的四分五裂就是民族国家建构失败的例子。

正因如此，自二战结束以来，民族国家建构的问题就一直是政治学、民族学、社会学和历史学等学科研究的重要课题。近年来，民族国家建构的问题也是国内学界研究的热点问题之一。东南亚地区地处亚洲的东南部，地理位置重要，国家众多，以多族群（Ethnic Group）、多元文化和多宗教著称。马来西亚就是这些东南亚国家中的一员。自1957年其核心地区获得独立以来，以马来族、华族和印度族三大族群为主体的马来西亚在民族国家的建构过程中有着自己独特的经历，它既不同于族群冲突不断的印度尼西亚，也不同于华族占主导地位的新加坡。历史地、深入地分析马来西亚民族国家建构的历史，既有相当的学术意义，也可以为我们研究其他国家的民族国家建构提供参考和借鉴，这也就是本书选择以马来西亚民族国家建构作为研究对象的缘由。

（二）研究的意义

1. 有助于深化对东南亚地区各国族群史等问题的研究

东南亚地区族群众多，关系复杂，民族国家建构是各国当代历史发展进程中一个非常重要的内容。马来西亚是东南亚地区一个多族群、多文化的国家，对选题进行深入和系统的研究，有助于深化和推进对东南亚地区和马来西亚民族史，特别是族群关系史和当代族群关系问题的研究。

2. 对现有民族国家建构的相关理论进行一定的补充或修正

马来西亚民族国家建构是第二次世界大战后东南亚乃至世界范围内新兴的多族群国家进行民族国家建构的重要组成部分。马来西亚民族国家建构进程既有着与其他二战后新兴的多族群国家相同或者类似的特征，也有着自己的独特之处。因此，对马来西亚民族国家建构的历程进行全面系统的研究，有助于通过具体的事例对现有民族国家建构的相关理论进行一定的补充或修正。

3. 有助于拓宽马来西亚史研究的领域

作为东南亚地区国家中的一员，马来西亚是我国的近邻。马来西亚是一个由马来族、华族和印度族等不同族群构成的多族群国家。华族作为马来西亚第二大族群，其先辈是二战结束前在漫长的历史发展进程中逐步从中国迁居到马来西亚的。马来西亚的华族与中国有着血缘和历史文化上的渊源。以往国内学界的研究成果多集中于对马来西亚华族的历史、文化、经济和政治乃至华巫（华人和马来人）关系等方面的研究，所以对马来西亚民族国家建构的历程进行全面、深入和系统的研究，有助于拓宽马来西亚历史相关研究领域，寻找新的学术研究增长点和方向。

二　国内外研究综述

一般来说，国内学界习惯将"民族国家建构"与英文"Nation-state Building"对译。就我们现在搜集的资料来看，国内学界对民族国家建构问题的研究已经取得了不少成果①，但还没

---

① 较有代表性的民族国家建构研究成果有：刘务《缅甸 1988 年以来的民族国家构建研究》，博士学位论文，云南大学，2013；颜震《美国民族国家与帝国的双重构建（1776—1867）》，博士学位论文，吉林大学，2013；左宏愿《现代国家构建中的族群冲突与制度调控研究》，博士学位论文，南开大学，2013；闫伟《阿富汗民族国家构建的多维研究》，博士学位论文，西北大学，2014；王霏《叙利亚现代民族国家构建研究》，博士学位论文，西北大学，2014；冯静《中间团体与中国现代民族国家的构建（1901—1937）》，复旦大学出版社，2012；暨爱民《民族国家的建构——20 世纪上半期中国民族主义思潮研究》，社会科学文献出版社，2013；李韦《宗教改革与英国民族国家建构》，人民出版社，2015；刘辉《民族国家构建视角下的苏丹内战研究》，中国社会科学出版社，2011；马戎《族群、民族与国家构建——当代中国民族问题》，社会科学文献出版社，2012；张寅《多元文化背景下的民族国家建构》，云南人民出版社，2015；于春洋《现代民族国家建构：理论、历史与现实》，中国社会科学出版社，2016。

有以"马来西亚民族国家建构"为题的专门研究。国外学界特别是英美学界和马来西亚、新加坡学界，也没有以"马来西亚民族国家建构"为题的专著问世。就现在我们搜集到的研究成果来看，无论是马来西亚、新加坡、西方英美学界学者的研究成果，还是国内学界的相关研究成果，主要集中在马来西亚民族（或者国族）建构、马来西亚马来族和华族等族群的历史发展和变迁、马来西亚的族群关系的演变、马来西亚政府的族群政策，以及马来西亚的族群政治等方面。

（一）马来西亚民族建构或国族建构

1. 国外学界的研究

国外学界多有以"Nation Building in Malaysia"为主题的著作和论文，这里的"Nation Building"国内学界有的将之译为"民族建构"，也有的将之译为"国族建构"。其中，我们搜集到的与马来西亚民族建构相关的英文博士学位论文一篇，即 20 世纪 70 年代约翰·查尔斯·布克的《教育与马来西亚民族建构》，以及英文著作两部，分别是 20 世纪 80 年代出版的吉姆斯·P. 奥恩格克里（James P. Ongkili）的《1946—1974 年马来西亚的民族建构》①和 2002 年出版的蔡文庆（Cheah Boon Kheng）的《马来西亚：一个民族的建构》。②此外，还有马来西亚学者文平强主编的

① James P. Ongkili, *Nation Building in Malaysia*, *1946 - 74* (Kuala Lumpur: Oxford University Press, 1985).

② Cheah Boon Kheng, *Malaysia*: *The Making of a Nation* (Singapore: Institute of Southeast Asian Studies, 2002).

中文著作《马来西亚华人与国族建构——从独立前到独立后五十年》。

蔡文庆的《马来西亚：一个民族的建构》分4个历史时期对马来西亚民族的建构进行了梳理。作者认为，1945年到1957年在马来西亚独立前的这段时间里，马来亚存在着两种形式的民族主义：一种是主张"马来亚是马来人的马来亚"的"马来民族主义"；另一种是主张"马来亚属于所有马来亚人的马来亚"的"非马来人民族主义"。而这两种民族主义斗争的结果是英国人倒向马来人一边，最终"马来民族主义"占了上风，使得其在民族建构中掌握了主动权。1957年到1970年，这是马来西亚独立后的东姑·拉赫曼执政时期，这一期间虽然已经通过宪法确立了马来人优先的特权，但东姑·拉赫曼的领导相对来说是宽容的。东姑·拉赫曼在坚持马来人优先的前提下，并没有按照马来西亚是马来人的民族意识形态来急切地推进国家的建构，而是基本上奉行一种多元主义的模式。1970年到1980年是拉扎克和奥恩执政时期，这一时期受1969年"五一三事件"的影响，马来族主导的政府开始推行以"新经济政策"为中心的一系列政治、经济和文化措施，力图塑造一个以马来人为主导的国家。1981年到2003年是马哈蒂尔执政时期，在这一时期马哈蒂尔提出了要建立一个统一的马来西亚民族的构想，为此在经济、文化和教育等方面对以往政策做了一系列的"微调"。[1] 总之，笔

---

① Cheah Boon Kheng, "Malaysia: The Making of a Nation," ISEAS-Yusof Ishak Institute Singapore, 2002.

者认为马来西亚民族的建构虽取得了不小的成绩，但依然路漫漫其修远兮。

文平强主编的《马来西亚华人与国族建构——从独立前到独立后五十年》由众多学者参与撰写而成，分为上、下两册，分别于 2009 年和 2010 年以中文形式出版。该著认为马来西亚国族建构是指在国家建设的基础上建立一个可发展的、统一的国族的过程。通过国族建构这一过程，培养马来西亚国民既认同自己是马来西亚国族的一部分，也形成对这个国家的强烈认同。该著作认为，马来西亚国族建构牵涉人民参与和对其施加影响的各种进程，以期从中建立起"典型"的马来西亚身份认同。正因为如此，既然马来西亚华人在国族建构过程中的贡献涉及多个领域和层面，自然应当受到充分重视。基于该原因，该著作分别从历史、经济、政治与文化 4 个方面，由相应的学者就华人在马来西亚国族建构中的贡献进行了阐释。

在搜集到的论文中以马来西亚学者陈丁辉的《想象还是事实？独立后马来（西）亚国族建构的再思考》一文最有代表性。陈丁辉的文章认为，独立后马来西亚国族的建构既是真实地进行着的，同时亦被内部不同的族群来想象。自独立以来，马来西亚就存在着两种国族建构的想象，一种是马来人的"马来民族主义"，另一种是非马来人（特别是华人）的"文化多元主义"。马来人的国族建构是以一个民族、一种语言、一种文化和一个宗教（伊斯兰教）为出发点，单一的和同质化的同化过程是其终极目标。非马来人则主张国族建构应当承认马来西亚是一个多元文化社会的现实，在此基础上各族群之间相互尊重，保持各族群的文化，进而形成一个和谐的"马来西亚国族"。正是这两种不同的想法，以及政府采用多元调和的方式进行国族塑造，使得在马来西亚民族国家建构过程中社会长期处于一种"稳定的紧张"关系之中。最后，文章认为"马来民族主义"式的单一民族国家会令其他族群感到担忧，而"多元文化主义"又过于一厢情愿且理想性过高，所以以后马来西亚国族的建构可以考虑"公民民族主义"和"自由主义"的思路。①

2. 国内学界的研究

对于马来西亚民族或国族的建构，国内学界也有涉猎。其中，王子昌和齐顺利两位学者的研究成果最具有代表性。王子昌在其《政治领导与马来西亚国族的"打造"》一文中认为，"在马来西亚国族的建构过程中，政治领导起着特别重要的作用"。因为在作者看来，一般情况下一个多族群的国家，国族的建构方式很大程度上可能是"文化发展较先进的族群融合文化发展相对滞后的族群"，并认为"这是一个自然的过程"。不过，王子昌指出，在马来西亚由于历史原因，马来人虽在文化上发展相对滞后但却在政治上占主导地位，华人在政治上处于劣势地位可是在文化上发展相对先进。马来人虽然企图以马来文化为主建立马来西亚国族核心文化，但遭到了华人的强烈反对。因此，马来西亚国族的建构就不可能是一个自然交往和融合的过程了。这就需要政

---

① 〔马来西亚〕陈丁辉：《想象还是事实？独立后马来亚国族建构的再思考》，载〔马来西亚〕何国忠编《百年回眸：马华社会与政治》，华社研究中心，2005，第251～273页。

治领导在其中扮演重要角色。①

　　齐顺利的研究成果比较集中，主要是在国内外学者们研究的
基础上，利用相关的文献资料对马来人与华人就马来西亚民族建
构问题的争论、马来文化在马来西亚民族建构中强势地位的形
成、马来民族主义对马来西亚民族建构的影响，以及马来西亚政
党制度下的民族建构等问题进行了比较翔实的梳理和论述。②

（二）马来西亚主要族群的历史演变

　　马来西亚是一个由多族群构成的后发型民族国家。根据学者
的研究成果，马来西亚在 20 世纪末有 60 多个族群和亚族群。③
其中，马来族、华族和印度族以及奥朗阿斯利族是四大主流族
群。对于这四大族群的历史渊源和发展状况国内外学者都不同程
度地有所涉猎。

1. 有关马来族历史渊源的研究

　　当今，马来族是马来西亚最大的族群，也是由宪法赋予优先

---

①　王子昌：《政治领导与马来西亚国族"打造"》，《世界民族》2004 年第
　　1 期。

②　齐顺利：《一个民族，两种想象：马来人与华人关于马来西亚民族建构问题
　　争论之述评》，《华侨华人历史研究》2008 年第 3 期；齐顺利：《马来西亚
　　民族建构和马来文化强势地位的形成》，《河南师范大学学报》（哲学社会
　　科学版）2008 年第 4 期；齐顺利：《他者的神话与现实——马来民族主义
　　研究》，《国际政治研究》2011 年第 4 期；齐顺利：《政治整合视域下的马
　　来西亚民族建构研究》，《国际论坛》2012 年第 4 期。

③　孙振玉：《马来西亚的马来人与华人及其关系研究》，甘肃民族出版社，
　　2008，第 15 页。

权的族群。对于马来族的历史发展与现实状况，可以说所有的国外的马来西亚通史类著作都会有较为详细的论述。如已经再版的 B. W. 安达娅和 L. Y. 安达娅著的《马来西亚史》就是比较有代表性的著作。该著作从古代到当代，对马来族的发展做了全面而详细的论述。①

对于马来族的渊源，国内学界有关马来西亚通史类的著述和马来西亚华族研究类的著述多少都会有所涉及。长期以来，马来族坚持认为自己是马来西亚的"土著"。然而，国内学界多数研究成果对这一认知持否定态度。众多的研究成果认为，马来族并非马来西亚最早的原住民，他们也是后来从别的地方迁移而来的。林远辉和张应龙的《新加坡马来西亚华侨史》认为，不论是华人、印度人还是马来人，都不是马来西亚的原住民，他们是移住民，是外来的民族。② 孙振玉在其《马来西亚的马来人与华人及其关系研究》一书中认为，根据相关研究，马来人虽说自己是马来半岛的"土著"，但是在远古时代，他们的祖先也是外来移民。③ 在《马来亚现代马来民族形成初探》一文中，罗圣荣认为"今天马来西亚的一些马来人自认为是当地土著，但众多有力证

---

① 详细的内容可见〔美〕芭芭拉·沃森·安达娅、〔美〕伦纳德·安达娅《马来西亚史》，黄秋迪译，中国大百科全书出版社，2010。

② 林远辉、张应龙：《新加坡马来西亚华侨史》，广东高等教育出版社，2008，第5页。

③ 孙振玉：《马来西亚的马来人与华人及其关系研究》，甘肃民族出版社，2008，第25页。

据表明马来亚的现代马来人实际上也是外来民族"①。

2. 有关马来西亚华族历史的研究

华族是马来西亚第二大族群，也是马来西亚、新加坡、英美学界研究的重要对象。在这一方面，马来西亚、新加坡的华族学者以及英美学界的研究成果颇丰，比较有代表性的有英国人维多巴素的《近代马来亚华人》，马来西亚学者林水檺和骆静山合编的《马来西亚华人史》②，林水檺、何启凉、何国忠等学者编写的《马来西亚华人史新编》（共三册）③，等等。这些著作对于马来西亚华族的由来、发展及其不同阶段的状况做了较为详细的论述。

英国人维多巴素的《近代马来亚华人》虽然篇幅不大，出版时不足 150 页，但却能够在如此之短的篇幅内以第二次世界大战为分界线，分两大部分论述了截止到 1955 年华族在马来西亚的发展轨迹。该书涉及内容广泛，包括华族迁居马来西亚的历史，马来西亚华族的宗教、秘密社会，华族与英殖民者的关系，华族劳工，华族在马来西亚的政治，等等。④《马来西亚华人史新编》的第一册概述了华族从最初由中国前往马来西亚落户，一直到 20 世

①　罗圣荣、汪爱平：《马来亚现代马来民族形成初探》，《广西师范大学学报》（哲学社会科学版）2009 年第 1 期。

②　〔马来西亚〕林水檺、〔马来西亚〕骆静山合编《马来西亚华人史》，马来西亚留台校友会联合总会，1984。

③　〔马来西亚〕林水檺等合编《马来西亚华人史新编》全三册，马来西亚中华大会堂总会，1998。

④　〔英〕维多巴素：《近代马来亚华人》，张奕善译，台湾商务印书馆，1972。

纪 90 年代初发展的历史轨迹。该册将马来西亚华族这一长时间段的发展历史分为 4 个阶段：第一阶段从初入马来西亚到第二次世界大战爆发，分析了华族迁往马来西亚的内外原因；第二阶段为抗日战争阶段；第三阶段从抗日战争胜利到马来亚独立；第四阶段从马来亚独立到 20 世纪 90 年代初。在该时间段下，内容共分为 6 章，围绕着两个主题展开论述。一为华族社会的发展，二为华族人口的变迁以及华族人口的变动情况。①

除总体上研究马来西亚华族的著述外，还有一部分学者如崔贵强②、王赓武、何国忠、陈志明等，将自己的研究重点放到了华族认同的产生上。③ 其中以崔贵强的《新马华人国家认同的转向 1945—1959》最有代表性。该著作以 1945~1959 年新马华人国家认同的转变为主题，分三个阶段对华人认同的转变过程做了详细的论述。崔贵强将 1945~1949 年作为新马华人国家认同转变的第一个阶段，认为这一时期华人多对中国有着眷恋之情，以中国居民身份自居，抱着"落叶归根"的心态，希望有朝一日能够衣

① 〔马来西亚〕林水檺等合编《马来西亚华人史新编》全三册，马来西亚中华大会堂总会，1998，导言，第 XXI 页。

② 崔贵强：《新马华人国家认同的转向 1945—1959》，厦门大学出版社，1989。

③ 对于王赓武、何国忠和陈志明等人华族认同的研究可见〔新加坡〕王赓武《王赓武自选集》，上海教育出版社，2002；〔马来西亚〕何国忠《马来西亚华人：身份认同、文化与族群政治》，华社研究中心，2002；陈志明、李远龙《马来西亚华人的认同》，《广西民族学院学报》（哲学社会科学版）1998 年第 4 期；陈志明《华裔族群：语言、国籍与认同》，《广西民族学院学报》（哲学社会科学版）1999 年第 4 期；等等。

锦还乡。在这一时期，也有华人开始关注当地的政治发展，通过具体行动表达自己的意愿，维护自己的利益。1950~1955 年是华人国家认同转变的第二个阶段，而且是一个过渡阶段。在这一阶段，以马华公会为代表的部分华人开始转变国家认同，由中国认同变为马来亚认同，提倡"落地生根"，并积极参与争取民权的运动。但是，当地广大华人反应并不强烈。1956~1959 年是华人国家认同转变的完成阶段，受内外环境变化的影响，马来亚的华人越来越多地放弃了中国国籍，选择成为当地公民。[①]

　　华族是马来西亚的第二大族群，由于他们与中国有着历史和文化上的渊源，一直是国内学界关注的对象。现今，国内学界对马来西亚华族的由来与演变有众多的论述，比较有代表性的成果是上面已经提到过的林远辉与张应龙合著的《新加坡马来西亚华侨史》、孙振玉的《马来西亚的马来人与华人及其关系研究》，以及台湾学者李恩涵的《东南亚华人史》，等等。林远辉和张应龙的《新加坡马来西亚华侨史》以历史发展为脉络，对华人如何移居马来西亚和在不同阶段华人对马来西亚发展的贡献等做了详细的论述。[②] 孙振玉在自己的著作中对华人移民马来西亚的背景、过程及马来西亚华人族群的构成等做了系统的梳理。[③] 2015 年由东方出版社出版的《东南亚华人史》共 32 章，其中第 8、9、10、

---

① 崔贵强：《新马华人国家认同的转向 1945—1959》，厦门大学出版社，1989，第 3 页。

② 林远辉、张应龙：《新加坡马来西亚华侨史》，广东高等教育出版社，2008。

③ 孙振玉：《马来西亚的马来人与华人及其关系研究》，甘肃民族出版社，2008，第 34~52 页。

14、15、16、17、18 和 19 章都对马来西亚的华人有所涉及。这些章节按照时间顺序对马来西亚华人的起源、发展等做了较为详细的论述。① 此外，新近出版的《马来西亚史纲》也对华人移居马来亚的由来、发展及华人对马来西亚的贡献做了系统的阐释。②

3. 有关马来西亚印度族的历史研究

印度族是马来西亚的第三大族群。马来西亚的印度人的成分比较复杂，但是在马来西亚乃至整个东南亚地区，印度人仍然被视为一个大的民族群体。国外学界对马来西亚印度族的研究相对于马来族和华族来说比较少，但也产生了一系列颇有见地的论著。其中比较有代表性的是斯纳帕·阿拉萨拉特纳姆（Sinnappah Arasaratnam）的《马来西亚和新加坡的印度人》③ 和穆扎法·德斯孟德·泰德（Muzafar Desmond Tate）的《马来西亚印度人的历史、问题及其未来》。其中，《马来西亚印度人的历史、问题及其未来》一书是我们搜集到的资料中最全面地论述印度族的著作。《马来西亚印度人的历史、问题及其未来》一书以历史发展为主线，分不同阶段介绍了印度族的发展状况、发展中遇到的问题，并就其未来发展趋势做了预测性的论证。④

对于马来西亚的印度族，国内学界相比国外学界研究成果更

---

① 李恩涵：《东南亚华人史》，东方出版社，2015。

② 范若兰、李婉珺、〔马来西亚〕廖朝骥：《马来西亚史纲》，世界图书出版公司，2018。

③ Sinnappah Arasaratnam, *Indians in Malaysia and Singapore* (New York：Oxford University Press, 1970).

④ Muzafar Desmond Tate, *The Malaysian Indians：History, Problems and Future* (Selangor：Strategic Information and Research Development Centre, 2008).

少。通过对现有的资料的梳理，王士录①、梁英明②、肖宏飞③、石沧金④、罗圣荣等学者对印度族的历史演变和发展历程有不同程度的研究。其中，近年来罗圣荣的研究成果最为丰硕，其在发表的多篇学术论文的基础上完成了博士学位论文，并于2015年公开发表。⑤ 罗圣荣的专著《马来西亚的印度人及其历史变迁》分为4章，分别详细介绍了英国殖民统治前和殖民统治过程中马来西亚印度族的由来、英国殖民统治时期马来西亚印度族的发展状况，以及独立以来马来西亚印度族的状况。该著述还对马来西亚

---

① 王士录：《东南亚印度人概论》，《东南亚研究》1988年第3期。

② 梁英明：《马来西亚种族政治下的华人与印度人社会》，《华侨华人历史研究》1992年第1期。

③ 肖宏飞：《英属马来亚种植园的印度劳工（19世纪中叶至二战前）》，《东南亚纵横》2006年第3期。

④ 石沧金：《马来西亚印度人的政治参与简析》，《世界民族》2009年第2期；石沧金：《二战前英属马来亚印度劳工的政治生活简析》，《南洋问题研究》2009年第4期。

⑤ 近年来罗圣荣先后发表学术论文十余篇，出版专著一部，具体如下：罗圣荣、赵鹏《1957～1980年的马来西亚民族关系》，《东南亚纵横》2008年第3期；罗圣荣《马来西亚印度人的由来及其困境研究》，《东南亚研究》2008年第4期；罗圣荣、汪爱平《英殖民统治时期马来亚的印度人移民》，《南洋问题研究》2009年第1期；罗圣荣《马来西亚印度人的处境——兼谈马来西亚的不平等民族政策》，《世界民族》2009年第2期；罗圣荣、汪爱平《马来西亚马华族群关系与马印族群关系之比较研究》，《广西师范大学学报》（哲学社会科学版）2011年第2期；罗圣荣《马来西亚华印社会比较研究》，《南洋问题研究》2012年第1期；罗圣荣《马来西亚的族群边界与少数族群的认同——以印度人穆斯林为例》，《南洋问题研究》2014年第1期；罗圣荣《马来西亚的印度人及其历史变迁》，中国社会科学出版社，2015。

印度族社会和华族社会进行了比较。① 《马来西亚的印度人及其历史变迁》一书是我们收集到的资料中国内学界第一本全面论述马来西亚印度族的专著。

4. 有关奥朗阿斯利族的历史研究

一般来说，国内学界多认为奥朗阿斯利人（Orang Asli）是马来半岛上最原始的土著居民。作为除马来族、华族和印度族之外的第四大族群，奥朗阿斯利族也是国外学界研究的对象之一。相较而言，国外现有的有关马来西亚的历史著作多少都会对奥朗阿斯利人有所提及。上面提及的 B. W. 安达娅和 L. Y. 安达娅著的《马来西亚史》比较有代表性。在这部著作里，两位作者对奥朗阿斯利族名称的由来（作者称奥朗阿斯利这一名称是 20 世纪 50 年代创造出来的）、族群的构成（该著作认为奥朗阿斯利族由 19 个不同的亚群体组成，大致分为北方奥朗阿斯利族、赛诺人和南方奥朗阿斯利族三大部分）以及历史演变有着简短而清晰的论述。② 此外，国外学界还有一些关于奥朗阿斯利人的专门著述，如阿伦·琼斯（Alun Jones）的《奥朗阿斯利人：他们在当代马来西亚进步的概述》③、柯克·思斯科特（Kirk Endicott）的《权力与政治：马来西亚奥朗阿斯利人的故事》、罗伊·戴维斯·林维尔·江珀（Roy Davis Liville Jumper）的《现在的奥朗阿斯利人：马来西亚政治世

---

① 罗圣荣：《马来西亚的印度人及其历史变迁》，中国社会科学出版社，2015。

② 〔美〕芭芭拉·沃森·安达娅、〔美〕伦纳德·安达娅：《马来西亚史》，黄秋迪译，中国大百科全书出版社，2010，第 4~5 页。

③ Alun Jones, "The Orang Asli: An Outline of Their Progress in Modern Malaya," *Journal of Southeast Asian History*, Vol. 9, No. 2, 1968, pp. 286-305.

界中的奥朗阿斯利人》①，以及约翰·D. 威利（John D. Leary）的《暴力与追梦人：1948—1960 年间马来亚紧急状态下的奥朗阿斯利人》② 等。上述著述从不同的侧面对奥朗阿斯利人的历史、现状以及政治、经济和文化等进行了论述。

对于奥朗阿斯利人，国内学界的研究成果不多。孔建勋等的《多民族国家的民族政策与族群态度——新加坡、马来西亚和泰国实证研究》一书，对奥朗阿斯利族的起源、历史发展状况，以及马来西亚独立后政府对之采取的同化政策等有相当的论述。③另外，廖海亚的硕士学位毕业论文《马来西亚现代化进程中的"奥郎·阿斯利"族群》也对奥朗阿斯利族的起源、人口情况、政府对之的政策，以及其自身认同等问题进行了分析。④

（三）马来西亚的族群关系与族群政策

1. 国外学界的研究

马来西亚的族群关系和族群政策也是国外学界研究的重点。

---

① Kirk Endicott, "Power and Politics: The Story of Malaysia's Orang Asli," *The Journal of Asian Studies*, Vol. 57, No. 3, 1998, pp. 914 – 915; Roy Davis Linville Jumper, "Orang Asli Now: The Orang Asli in the Malaysian Political World," *Journal of Southeast Asian Studies*, Vol. 32, No. 2, 2001, pp. 280 – 281.

② John D. Leary, *Violence and the Dream People: The Orang Asli in the Malayan Emergency, 1948–1960* (Athens: Ohio University Press, 1995).

③ 孔建勋等：《多民族国家的民族政策与族群态度——新加坡、马来西亚和泰国实证研究》，中国社会科学出版社，2010，第 86~101 页。

④ 廖海亚：《马来西亚现代化进程中的"奥郎·阿斯利"族群》，硕士学位论文，云南大学，2003。

对于马来西亚的族群关系，就我们见到的研究成果，国外学界特别是马来西亚学者们的观点大体上可以分为两种：一种认为马来西亚的族群关系是和谐的，堪称世界族群关系和谐的楷模；另一种则认为马来西亚的族群关系不能用和谐来表述，最多只能用和平共处来形容，并且族群关系也并不总是风平浪静，也会不时受到族群之间冲突的影响。

由马来西亚多位学者合著的《马来西亚研究：国家与公民》一书，是族群关系和谐观点的代表作。该著作认为马来西亚的族群关系是良好的，并正在朝着和谐的方向发展。该著作还认为，当下马来西亚的族群关系正处于国家整合的妥协阶段（该著作将国家整合分为共存、频繁的外部接触、妥协、一体化和整合5个阶段）。马来西亚社会早已经超越了接触阶段，随着时间的推移，妥协已经在很大一部分人之间达成，一体化阶段也即将出现，并逐步趋于整合。至于族群间的一些不和谐现象和冲突，作者认为那是某一族群对其他族群的无知，社会化的局限性，族群间政治、社会与经济差异，文化差异等因素导致的。[①]

而在认为不能用和谐来形容马来西亚族群关系的著述中，最有名的则非马哈蒂尔的《马来人的困境》莫属。在这部20世纪70年代出版的作品中，马哈蒂尔认为真正的族群和谐从未出现过。在马哈蒂尔看来，当时各族群之间没有相争是事实，彼此容忍是事实，总之彼此间体现了某种程度上的互让精神，但这不是

---

① 转引自孙振玉《马来西亚的马来人与华人及其关系研究》，甘肃民族出版社，2008，第215~225页。

和谐。马来西亚所谓的族群和谐既不是真实的，也不是根深蒂固的。[①] 应该说，当时受"五一三事件"的影响，有不少学者对马来西亚的族群关系持悲观态度。学者 R. K. 瓦塞尔（R. K. Vasil）在其著作中认为马来西亚的族群关系，主要是马华族群关系在总体上是敌视和不信任，不是和谐。[②] 对于 21 世纪马来西亚的族群关系，赛·胡先·阿里在其《马来人的问题与未来》一书中认为，当下虽然各族人士尝试给族群关系降温，但族群情绪依然强烈，并不时地引发紧张气氛，其列举了 1969 年的"五一三事件"等作为例子。阿里认为不时造成族群冲突和紧张关系的原因要么是族群相互间的分歧，要么是价值观和利益的冲突，或者两者兼之。[③]

2. 国内学界的研究

马来西亚的族群关系和族群政策是国内学界在对马来西亚研究中成果最丰硕的领域。据笔者不完全统计，大陆学者撰写的关于马来西亚族群关系和族群政策的研究著作有 4 部，其中廖小健的《战后马来西亚族群关系：华人与马来人关系研究》[④]、孙振玉的《马来西亚的马来人与华人及其关系研究》，以及孔建勋等的《多民族国家的民族政策与族群态度——新加坡、马来西亚和泰

① 〔马来西亚〕马哈蒂尔·穆罕默德：《马来人的困境》，叶钟铃译，皇冠出版社，1970，第 3~4 页。

② R. K. Vasil, *Ethnic Politics in Malaysia* (New Delhi: Radiant Publishers, 1980), pp. 3-4.

③ 〔马来西亚〕赛·胡先·阿里：《马来人的问题与未来》，赖顺吉译，策略咨讯研究中心，2010，第 134 页。

④ 廖小健：《战后马来西亚族群关系：华人与马来人关系研究》，暨南大学出版社，2012。

国实证研究》比较有代表性。博士学位论文共 3 篇，即梁忠的《马来西亚政府华人政策研究——从东姑·拉赫曼到马哈蒂尔》（复旦大学博士学位毕业论文，2006 年）、曹云华的《从文化适应的角度看东南亚华人与当地民族的关系》（暨南大学博士学位毕业论文，2001 年），以及廖小健的《战后马来西亚族群关系研究》（暨南大学博士学位毕业论文，2007 年）。硕士学位论文十余篇，较有代表性的是曾营的《马哈蒂尔政府对华族的政策研究（1981—2003）》（广西师范大学硕士学位毕业论文，2008 年）、王雷的《马来西亚族群政策演变研究》（云南大学硕士学位毕业论文，2010 年）、刘莹的《新马族群政策及其对族群关系影响的比较研究》（云南大学硕士学位毕业论文，2010 年）、郭卫平的《独立以来新加坡马来民族政策的历史考察》（苏州科技学院硕士学位毕业论文，2011 年）、霍林峰的《马华政党视角下的马华族群关系演变研究（1946—1969）》（华中师范大学硕士学位毕业论文，2012 年），以及胡丽君的《马来西亚的新经济政策与族群关系演变（1957—1990）》（华中师范大学硕士学位毕业论文，2014 年），等等。学术论文百余篇，比较有代表性的有曾少聪的《东南亚华人与土著民族的族群关系研究——以菲律宾和马来西亚为例》（《世界民族》2002 年第 2 期）、李一平的《试论马来西亚华人与马来人的民族关系》（《世界历史》2003 年第 5 期）、何西湖的《马来西亚华人政策的演变和发展》[《广西民族学院学报》（哲学社会科学版）2004 年第 S2 期]、俞云平和陈衍德的《从隔阂对抗走向共存共荣——马来西亚马华族群关系的演变》[《厦门大学学报》（哲学社会科学版）2008 年第 3 期]、曹庆锋的《马来西亚民族政策的历史嬗变及其启示》[《西北民族大学学报》(哲学社会科学版) 2013 年第 2 期] 和衣远的《马来西亚独立以来的民族政策演变——基于认同政治视角的分析》(《国际政治研究》 2020 年第 2 期),等等。

在以上的研究成果中,廖小健、孙振玉和孔建勋的研究最具有代表性。厦门大学的廖小健教授从 20 世纪 80 年代开始就致力于马来西亚族群政治和族群政策的研究,至今已经有 30 年的研究历史,发表相关论文近百篇,出版专著多部。据有的学者统计,1982~2011 年廖小健教授仅在《华侨华人历史研究》这一刊物上就发表相关论文 60 多篇。[①] 廖小健教授在自己不同时期的著述中详细分析了马来西亚马来族和华族关系的发展历程、特征及其影响性因素。[②] 总体上,廖小健教授认为马来西亚的族群关系相对和谐,马来族和华族虽有冲突和矛盾,但由于两族的基本生存和发展要求都能够得到满足,所以能够和平共处。而马来西亚相对和谐的族群关系对于马来西亚政治稳定和经济发展起到了促进作用。孙振玉在自己的著作中认为,马来西亚以华族和马来族为主

①　乔印伟:《中国大陆的马来西亚华侨华人研究——以 1982—2011 年间〈华侨华人历史研究〉刊发论文为基础的分析》,《华侨华人历史研究》 2012 年第 3 期。

②　廖小健:《马来西亚马、华两族关系的几个特点》,《世界民族》 2002 年第 1 期;廖小健:《马来西亚马华两族关系的几个发展阶段》,《东南亚研究》 2003 年第 3 期;廖小健:《影响马来西亚马华两族关系的文化与政治因素》,《华侨华人历史研究》 2007 年第 4 期;廖小健:《马来西亚维持族群和谐的经济与教育因素》,《华侨华人历史研究》 2009 年第 2 期;等等。

的族群关系基本维持着在主流看来和平共处的局面。之所以能够如此，孙振玉从积极和消极两个方面分析了原因。积极方面：第一，以民族民主协商为特征的种族政治有利于在一定程度上化解因种族不平等而引发的族群矛盾；第二，经济增长及其所带来的社会繁荣有助于一定程度上化解因种族不公平而产生的怨恨情绪；第三，各族群对发展和稳定的高度认同有利于搁置一些本来异常尖锐的族群矛盾；第四，国家发展政策使得非马来族对政府解决问题尚有信心；第五，国内有限的民主氛围有利于引导非马来族群诉诸民主和法治的方式解决问题；第六，各族群能够吸取以往族群关系恶化的教训，使得局势不至于失控。① 消极方面：第一，马来宪法赋予马来族优先的地位使得其他族群对改变现状望而生畏；第二，马来族主导的政府将一些与族群关系相关的问题列为敏感问题，并禁止讨论以避免刺激紧张局面；第三，马来族主导下的政府通过一系列安全法令使得非马来族群争取权益的活动受到限制；第四，马来族主导的政府掌握着国家镇压机器，对个别民族主义者的激进行为起着震慑作用；第五，一些激进的民族主义者的不负责任和不惜制造流血冲突的行为，也使得弱势族群在提出并维护自己的权益时心有余悸。② 孔建勋研究员在自

① 孙振玉：《试析马来西亚构建种族和谐社会之前景》，文化多样性与当代世界国际学术会议论文，广州，2006 年 11 月；孙振玉：《马来西亚的马来人与华人及其关系研究》，甘肃民族出版社，2008，第 236~237 页。

② 孙振玉：《试析马来西亚构建种族和谐社会之前景》，文化多样性与当代世界国际学术会议论文，广州，2006 年 11 月；孙振玉：《马来西亚的马来人与华人及其关系研究》，甘肃民族出版社，2008，第 236~237 页。

己的著作中将马来西亚的族群政策发展的脉络归结为从土著优先到公平发展。更值得提及的是，孔建勋研究员就马来西亚的族群政策在政治、经济、文化和教育等方面对印度族和奥朗阿斯利族的影响做了详细的论述。[①]

（四）马来西亚的族群政治

族群政治，国内学界也有人称之为族际政治，是指在由多个族群构成的现代民族国家中，各个族群通过组建政党、政治性团体等，为争取和维护自身的利益而进行的政治博弈，其核心就是对国家政治权力这一"大蛋糕"的分割。

1. 国外学界的研究

对于马来西亚的族群政治，国外学界的研究起步比较早。早在20世纪50~60年代就有关于这方面的研究成果问世，到现在也可以说是硕果累累。就我们搜集到的资料来看，关于马来西亚族群政治的研究成果大体上分为两类：一类是从总体上论述马来西亚的族群政治，也就是总体论述马、华、印等族群及其政党间的关系互动，分析带来的影响等；另一类是具体论及马、华、印等族群对马来西亚政治的参与或者其政党的产生、发展与演变等。

就第一类而言，其代表性的著作包括 R. K. 瓦塞尔的《马来西亚的族群政治》、吴清德的《马来西亚的种族政治》[②]、朱自存的《多元种族政治及其他》、王国璋的《马来西亚族群政

---

① 孔建勋等：《多民族国家的民族政策与族群态度——新加坡、马来西亚和泰国实证研究》，中国社会科学出版社，2010，第 61~105 页。

② 〔马来西亚〕吴清德：《马来西亚的种族政治》，远东文化，1989。

党政治》和祝家华的《解构政治神话——大马两线政治的评析
（1985—1992）》①，等等。其中，R. K. 瓦塞尔的《马来西亚的
族群政治》一书是我们发现较早的有关马来西亚族群政治的著
作。该书篇幅比较短小，共分为 7 部分，除去引言和结语，正
文分为宪法框架、联盟与马来政治优势、非马来政党、马来西
亚与对马来族政治优势的威胁、联盟的结束与马来统治等部分。
用作者的话说，该著作主要通过正文的几部分论述了在多族群
的马来西亚社会是如何由多族群主义和代表制民主的构想逐步
沦为马来族独自掌控权力，并为自身利益服务的。② 朱自存
《多元种族政治及其他》以随笔的形式论述了马来西亚多种族存
在的问题，并分析了多种族政治对华族社会的影响。王国璋的
《马来西亚族群政党政治》一书主要落脚点是马来西亚族群政治
中的政党政治，主要分析了马来西亚族群政党的性质和变迁。
王国璋在其著作中将马来西亚的政党分为族群性质的、跨族群
性质的和非族群性质的三类。③

　　对于第二类，国外学界涉及的研究面比较广泛，主要包括马
来族、华族和印度族等族群对马来西亚政治的参与或者其政党的
产生、发展与演变，等等。对于马来族在马来西亚族群政治中的

---

① 〔马来西亚〕祝家华：《解构政治神话——大马两线政治的评析（1985—
　　1992）》，华社资料研究中心，1994。

② R. K. Vasil, *Ethnic Politics in Malaysia* (New Delhi: Radiant Publishers,
　　1980).

③ 〔马来西亚〕王国璋：《马来西亚族群政党政治》，东方企业有限公司，
　　1998。

地位，国外学界并没有太多的分歧。多数著作都认可马来族在马来西亚族群政治中的主导地位。相关的著述多围绕着马来族的政治优势以及其他族群对这一政治优势的反应进行了分析。此外，马来西亚和新加坡的华族学者对华族的政治参与、政党体制等做了充分的研究。其中，有代表性的著作有何国忠的《马来西亚华人：身份认同、文化与族群政治》和其编著的《百年回眸：马华社会与政治》①，何启良的《政治动员与官僚参与——大马华人政治论述》和《当代大马华人政治省思》②，谢诗坚的《马来西亚华人政治思潮演变》③，以及丘光耀的《第三条道路——马来西亚华人政治选择批判》和《超越教条与务实：马来西亚民主行动党研究》④，等等。如丘光耀等人多为马来西亚的华族学者，并且还是马来西亚族际政治互动的亲身参与者和切身体会者，他们的著述多认为马来西亚的族群政治走过了一条从各族群政党合作争取独立，到各政党承认马来族优先的基础上的合作，再到马来族政党大权独揽、华族和印度族等政党影响力日益式微的道路。

---

① 〔马来西亚〕何国忠：《马来西亚华人：身份认同、文化与族群政治》，华社研究中心，2002；〔马来西亚〕何国忠编《百年回眸：马华社会与政治》，华社研究中心，2005。

② 〔马来西亚〕何启良：《政治动员与官僚参与——大马华人政治论述》，华社资料研究中心，1995。

③ 〔马来西亚〕谢诗坚：《马来西亚华人政治思潮演变》，友达企业有限公司，1984。

④ 〔马来西亚〕丘光耀：《第三条道路——马来西亚华人政治选择批判》，载〔马来西亚〕丘光耀《超越教条与务实：马来西亚民主行动党研究》，大将出版社，2007。

2. 国内学界的研究

马来西亚族群政治也是国内学界关注的问题之一。但这方面的成果较之族群关系和族群政策不多，国内也没有相关的专著问世。现有的研究成果一部分散见于学者对马来西亚其他相关问题的研究中。如孔建勋等的《多民族国家的民族政策与族群态度——新加坡、马来西亚和泰国实证研究》一书，就对马来西亚的族群政治有总体性的评价。孔建勋认为，"土著至上主义"指导下的马来西亚族群政治，尽管在形式上实行的是君主立宪与议会制民主的国家政治体制，实践中亦允许反对党与反对政治的存在，但是与真正的现代民主政治文明还有很大的距离。这种族群政治为非马来族的族群的国家认同设置了极大的难题，即使是在"马来西亚族"的概念下，它们的国家认同也不可避免地带有向土著实质上是向马来族认同的一面。[①] 另外，廖小健的著作对这一问题也有论及。[②] 另一部分则是针对这一问题的学术论文。国内学者王子昌[③]、许利平[④]、许梅、许国栋、韦红[⑤]等都有相关的

---

① 孔建勋等：《多民族国家的民族政策与族群态度——新加坡、马来西亚和泰国实证研究》，中国社会科学出版社，2010，第 239~240 页。

② 廖小健：《战后马来西亚族群关系：华人与马来人关系研究》，暨南大学出版社，2012。

③ 王子昌：《集团博弈与公共利益——以马来西亚政治为例的研究》，《东南亚研究》2002 年第 3 期。

④ 许利平、骆永昆：《马来西亚的种族政治与和谐社会的构建》，《东南亚南亚研究》2011 年第 3 期。

⑤ 韦红：《20 世纪 90 年代以来马来西亚民族政治的淡化》，《世界民族》2002 年第 1 期。

论文发表。这些论文的关注点多集中在华族政治参与、华族政党等方面。①

三　创新与不足

（一）创新之处

总的来看，本书的创新之处主要表现在以下 4 个方面。

其一，本书在对国内外学界相关概念分析的基础上，重新厘定"族群""民族""民族国家"，以及"民族国家建构"等概念，并以此为基础按照历史发展的脉络，全面深入分析马来西亚民族国家建构的历程及得失。

其二，根据马来西亚国情，对马来西亚民族国家建构提出了自己的见解，对马来西亚民族国家建构的整体历程和不同阶段进行了相应的定性描述。

其三，明确地指出马来西亚民族国家建构，特别是民族建构过程中存在的制约性因素。

其四，就未来马来西亚民族国家建构的路径选择提出了自己的看法，即马来族坚持的同化主义必然让华族等其他族群感到忧

---

① 许国栋：《论马来西亚华人政治》，《华侨华人历史研究》1995 年第 1 期；廖小健：《马来西亚华人政治的突破与困惑》，《东南亚纵横》2002 年第 6 期；廖小健：《华人政治地位与马来西亚的政治分层》，《东南亚研究》2007 年第 5 期；王子昌：《华人移民与马来西亚的政治发展》，《世界民族》2007 年第 1 期；许梅：《制约马来西亚华人政党政治发展的种族政治因素》，《世界民族》2003 年第 1 期；许梅：《独立后马来西亚华人的政治选择与政治参与》，《东南亚研究》2004 年第 1 期。

惧，而在由马来人主导的优势的现实面前，多元主义又显得理想性太强，故可以在"小开放"局面以来马来西亚社会发展的大背景下，通过强化马来西亚公民个体权利平等来强化国民的国家认同，推动马来西亚民族国家的建构。

（二）存在不足

其一，本书力求突破传统的历史学研究框架和研究方法，但实现跨学科研究确实是一个不小的挑战。本书难免会在具体概念的分析和把握、研究方法的使用，以及具体理论的运用上存在诸多不足。

其二，民族国家建构涉及的内容十分广泛，本书主要从马来西亚各族群的自身利益出发，围绕政府在民族国家建构中采取的政治、经济和文教等政策进行解读，难免对其他方面有所遗漏和疏忽，未能做到尽善尽美。

四　研究的理论与方法

在唯物史观的指导下，将历史学、政治学、民族学和社会学等学科的相关概念和理论以及方法引入本书，进行跨学科研究。本书具体采用了历史分析法、个案分析法和比较分析法等研究方法。

历史分析法是指基于掌握的历史文献，力图对马来西亚民族国家建构中的重大事件、重要人物以及重大举措等做出接近历史本来面目的描述。通过对搜集到的相关文献进行不同程度的筛选，力求做到"去粗取精、去伪存真"，在利用这些文献过程中力求做到全面、客观和公正。

个案分析法是指将马来西亚民族国家建构的历程按照不同时期的执政者及其在民族国家建构过程中采取的举措进行划分，共分为东姑·拉赫曼执政时期、拉扎克和奥恩执政时期以及马哈蒂尔执政时期三个阶段。然后对这些不同时间段中的有关马来西亚民族国家建构的各种举措及其得失进行专题研究。

比较分析法则是指在本书的研究中，将不同时间段中的有关马来西亚民族国家建构的举措等进行纵向比较，以便深入分析存在的差异及原因，并对相应的时间段进行总体评价。

五　研究框架

本书由导论、正文和余论三大部分构成。

导论部分主要介绍本书的由来和意义，对国内外学界在这一问题上的研究状况进行综述，阐释本书的创新之处与不足，分析本书的研究方法，介绍本书的研究框架。

正文由 5 章构成。第一章对本书涉及的基本概念做出相应的阐释，同时，结合国内外学界就民族国家建构的途径和相关理论的阐释，确立自己的理论分析框架，以便用之衡量马来西亚民族国家建构的得失。

第二章论述二战结束前马来西亚民族国家建构的奠基。马来西亚是一个多族群构成的国家。马来西亚的马来族、华族和印度族等族群的形成和发展有着各自不同的历史。总体上看，现在的马来族无疑是在马来西亚国土上定居时间较早的族群，而华族和印度族的主体部分的形成则是在英国殖民统治下外来华人和印度人不断迁入的结果。在各自的历史发展进程中，马来族、华族和印度族等各族群，受历史和殖民主义统治"分而治之"政策的影响，至少在二战之前，他们的认同呈现多元化、分散化的特征，这对日后马来西亚立国后族群关系的整合，乃至民族国家的建构产生了不可忽视的影响。而英国的殖民统治，从海峡殖民地的建立到日本占领马来亚，对于当今马来西亚领土的形塑，及现代马来西亚族群关系的形成都有着重大影响，直接影响着战后马来西亚民族国家建构的方式和历程。

第三章为马来亚（马来西亚）民族国家建构的起步。从第二次世界大战结束到 1965 年新加坡与马来西亚分道扬镳，再到 1969 年"五一三事件"爆发前，是马来西亚民族国家构建的起步阶段。这一时间段马来西亚最终摆脱了英国的殖民统治，获得了主权独立，并经过近十年的磨合，最终形成了今日之疆域。更为重要的是，马来西亚延续至今的国家制度体系得以建立，并在今日还发挥着作用。其中，最为重要的就是从英国殖民统治时期开始确立的马来族优先的政策以宪法的形式巩固了下来，使得马来族确立了其政治优势。这对于日后马来西亚民族国家建构，特别是马来西亚民族建构产生了深远的影响。不过，在这一阶段，由于马来西亚面临复杂的内外形势，为了争取国家独立，维护国家的安定，各族群的政治精英们能够采取协商的方式解决族群间存在的问题，族群关系显得相对平静，国家建构能够平稳推进。

第四章为马来族优势的强化与马来西亚民族国家建构。1969 年 5 月 13 日发生的"五一三事件"是马来西亚族群关系发展过程中一个重要的转折点，也是马来西亚民族国家建构过程中一个重要的转折点。"五一三事件"凸显了立国以来马来西亚族群关系的矛盾，也反映了马来西亚民族建构的困境。掌握政权的马来族精英利用此次事件，通过一系列的政治、经济和文教措施，进一步强化了马来族的优势地位。特别是"新经济政策"的实施，极大地改变了以往马来族"强政治，弱经济"的局面。马来族主政精英们在"五一三事件"后 20 余年的时间里强化马来族政治、经济和文教等方面优势的做法，也是其力图建构以马来族文化为主导，弱化其他族群意识的民族国家的努力。但是，马来族精英的这一努力遭到了其他族群的"软抵制"，以至于到马哈蒂尔事实上宣布"新经济政策"结束的时候，马来西亚的各族群认同依然强烈，建构一个共同的、包含所有马来西亚人的民族依然还是一种理想。

第五章是"小开放"局面下马来西亚民族国家建构。1981 年，马来西亚第四任首相马哈蒂尔上台。在马哈蒂尔执政期间，马来西亚政府所追求的以马来人为主导的民族国家建构的大目标并没有改变。但从 1981 年到 2003 年马哈蒂尔卸任，为了适应"新经济政策"发展形势下的国内族群状况，应对国际环境的变化，马哈蒂尔领导的马来西亚政府在民族国家建构相应的政策和手法上确实进行了一系列的调整。20 世纪 80 年代末 90 年代初，在马来西亚国内外环境变化的基础上，已经执政多年的马哈蒂尔事实上宣布了"新经济政策"的终结，并提出了"2020 年宏愿"，而其中最为重要的就是提出了建立"马来西亚民族"的理想。随之，在处理族群关系方面，马哈蒂尔采取了一系列缓和族群矛盾、推进族群融合的举措，被誉为"小开放"政策。马哈蒂尔的"小开放"政策是得民心的，特别是得到了一直为自己族群的文教权利奋斗，但实际上并没有取得以往政府多少实质性让步的华族的支持。这对于维系主导族群与其他族群的稳定关系有着重要的意义。不过，直到马哈蒂尔卸任，甚至到现在，马来西亚族群的整合和民族的建构依然没有取得实质性的进展。

余论部分为对本书观点的简单总结。马来西亚民族国家建构从独立到目前为止，已经走过了60多个年头。可以说，在这60多年里，马来西亚民族国家建构的两个构成部分——民族建构和国家建构是不平衡的。国家建构走到了前面，而民族建构显得遥遥无期。从马来西亚民族国家建构的历程来看，马来西亚走的既不是疾风暴雨式的同化，也不是多元主义的路线，而是有着其自身特色。马来西亚民族国家建构的路径大体上经历了从"妥协式同化"到"威权主导下的同化"再到具有"开放和包容特征的同化"的转变。马来西亚民族国家路径的选择受独立以来族群结构、族群精英的认知、族群政治互动，以及国际环境的变化等多重因素的影响。到目前为止，毋庸置疑的是马来西亚民族国家建构过程中依然存在着难以忽视的结构性弊病——以宪法的形式确定的马来人的特权，以及巫统主导的马来西亚政府为维护这一特权采取的举措。这一弊病必将在很长的一段时间里继续阻碍一个真正的"马来西亚民族"的形成，进而影响马来西亚民族国家建构的成效。

第一章
基本概念和理论的阐释

本书涉及诸多概念，如"族群""民族""国家""民族国家""族群认同""民族认同""国家认同""民族建构""国家建构""民族国家建构"，等等。现今，在马来西亚民族国家建构相关问题的研究中，国内外学界在相关概念的运用上显得十分混乱。不同国家的学者在不同时间段的论述中使用的词汇可能不一样，不同的学者在对于我们看来是同一概念或者含义的用词上存在差异。即使是同一作者在同一著作或者文章中，表达同一概念或含义时也可能用不同词语来代替。以"民族"这一概念为例，或许正如有的学者分析的那样，因为其本身的多义性，学者们不可能对它做出一个统一的定义，只能各取所需，在不同的场合，选取不同的含义。① 这样做也未免不是一种可行的方法。不过，各个国家、各个学科对相关概念的界定，应该遵循基本的标准，

---

① 王希恩：《民族过程与国家》，甘肃人民出版社，1998，第 11 页。

否则连最起码的讨论和交流都很困难。① 正是基于这样的考虑，本书有必要在对马来西亚民族国家建构进行充分探讨前对相关的概念进行梳理和界定。同时，结合国内外学界就民族国家建构的途径和相关理论的阐释，确立自己的理论分析框架，以便用之衡量马来西亚民族国家建构的得失。

第一节　族群与民族

可以说，无论是历史学、政治学，还是社会学乃至民族学，在关于民族国家建构的相关研究中，种族、族群和民族都是学界著述中经常使用的概念。然而，现在来看，这三个概念的运用却显得十分随意。不仅不同学者在不同的著述中对三者的使用不同，就是同一学者在其论述中也有可能将三者混合运用。有的著述中是种族与民族混用，有的是种族和族群混用，也有族群与民族共用的，甚或在同一著述里有三者同时使用的现象。同样，在马来西亚民族国家建构相关的研究中此类混用现象也十分明显。不仅如此，还有学者引入了"国族"一词，使得概念的运用更多了一层杂乱。有学者认为，"在马来西亚的社会语境下，讲种族、民族和种族政治、民族政治基本上是没什么分别的，华语中使用这些概念不是刻意的选择，而更多的是基于某种习惯"。因此在这一情况下，"种族概念去掉还是不去掉，意义都

---

① 郑凡、刘薇琳、向跃平：《传统民族与现代民族国家——民族社会学论纲》，云南大学出版社，1997，第34页。

不是很大"①。即使在马来西亚社会环境中，特别是在华族学术界中，出于习惯他们也自然不自然地将"种族"、"族群"和"民族"放在一起运用。而作为一个"外人"，笔者在研究马来西亚的民族国家建构的时候，还是应该明确界定用词的取舍和相应的含义。因此，本书在"种族"、"族群"、"民族"和"国族"四者的选择和利用上，对"种族"和"国族"这两个概念弃而不用，只采用"族群"和"民族"这两个概念。这里，"族群"是指在马来西亚被称为"种族"或"民族"的各人类群体，相应地称为马来族群、华人族群和印度族群，等等，简称马来族、华族和印度族，等等。而"民族"则专指与国家紧密相连，属于国家层面上的人们共同体。从理想的角度上看，"民族"是指一个国家领土上所有人的集合。这一概念不是人类社会诞生以来自然存在的事物，而是近代以来特定历史环境下的产物，也是特定环境下的建构之物。就马来西亚而言，从这个意义上讲，作为一个多族群国家，一个基于领土的"马来西亚民族"尚未形成。

一　族群

在不少国内学者看来，"族群"是一个外来词，是舶来品。②

---

① 孙振玉：《西方民族理论范畴辨义》，《中南民族大学学报》（人文社会科学版）2013 年第 1 期。

② 应该说持这一观点的学者相当多，见潘蛟《"族群"及其相关概念在西方的流变》，《广西民族学院学报》（哲学社会科学版）2003 年第 5 期；王东明《关于"民族"与"族群"概念之争的综述》，《广西民族学院学报》（哲学社会科学版）2005 年第 2 期等。

"族群"是对英文"Ethnic Group"的汉译。而对英语世界来说，"Ethnic Group"也是一个人们使用时间不是很长的词语。"Ethnic Group"是"Ethnic"和"Group"的结合。对于"Group"，人们似乎没有太大异议，就是"群"和"组"的意思，可是"Ethnic"就没有那么简单了。"Ethnic"据说是从希腊文"Ethnikos"经拉丁语转化而来的，是"Ethnos"的形容词形式。[1]"Ethnos"有"民族"和"种族"的意思。"Ethnic"是在14世纪的时候才变成英语用词的，[2] 但是，它在很长一段时间里是被作为形容词使用的，没有形成名词。[3] 就其含义而言，有"异教徒的""非基督教的""种族的"等解释。就是现在，一般在查阅国

----

[1] 威廉·彼得森、林宗锦：《民族性的概念（上）》，《民族译丛》1988 年第 5 期。

[2] 潘蛟：《"族群"及其相关概念在西方的流变》，《广西民族学院学报》（哲学社会科学版）2003 年第 5 期。

[3] 应该说，"Ethnic"现今确实已经派生出了自己的名词形式，即"Ethnicity"。据说这一英语单词直到 20 世纪 60 年代才开始在英文的词典中出现。见〔美〕马丁·N. 麦格《族群社会学：美国及全球视角下的种族和族群关系》第 6 版，祖力亚提·司马义译，华夏出版社，2007，第 9 页。现在，"Ethnicity"具有多重含义，而且还处于不断延伸和变化中。大体上，对于"Ethnicity"欧美学界有三种相应的阐释：其一，将之视为一种社会实体，相当于"Ethnic Group"；其二，将之视为一种社会意识；其三，将之既视为一种社会实体，又视为一种社会意识。见高永久、秦伟江《"民族"概念的演变》，《南开学报》（哲学社会科学版）2009 年第 6 期。虽然"Ethnicity"也被有的学者译为"族群"，但我们采用国内多数学者的看法，将"族群"与"Ethnic Group"对译，而不是"Ethnicity"。应该说，一些学者将"Ethnicity"译为"族群性"是比较恰当的。见〔美〕马丁·N. 麦格《族群社会学：美国及全球视角下的种族和族群关系》第 6 版，祖力亚提·司马义译，华夏出版社，2007，第 9 页。

内的英汉词典时，还能发现对"Ethnic"的解释依然有上述含义。[1] 19 世纪，"Ethnic"几乎成了与"Race"同义的赘词。但到了 20 世纪上半期，有学者开始将"Ethnic"和"Group"组合起来使用，就是我们今天看到的"Ethnic Group"[2]。当时，"Ethnic Group"被指称为因为种族、民族的起源或者文化渊源而结合在一起的群体。这一群体对于国家或社会中占主导地位的群体而言，处于少数地位。[3] 第二次世界大战后，"Ethnic Group"一词在欧美学界中应用的范围越来越广。[4] 到了 20 世纪 80 年代，"Ethnic Group"已经超出欧美国家的界限，成了世界学术界广泛运用的词语。

对于如何界定"Ethnic Group"，直到现在欧美学界也没有一个统一的答案。总体上，对于如何定义"Ethnic Group"，大体上有三种视角。第一种我们可以称为"客观论"。这一视角主要是基于构成"Ethnic Group"的相关要素来定义的。在一些学者看来，一个族群之所以与另一族群不同，并很容易与别的族群区别开来，肯定有一些自己天生的特质，如体型、皮肤颜色、语言、宗教信仰、共同的祖先、饮食、经济生活，乃至领地，等等。对于"客观论"

---

[1] 陆谷孙主编《英汉大词典》第 2 版，上海译文出版社，2007，第 635 页。

[2] 有学者认为，"Ethnic Group"这一复合名词最早出现在 1935 年的英文文献中。见高永久、秦伟江《"民族"概念的演变》，《南开学报》（哲学社会科学版）2009 年第 6 期。

[3] 王联：《关于民族和民族主义的理论》，《世界民族》1999 年第 1 期。

[4] 据称，20 世纪 60 年代的时候，当时出版的《社会科学词典》和《现代社会学词典》已经将"Ethnic Group"收作专业术语。见高永久、秦伟江《"民族"概念的演变》，《南开学报》（哲学社会科学版）2009 年第 6 期。

者，时间最远可以追溯到赫尔德和费希特等人，他们当时认为人类一出生就属于固定的族类共同体，而这些共同体则是由语言、血缘和领土等因素构成的。① 美国人类学家纳鲁尔认为，族群是指具有以下条件的一群人：第一，生物上具有很强的自我延续性；第二，共同享有基本的文化价值，实现文化形式上的公开的统一；第三，构成交流和互动的领域；第四，具有自我认同和被他人认可的成员资格，以形成一种与其他具有同一阶层的不同种类。② 美国社会学家梅尔文·杜梅认为族群是"在一个较大的文化和社会系统中，因其所展示的或被其他群体认定的组合特征，而占有或被赋予某一特殊地位的社会团体"③。20 世纪 80 年代末引入国内的英国《社会科学百科全书》将族群定义为，族群是由以下共同特征结合形成的：共同的血缘（真实的或者想象的），在社会意义上相关的文化或者体质特征，一整套态度和行为。④ 学者费伦（Fearon）认为，"一个族群就是一个比家庭大的群体，它的成员资格主要是由血统来确定的。不仅如此，它还在传统意义上被当

---

① 左宏愿：《原生论与建构论：当代西方的两种族群认同理论》，《国外社会科学》2012 年第 3 期。

② 郝时远：《Ethnos（民族）和 Ethnic group（族群）的早期含义与应用》，《民族研究》2002 年第 4 期，第 1~10 页；弗里德里克·巴斯等：《族群与边界》，《广西民族学院学报》（哲学社会科学版）1999 年第 1 期。

③ 〔美〕马丁·N. 麦格：《族群社会学：美国及全球视角下的种族和族群关系》第 6 版，祖力亚提·司马义译，华夏出版社，2007，第 9 页。

④ 〔英〕亚当·库珀、〔英〕杰西卡·库珀主编《社会科学百科全书》，上海译文出版社，1989，第 242 页。

作一个具有自然历史的群体"①。英国著名学者安东尼·史密斯在给族群下定义的时候，称其是一个与领土有关的、拥有名称的人类共同体。这一共同体"拥有共同的神话和祖先，共享记忆并有某种或更多的共享文化，且至少在精英中有某种程度的团结"②。

第二种可以称为"主观论"。这种观点主要是强调族群的形成和存在应当归因于成员间共同的信念。马克斯·韦伯就被不少学者视为"主观论"较早的阐释者。韦伯认为族群"是这样的人类群体，即这些群体的成员由于体型与习俗（或其中之一）相似，或者由于殖民与迁徙的记忆，而在主观上相信他们是某一祖先的共同后裔。这种相信对于群体形成之宣传必然颇为重要。至于是否在事实上存在血缘关系并不重要"③。社会学家艾夫瑞特·休斯和海伦·休斯则认为："一个群体之所以能够成为一个族群，并不是因为它可以被测量或者被观察到的区别于其他族群的差别程度，而是因为在这群体内和群体外的人都认为它是一个族群。"简而言之，"族群是社会的创造物，族群之间的差异本质上只是一种群体间的感知"④。

第三种可以称为"综合论"。这种观点认为，就第一种观点

---

① 左宏愿：《原生论与建构论：当代西方的两种族群认同理论》，《国外社会科学》2012 年第 3 期。

② 〔英〕安东尼·史密斯：《民族主义：理论，意识形态，历史》，叶江译，上海人民出版社，2006，第 14 页。

③ 转引自关凯《族群政治》，中央民族大学出版社，2007，第 5 页。

④ 转引自〔美〕马丁·N. 麦格《族群社会学：美国及全球视角下的种族和族群关系》第 6 版，祖力亚提·司马义译，华夏出版社，2007，第 9 页。

而言，讲同一语言也未必是同一族群。同样的，对于第二种观点来说，一个族群之所以成为一个族群，并不能简单地归结为就是一些成员的自我声称或者认同，这一认同感必须建立在一定的客观现实的基础之上。因此，为了避免出现第一种和第二种的极端化倾向，有的学者强调客观基础和主观认同都在族群的形成和维系中发挥着重要作用。社会学家范登伯格就将族群界定为"享有共同的文化传统并且同时具有某种区别于其他群体意识的群体"①。在他看来，"如果没有某种观念和意识以区别他们和我们，族群是不可能存在的。但是，这些主观感知并不是随意发展的，它们围绕着一系列包含或排除标记的客观特征而得以明确化"②。马丁·N.麦格则认为，族群应当是具有以下特征的群体：独特的文化特征、社会群意识、族群中心主义/优越感、与生俱来的成员资格和领地。③

国内学界就是在欧美学界对"Ethnic Group"没有形成统一概念界定的背景下将之引入的。20世纪50年代，"Ethnic Group"传入中国。最初，接受这一词语的是台湾学界。一般的，台湾学界将"Ethnic Group"译为"族群"。改革开放以后，随着两岸的交流，以及与西方学界的接触，大陆学界也逐步接受了"Ethnic

---

① 〔美〕马丁·N.麦格：《族群社会学：美国及全球视角下的种族和族群关系》第6版，祖力亚提·司马义译，华夏出版社，2007，第11页。

② 〔美〕马丁·N.麦格：《族群社会学：美国及全球视角下的种族和族群关系》第6版，祖力亚提·司马义译，华夏出版社，2007，第11页。

③ 〔美〕马丁·N.麦格：《族群社会学：美国及全球视角下的种族和族群关系》第6版，祖力亚提·司马义译，华夏出版社，2007，第9～13页。

Group"一词。不过，在 20 世纪 70 年代末 80 年代初刚刚接触这一词语的时候，除一部分学者认同台湾学者"族群"一词的翻译外，还有不少人将之翻译为"民族群体"、"民族"、"民族集团"、"种族"和"族裔群体"，等等。可以说，自"Ethnic Group"被大陆学界接受以来，学者们就在到底应将之与汉语的哪个词语对译，它的含义到底为何，它是不是"民族"（Nation），应不应该将之在中国运用，更直接地说能不能将之与中国被称为"56 个民族"的人群共同体匹配等问题上存在分歧。进入 20 世纪 90 年代以来，关于应当将"Ethnic Group"与汉语中的什么词语对译的问题已经基本解决。除少数学者外，多数学者认可将"Ethnic Group"与"族群"对译。① 至于"族群"是不是"民族"，国内学界也多给了否定性的回答。这主要是结合国外学界对"Ethnic Group"概念界定而得出的结论。如郝瑞②、安东尼·史密斯等人就明确地区分了"族群"和"民族"，认为两者是不同的概念。安东尼·史密斯更是在自己的著述中详细比较了"族群"和"民族"的异同（见表 1-1）。

表 1-1 "族群"和"民族"特征的比较

族群	民族
适当的名称	适当的名称
共同的神话和祖先等	共同的神话

---

① 阮西湖先生主张"Ethnicity"（"Ethnic Group"）应当译为"民族"。详见阮西湖《Ethnicity：民族抑或族群?》，《华侨华人历史研究》2008 年第 2 期。

② 郝瑞、杨志明：《论一些人类学专门术语的历史和翻译》，《世界民族》2001 年第 4 期。

续表

族群	民族
共享的记忆	共享的历史
不同的文化	共同的公共文化
与祖地相联系	占有祖地
某些（精英的）团结	共同的权利与义务
	单一的经济

资料来源：该表见〔英〕安东尼·史密斯《民族主义：理论，意识形态，历史》，叶江译，上海人民出版社，2006，第13页。

安东尼·史密斯认为，"族群"不等于"民族"。在其著作中，史密斯承认"族群"和"民族"之间有着共同的或者相似的特征，但同时强调两者是不同的。基于表1-1所列的"族群"与"民族"特征的异同，史密斯认为它们之间的差异主要表现为族群"通常没有政治目标，并且在很多情况下没有公共文化"，且"族群并不一定要有形地、拥有其历史疆域"，甚至"没有疆域空间"；而民族则至少要在相当的一个时期内，必须通过拥有它自己的故乡来把自己建构成民族，同时为了立志成为民族并被承认为民族，它需要发展某种公共文化以及追求相当程度的自觉。①基于对欧美世界"族群"概念及其应用的分析，郝时远认为，"族群"这一概念并不等于"民族"。因为，在西方国家的实践应用中，"族群"主要是指具有移民背景的种族"碎片"和族体、

---

① 〔英〕安东尼·史密斯：《民族主义：理论，意识形态，历史》，叶江译，上海人民出版社，2006，第12~13页。

民族"碎片"，"同时也包括了属于前族体、前民族范畴的土著人群体"。① 徐杰舜在其《论族群与民族》一文中认为，族群与民族的区别是：（1）从性质上看，族群强调的是文化性，而民族强调的是政治性；（2）从社会效果上看，族群显现的是学术性，而民族显现的是法律性；（3）从使用范围上看，族群概念的使用十分宽泛，而民族概念的使用则比较狭小。②

　　至于"族群"概念的阐释，在国外学界分析的基础上，国内学界对"族群"的界定大体上可以分为"客观论"和"综合论"两种，即也没有达成共识。一般来说，国内出版的词典和民族学、社会学、政治学等工具书多在"族群"概念的界定上持"客观论"。国内1988年出版的《文化学辞典》一书将"族群"界定为"一种社会群体"。这一社会群体在宗教、语言、生活方式、文化传统上的整体方面的特征，以及在民族和地理的共同渊源上的特质，使它有别于其他的社会群体。③《现代汉语词典》（第6版）将"族群"解释为"由共同语言、宗教、信仰、习俗、世系、种族、历史和地域等方面的因素构成的社会文化群体"或"泛指具有某些共同特点的一群人"。④ 进入21世纪后，《中国大

---

① 郝时远：《对西方学界有关族群（ethnic group）释义的辨析》，《广西民族学院学报》（哲学社会科学版）2002年第4期。

② 徐杰舜：《论族群与民族》，《民族研究》2002年第1期。

③ 覃光广、冯利、陈朴主编《文化学辞典》，中央民族学院出版社，1988，第664页。

④ 中国社会科学院语言研究所词典编辑室编《现代汉语词典》第6版，商务印书馆，2012，第1738页。

百科全书》则很简要地将"族群"界定为"一种社会文化群体"①。

相较而言，更多的学者则持"综合论"的观点。国内学界引用得十分广泛的孙九霞的《试论族群与族群认同》一文中的界定就很有代表性。孙九霞认为，"族群"是"在较大的社会文化体系中，由于客观上具有共同的渊源和文化②，因此主观上自我认同并被其他群体所区分的一群人"③。上面提及的徐杰舜将"族群"界定为"是对某些社会文化要素认同而自觉为我的一种社会实体"④。潘蛟将"族群"看作是"一种人们根据其事实上的或者想象的共同世系和文化特点来辨认的人群或人们共同体"⑤。

至于能否将"族群"一词运用于国内，国内学界也有不同的意见。现在看来，21世纪初，朱伦是持反对意见的典型性代表人物。在其一系列论文中，朱伦认为对于"族群"的运用现在存在错位的现象，不应该将之运用于对中国各民族的界定，而应该坚持原来的"Nationality"（国内经常译为"民族"，并用来指中国的"56

---

① 《中国大百科全书》总编委会编《中国大百科全书》第二版第30卷，中国大百科全书出版社，2009，第194页。

② 这里孙九霞将共同的渊源限定为"世系、血统、体质的相似"，而把"共同的文化"限定为"相似的语言、宗教、习俗等"。见孙九霞《试论族群与族群认同》，《中山大学学报》（社会科学版）1998年第2期。

③ 孙九霞：《试论族群与族群认同》，《中山大学学报》（社会科学版）1998年第2期。

④ 徐杰舜：《论族群与民族》，《民族研究》2002年第1期。

⑤ 潘蛟：《"族群"及其相关概念在西方的流变》，《广西民族学院学报》（哲学社会科学版）2003年第5期。

个民族")。朱伦之所以反对采用"族群"一词，是因为在西方，"该词主要是指少数群体，或者脱离母体的非本土的族体，并且还存在歧视性意义"①。而以翟胜德为代表的支持者则认为，"族群"的含义虽然宽泛，却不像"Nation"那样具有"国家""国民"的内涵，也不像"Nationality"（民族）那样具有多种"分立性"的含义，因此除"中华民族""法兰西民族"等这种具有国家、国民层次的民族外，用"族群"来表述中国的某个"民族"或"各民族"不会有什么问题。② 对于"族群"中的"歧视性"意义，正如有学者分析的那样，由古希腊语"Ethnos"（以前学界译为"民族"或者"族群"）派生而来的"Ethnic Group"，以美国为例，最初确实主要是指"非白人移民群体，并且带有某些社会负面的含义"。但是，随着美国移民结构和民族问题的发展和演变，这一情况逐渐发生了变化，"Ethnic Group"变得越来越中性，甚至具有了一定的积极的和正面的含义。③ 对于"族群"专指"小群体"和"次群体"，叶江认为应当承认，自 20 世纪 60 年代西方学术界开始比较系统地研究"族群"问题之后，相当部分的西方学者，特别是美国学者确实比较一致地认为"族群"是一个大社会中的"小群体"或"次群体"。不过，到现在为止，这一认识至少可以说已经不再是学界的主流。现在，越来越多的西方学者

① 朱伦:《西方的"族体"概念系统——从"族群"概念在中国的应用错位说起》,《中国社会科学》2005 年第 4 期。

② 翟胜德:《"民族"译谈》,《世界民族》1999 年第 2 期。

③ 孙振玉:《西方民族理论范畴辨义》,《中南民族大学学报》(人文社会科学版) 2013 年第 1 期。

比较认可"族群"不仅包含"小群体"和"次群体"，还包括"大群体"和"主流群体"。因此，叶江教授主张"我们不仅可以用'Ethnic Groups'来翻译汉语'少数民族'中的'民族'一词，也可以用它来翻译我们通常所说的我国'56 个民族'中的'民族'，即用'56 Ethnic Groups'来翻译中文的'56 个民族'。"①

综上所述，应该说"族群"确实是一个从国外引入的概念。不过，即使如此，我们认为作为一个概念，其被引入国内并为国内众多的学者所接受和认可，也自有它合理的因素。任何一个概念到了不同的国度，自然会随着时间的流逝而出现词义的变化，这是很正常的事情。我们引入任何国外的概念，自然应该实事求是，根据自己的国情来运用，不可盲目地追随，而忽略了国内的现实。基于这样的思考，笔者认为"族群"的引入确实为我们分析问题提供了新的视角。就我们研究的对象"马来西亚民族国家建构"而言，"族群"一词有着很强的实用性。为了使"族群"一词更规范，更适合于马来西亚的现实，在吸收国内外学界相关阐释的基础上，笔者将之界定为在一个国家内部，区别于"民族"（下面将对"民族"一词进行界定）层面，并在范围上小于"民族"的人们的共同体。这一共同体的形成和延续是在一定的客观条件基础上自我认同和他者认同的结果。这一共同体形成和延续的客观条件可以包括真实的或者想象的祖居地、真实的或者想象的祖先、共同享有的文化（如语言、宗教、习俗）、相类似

---

① 叶江：《当代西方"族群"理论探析》，《华东师范大学学报》（哲学社会科学版）2005 年第 5 期。

的行为习惯和模式（如饮食、服装等），以及国家政策的推力（在由多个族群构成的国家里，如果存在一个占主导地位的族群，它就会利用对政府的把持推行一系列有利于自身族群的政策，这将会使得其他族群认为受到了不公正的待遇。为了争取更合理的、公平的待遇，少数族群就可能激发它们的"抱团"意识，也就是从反面刺激了族群认同）等。就笔者看来，这一概念既强调了"族群"形成的客观因素，又不忽视主观认同或建构的作用。这样，本书将以往学界看作"种族"或者"民族"的在马来西亚有着较为明显分界线的不同的人们共同体称为"族群"。同样，基于这一概念，本书不拟将马来西亚称为"多民族国家"，而称为"多族群国家"。

二　民族

"民族"一词，很长一段时间里都被视为外来词，是舶来品。进入 21 世纪以后，还有学者坚持这一观点。正是基于这样的认定，不少学者在自己的著述中认为"民"和"族"在中国古代的文献中很早就存在，并被用来表示"人类共同体"的意思，可是将两者结合在一起，作为一个词而被使用的情况却没有出现过。[1] 也正因此，不少学者坚称"民族"一词在近代才传入我国，并逐步使用开来。对于近代"民族"一词何时传入中国的，国内学界有多种

---

[1] 见金天明、王庆仁《"民族"一词在我国的出现及其使用问题》，《社会科学辑刊》1981 年第 4 期；韩锦春、李毅夫《汉文"民族"一词的出现及其初期使用情况》，《民族研究》1984 年第 2 期；贾英健《全球化背景下的民族国家研究》，中国社会科学出版社，2005，第 41 页；等等。

说法。有的学者认为国内最早提及"民族"一词的是王韬 1882 年的《洋务在用其所长》一文。① 有的学者认为"民族"一词最早出现于 1895 年的《强学报》。② 有的学者认为"民族"一词最早出现在梁启超 1899 年的《东籍月旦》一文中。③ 也有学者强调最晚到 1837 年中文的"民族"一词就出现了。④ 然而，进入 21 世纪以来，不少学者对"民族"一词是舶来品的观点提出了挑战。茹莹认为，"民族"一词绝非近代的舶来品，而是一个自古就有的词语，是本土词语。"民族"一词最早见于唐代兵书《太白阴经》的序言。⑤ 邸永君则考证汉语的"民族"一词可追溯至《南齐书》。⑥ 郝时远在其文章中列举了古代十个出现"民族"一词的例子，证明其是古代中国就存在的名词。不仅如此，郝时远还推测"民族"概念不仅不是从日本传入中国的，反而可能是由中国传入日本的。不过，郝时远也承认，现代意义上的"民族"

---

① 彭英明：《关于我国民族概念历史的初步考察——兼谈对斯大林民族定义的辩证理解》，《民族研究》1985 年第 2 期；纳日碧力戈：《"民族"百年回眸》，《广西民族研究》2000 年第 2 期。
② 韩锦春和李毅夫两先生持这一观点，见韩锦春、李毅夫《汉文"民族"一词的出现及其初期使用情况》，《民族研究》1984 年第 2 期。
③ 金天明、王庆仁：《"民族"一词在我国的出现及其使用问题》，《社会科学辑刊》1981 年第 4 期。
④ 黄兴涛：《"民族"一词究竟何时在中文里出现?》，《浙江学刊》2002 年第 1 期。
⑤ 茹莹：《汉语"民族"一词在我国的最早出现》，《世界民族》2001 年第 6 期。
⑥ 邸永君：《"民族"一词见于〈南齐书〉》，《民族研究》2004 年第 3 期。

概念确实是从国外传入的。[1] 应该说，到现在为止国内学界已经开始逐步接受"民族"一词并不是外来词语这一观点。《中国大百科全书》对"民族"一词的解释就是最好的例子。1986年版的《中国大百科全书》（民族卷）指出"民族"一词是从国外传入的。而2009年的《中国大百科全书》（第二版）对"民族"的解释则采用了本土说。[2]

　　通过上面一些学者的研究和考证，我们可以比较肯定的是"民族"一词确实是中国古代就有的词语。然而，即使如此，中国古代的"民族"一词虽有"族"与"群"之意，但与今日我们所了解的"民族"含义也是有很大区别的。不可否认的是，现代意义上的"民族"概念确实是我们借鉴国外的。我们现在对"民族"概念的阐释也多受国外相关界定的影响。就概念的界定而言，"民族"一词从20世纪初到现在我们先后受到日欧、苏联和美欧世界的影响。从20世纪初到新中国成立前的一段时间，国内对"民族"概念的认知多受日欧影响。梁启超被公认为是使用"民族"一词较早的人，其对"民族"概念的理解就是受到德国学者布伦奇里的影响并将其对"民族"概念的界定引入国内。按照梁启超的说法，布伦奇里当时将"民族"的特质归纳为：同居

---

[1]　郝时远：《中文"民族"一词源流考辨》，《民族研究》2004年第6期。

[2]　《中国大百科全书》总编委会编《中国大百科全书》（民族卷），中国大百科全书出版社，1986，第302页；《中国大百科全书》总编委会编《中国大百科全书》第二版第16卷，中国大百科全书出版社，2009，第117页。

地、同血统、同体型、同语言、同文字、同宗教、同风俗和同生
计。① 此后，直到新中国成立前国内对"民族"的界定与梁启超
介绍的 8 个条件虽有差异，但总体上没有超出这一范围。如 1905
年《民报》上就有文章提及构成"民族"的 6 个条件：同血系、
同语言文字、同住所（地域）、同习惯、同宗教、同精神体质。②
孙中山先生则将"血统、风俗习惯、生活、语言和宗教"等作为
"民族"界定的 5 个条件。1947 年出版的《辞海》也将"民族"
界定为"血统、生活、语言、宗教、风俗习惯等相同的人群"③。
很明显，这一时期对"民族"概念的界定主要是基于其构成
要素。

新中国成立后，甚或直到现在国内对"民族"概念的阐释都
深受苏联，特别是斯大林对之界定的影响。早在 1913 年，斯大林
在《马克思主义与民族问题》一文中给"民族"（当然，这里
"民族"一词，是国内对俄文翻译后的"民族"）下了一个日后
被视为标准的定义：民族是人们在历史上形成的一个有共同语
言、共同地域、共同经济生活以及表现在共同文化上的共同心理
素质的稳定的共同体。④ 针对这一界定，斯大林特别指出，"民

---

① 金天明、王庆仁：《"民族"一词在我国的出现及其使用问题》，《社会科学
辑刊》1981 年第 4 期。

② 金天明、王庆仁：《"民族"一词在我国的出现及其使用问题》，《社会科学
辑刊》1981 年第 4 期。

③ 金天明、王庆仁：《"民族"一词在我国的出现及其使用问题》，《社会科学
辑刊》1981 年第 4 期。

④ 《斯大林选集》上卷，人民出版社，1979，第 64 页。

族""这个共同体不是种族的，也不是部落的。……民族不是种族的共同体，也不是部落的共同体，而是历史上形成的人们的共同体"①。同时，斯大林强调："把上述任何一个特征单独拿来作为民族的定义都是不够的。不仅如此，这些特征只要缺少一个，民族就不成其为民族。……只有一切特征都具备时才算是一个民族。"② 不仅如此，斯大林还指出，"民族"是"资本主义上升时代的历史范畴"。在新中国成立后的很长一段时间内，斯大林给"民族"下的定义一直在国内学界占主导地位。现在，一些如我们上面提及的工具书以及一些学者的著述，都依然采信斯大林界定的概念。《中国大百科全书》（第二版）在解释"民族"概念时候，就指出"民族是人类社会共同体形式之一。是人类经历了原始群、氏族、部落的变迁发展，在一定历史阶段形成的有共同语言、共同地域、共同经济生活和表现为共同文化特点基础上的共同心理素质的稳定的共同体"③。《现代汉语词典》（第6版）也指称，"民族""特指具有共同语言、共同地域、共同经济生活以及表现于共同文化上的共同心理素质的人的共同体"④。不过，自20世纪50~60年代开始也有学者对苏联和斯大林的"民族"概念的准确性和适用范围持有不同见解。这些学者多认为斯大林

① 《斯大林选集》上卷，人民出版社，1979，第61页。

② 《斯大林选集》上卷，人民出版社，1979，第64页。

③ 《中国大百科全书》总编委会编《中国大百科全书》第二版第16卷，中国大百科全书出版社，2009，第117页。

④ 中国社会科学院语言研究所词典编辑室编《现代汉语词典》第6版，商务印书馆，2014，第904页。

所列举的四个标准不够全面。杨堃先生在 20 世纪 80 年代发表的
《论民族概念和民族分类的几个问题》一文就是典型。杨先生在
"四个标准"基础上增加了相应的标准，将"民族"界定为"人
们在历史上形成的一个有共同名称、共同语言、共同地域、共同
经济生活和共同民族意识、民族情感的稳定的人们共同体"①。宁
骚先生则在斯大林概念的基础上将民族的基本特征概括为 6 个，
增加了"形成历史"和"稳定性"两个。纳日碧力戈则认为"共
同地域"和"共同经济生活"是"民族形成的条件，而不是民族
的特征"，如此等等。② 这些看法虽能反映国内学界对于如何界定
"民族"概念与"民族"属性的积极探索，但总体上还是围绕着
斯大林的概念"兜圈子"。

改革开放后，特别是冷战结束以来，随着我国与欧美国家交
流的日渐增多，欧美学界对"民族"概念的界定和理解对我国学
界认知的影响开始增强。盖尔纳、安德森、安东尼·史密斯和霍
布斯鲍姆等人的著述接连被引介到国内，他们的观点对国内"民
族"概念的界定产生了越来越强的影响。长期以来，国内学界对
汉语中的"民族"一词应当与英语中的哪一个词对译有着不同的
看法。到现在为止，至少有"Nation"、"Nationality"（现在通常
译为"国籍"）、"Ethnicity"（现在通常译为"族体"）等被译
为"民族"。不过，现在较为普遍的则是将"Nation"与"民族"

---

① 杨堃：《论民族概念和民族分类的几个问题》，《中国社会科学》1984 年第
1 期。

② 马戎：《关于"民族"定义》，《云南民族学院学报》（哲学社会科学版）
2000 年第 1 期。

对译。按照欧美学者的记述，"Nation"一词源于拉丁语的"Natio"，原来是指"出生于相同地方的一群人"。这群人"大于一个家庭，小于一个民族或人民（People）"。在中世纪的巴黎大学里就有4个"Nations"，它们分别是尊敬的法兰西"Nation"、忠实的庇卡底"Nation"、尊敬的诺曼底"Nation"，以及坚定的日耳曼"Nation"。这些"Nations"的划分主要根据来源地的不同，如法兰西"Nation"主要包括意大利人和西班牙人，庇卡底"Nation"则指的是荷兰人，诺曼底"Nation"指的是来自东北欧的人，日耳曼"Nation"则指的是英国人和严格意义上的德意志人。① 这明显跟现代的"Nation"概念是不同的。现在我们见到的较早与现代"Nation"概念相近的是法国百科全书派的狄德罗和兰达贝尔的分析。狄德罗和兰达贝尔将"Nation"视为"一大群人，这些人居住在被某些界限限制的某一国家的范围之内，并服从一个共同的政府"②。应该说，从法国大革命时代起，"民族"概念才具有了现代欧美众多学者所认可的含义。

不过，欧美学界对于"Nation"的界定同样存在分歧。这些分歧主要表现在对几个问题的不同理解上。这些问题包括以下几个。"Nation"是特定时代的产物（也就是近代以来的产物），还是人类社会诞生以来就存在的现象？"Nation"是在客观条件下自然形成的，还是人为建构的产物？就第一个问题来说，不少学者

① 〔英〕埃里·凯杜里：《民族主义》，张明明译，中央编译出版社，2002，第6页。

② 〔英〕埃里·凯杜里：《民族主义》，张明明译，中央编译出版社，2002，第6页。

并不认可"Nation"是自古就有的现象。厄内斯特·盖尔纳认为，"民族是偶然的产物，不是普遍存在的必要。民族并不存在于所有时期和所有条件下"①。埃里克·霍布斯鲍姆认为"民族原本就是人类历史上相当晚近的新现象，而且还是源于特定地域及时空环境下的历史产物"②。法国学者吉尔德·拉诺瓦也认为"民族一词的历史与民族确立、积淀的阶段不可分"。"民族只是近代现象，人们不应该让某些好古的民族主义观点牵着鼻子走，而应该认为，民族从其内生性和历时性的词汇来看，只是跟着个人主义及大众政治一起出现的。"③

对于第二个问题，著名的《布莱克维尔政治学百科全书》就指出，"民族是有着共同的祖先，历史传统和划一大众文化的神话，据有一块领土，所有成员都有劳动分工和法定权利，其中包括种族文化因素和现代公民特征的人类共同体"④。这可以算是一个"客观条件论"的较为典型的代表（当然，在欧美学界看来，最典型的还是斯大林的概念）。不过，不少学者认为"Nation"是人为建构的产物。厄内斯特·盖尔纳认为定义"民族"的概念应

① 〔英〕厄内斯特·盖尔纳：《民族与民族主义》，韩红译，中央编译出版社，2002，第9页。

② 〔英〕埃里克·霍布斯鲍姆：《民族与民族主义》，李金梅译，上海人民出版社，2000，第5页。

③ 〔法〕吉尔·德拉诺瓦：《民族与民族主义》，郑文彬、洪晖译，生活·读书·新知三联书店，2005，第11页。

④ 〔英〕戴维·米勒、〔英〕韦农·波格丹诺主编《布莱克维尔政治学百科全书》，中国问题研究所、南亚发展研究中心、中国农村发展信托投资公司译，中国政法大学出版社，1992，第490页。

从以下两个方面入手：（1）当且只当两个人共享同一种文化，而文化又意味着一种思想、符号、联系体系以及行为和交流方式，则他们同属一个民族；（2）当且只当两个人相互承认对方属于同一个民族，则他们属于同一个民族。也就是说，"人创造了民族，民族是人的信念、忠诚和团结的产物"。"如果某一类别的人（比如某个特定领土上的居民，操某种特定的语言的人），根据共同的成员资格而坚定地承认相互之间的权利和义务的时候，他们便成为同一个民族。使他们成为民族的，正是他们对这种伙伴关系的相互承认，而不是使这个类别有别于非成员的其他特征。"① 在霍布斯鲍姆看来，"无论划分民族的客观标准和主观标准是什么，它们显然都无法成立。民族是通过民族主义想象来的产物"②。"民族不单是特定时空下的产物，而且是一项相当近的人类发明。民族的建立跟当代基于特定领土而创生的主权国家是息息相关的。并不是民族创造了国家和民族主义，而是国家和民族主义创造了民族。"③ 德国学者汉斯-乌尔里希·维勒认为，民族是指一种"观念秩序"。"民族"这一"观念秩序通过民族主义及其附属物，例如主权统一体等被全方面地塑造出来"④。本尼迪克特·安

---

① 〔英〕厄内斯特·盖尔纳：《民族与民族主义》，韩红译，中央编译出版社，2002，第 9 页。

② 〔英〕埃里克·霍布斯鲍姆：《民族与民族主义》，李金梅译，上海人民出版社，2000，第 8 页。

③ 〔英〕埃里克·霍布斯鲍姆：《民族与民族主义》，李金梅译，上海人民出版社，2000，第 9 页。

④ 〔德〕汉斯-乌尔里希·维勒：《民族主义：历史、形式、后果》，赵宏译，中国法制出版社，2013，第 12 页。

德森则更是直接指称"民族是一种想象的政治共同体——并且，它是被想象为本质上是有限的，同时也是享有主权的共同体"。在安德森看来，"民族之所以是想象的，是因为即使是最小的民族的成员也不可能认识他们大多数的同胞，和他们相遇，甚至听说过他们。然而，他们相互联结的意象却活在每一位成员心中。说民族被想象为有限的，是因为即使是最大的民族，就算他们有十多亿人，他们的边界即使是可变化的，也还是有限的。没有任何一个民族将自己等同于全人类。民族之所以被想象为拥有主权，是因为当这个概念诞生的时候，启蒙运动和法国大革命正在毁坏一个个皇朝的合法性，取而代之的是主权国家。民族被想象为一个共同体，是因为虽然民族内部存在剥削和不平等，但总是被想象为一种深刻的、平等的同志爱"①。

不过，除"客观论"和"建构论"两种对"民族"概念进行界定的理论外，也有不少学者走调和路线，即认可民族的形成需要一定的客观条件，也承认民族确实是近代以来社会建构的产物。戴维·米勒就认为"民族是一种在历史中延伸、共同活动、与特定的疆域相连、具有特有的公共文化与其他共同体相区别的由共同的信仰和相互的承诺来建构的共同体"②。上面提及的安东尼·史密斯在详细分析了"族群"和"民族"差别的基础上，认为民族"是具有名称，占有领土的人类共同体，拥有共同的神

---

① 〔美〕本尼迪克特·安德森：《想象的共同体：民族主义的起源与散布》，吴叡人译，上海人民出版社，2005，第6~7页。

② 〔英〕安东尼·史密斯：《民族主义：理论，意识形态，历史》，叶江译，上海人民出版社，2006，第13页。

话、共享的历史和普通的公共文化，所有成员生活在单一经济之中并且有着同样的权利和义务"①。

现在，在改革开放日渐加深，对外交往日趋频繁的形势下，欧美学界关于"民族"概念界定的观点或理论不断传入国内，并不同程度地被国内学界接受。但总体上，国内学界关于"民族"概念的界定还是没有脱离斯大林的概念。然而，在现实世界中，长期以来我们对斯大林界定的"民族"概念的运用的结果就是出现了两个层面的"民族"：一个是与国家相联系，具有强烈政治性的"民族"，也就是国家层面上的民族，如我们常说的"中华民族"；另一个则是突出文化特性的，政治性不强的"民族"，用来指称国家层面之下的各个"民族"，不管是人口占绝大多数的"汉族"，还是其他少数民族。就现在来看，第二个层面的"民族"更适合称"族群"。这种二分用法对于我们与欧美学界的交流无疑会带来很大的不便。现在留给我们的问题就是如何将斯大林对"民族"概念的界定与欧美学界对"民族"概念的界定联系起来，找到一个共通之处，进而在这个意义上广泛界定和使用这一"民族"概念。随着国内学界对斯大林界定的"民族"概念的深入研究，有学者发现斯大林界定的"民族"概念的内涵和外延实际上仅仅与汉语"民族"概念中的"中华民族"这一层面的"民族"含义相吻合，而与汉语"民族"概念中的"56个民族"这一层面的"民族"含义并不吻合。② 从这一点出发，我们就不

① 〔英〕安东尼·史密斯：《民族主义：理论，意识形态，历史》，叶江译，上海人民出版社，2006，第14页。

② 叶江：《民族概念三题》，《民族研究》2010年第1期。

难打通与欧美学界关于"民族"概念界定的隔阂了。因为，上面
我们提及的欧美学界界定的"民族"概念多强调"民族"的政治
性和与国家相联系的特性，而这一点也是斯大林界定的"民族"
概念所蕴含的。这就是两者共同之处。因此，本书将"民族"界
定为近代资本主义体系形成以来，在一定主客观条件基础上（真
实的或想象的共同祖先和血缘、相近或者共同的体制特征、共同
的经济生活和由共同的语言、宗教、风俗习惯、价值观念和群众
意识等构成的共同的文化等）形成的一个国家固有领土上所有人
的共同体。这一共同体的形成固然离不开相应的基础性条件，但
也离不开国家的形塑。这一共同体一旦形成，就具有很强的稳定
性。一个稳定的民族共同体至少应当具备以下特征：其一是在形
成巩固过程中有着共同的文化和价值观念，这是民族存在的精神
纽带；其二是民族个体之间、个体与民族之间的认同情感与意
识，也就是人们常说的民族认同。

第二节　国家建构、民族建构与民族国家建构

通过上面的论述和分析，我们确定了本书中的"族群"和
"民族"两个概念，将之作为全书分析的基础。然而，辨识"族
群"和"民族"两个概念，只是本书所涉及的概念解读的一部
分。因为，马来西亚民族国家的建构是一个系统的过程，除涉及
"族群"和"民族"两个概念外，还涉及"国家""现代国家"
"民族国家""民族建构""国家建构""民族国家建构""国家认
同""民族认同""民族国家认同"等重要概念。可是，国内外学

界对这些概念的认识也如对"民族"和"族群"概念的认识一样，存在着差异。例如，什么是"国家"？什么是"现代国家"？什么是"民族国家"？现代国家是否就是民族国家？什么是"国家建构"？什么是"民族建构"？什么是"民族国家建构"？它们三者之间的内容一致吗？具体关系如何？什么是"国家认同"？什么是"民族认同"？什么是"民族国家认同"？三者间的关系如何？如此等等。这些都需要剥茧抽丝，在对国内外学界就上述相关概念界定的基础上，求同存异，厘定相关概念，以使得其适应本书研究内容的立论。

一　国家、现代国家与民族国家

要深入研究民族国家的建构问题，就有必要阐明什么是"民族国家"，只有如此才能深入分析建构什么，如何建构。所以，在分析"民族国家"的时候，就不得不分析何谓"国家"。现在国内外学界在对民族国家建构问题的相关研究中，存在着"国家建构"、"现代国家建构"和"民族国家建构"等概念和用法，这就有必要厘清"国家"、"现代国家"和"民族国家"的概念及三者的关系。

英文中的"Nation"、"State"和"Country"三个词在中文中都可以译为"国家"，但是在用法和所指上各有不同。在国内学者看来，"Country"是指"具有相对固定边界和范围的地域共同体，侧重国家的领土和疆域因素"[①]。"Nation"则正如我们上面

---

① 王刚：《国家概念的演进轨迹与解读视角——兼评马克思的国家概念》，《天中学刊》2015 年第 1 期。

分析的，是"一种与国家相联系的人们的共同体"，"强调国家的民族和国民内涵"。"State"则是指"在确定的领土边界内借助强制性的机构对人民合法地行使最高权威的政治共同体"，这一概念"偏向国家的政权和暴力属性，是政治意义上的国家"①。现在，英文中的"State"是政治学研究中普遍使用的"国家"概念。在这里，我们也选择用英文中的"State"表示中文中的"国家"一词。不过，"国家"如同"民族"一样，也是一个没有达成共识的概念。根据国内学者李元书先生的记述，早在20世纪90年代国外关于国家的概念就已经存在150多种不同的定义。②

就国内学界来说，马克思主义经典作家的论述是认识和分析"国家"概念的重要依据。马克思认为，"国家是统治阶级的各个人借以实现其共同利益的形式"③。恩格斯认为，国家是"社会陷入了不可解决的自我矛盾，分裂为不可调和的对立面而又无力摆脱这些对立面。而为了使这些对立面，这些经济利益互相冲突的阶级，不致在无谓的斗争中把自己和社会消灭……这种力量应当缓和冲突，把冲突保持在'秩序'的范围以内……居于社会之上并且日益同社会相异化的力量"④。在马克思和恩格斯对国家阐释的基础上，列宁则给国家下了一个标准的定义："一个阶级压迫

---

① 王刚：《国家概念的演进轨迹与解读视角——兼评马克思的国家概念》，《天中学刊》2015年第1期。

② 李元书：《国家的特征、本质、定义》，《理论探讨》1990年第2期。

③ 《马克思恩格斯选集》第1卷，人民出版社，1995，第132页。

④ 《马克思恩格斯选集》第4卷，人民出版社，1995，第170页。

另一个阶级的机器，是使一切被支配的阶级受一个阶级控制的机器。"① 直到现在，不少工具书还是依然遵循这个经典的论述。如《现代汉语词典》（第 6 版）对国家的解释是："阶级统治的工具，同时兼有社会管理的职能。国家是阶级矛盾不可调和的产物和表现，它随着阶级的产生而产生，也将随着阶级的消灭而自行消亡。"②《中国大百科全书》（第二版）同样认为："国家是经济上占统治地位的阶级对被统治阶级进行政治统治的工具。它拥有政治权力（公共权力）以及构成这种权力的武装力量、监狱、强制机关等物质附属物。国家就是以这种政治权力为核心所组成的政治机构。"③

现在来看，马克思、恩格斯和列宁对"国家"概念的分析侧重于本质和起源。对于"国家"的本质，马克思、恩格斯和列宁都强调它作为阶级统治工具的一面，这其中有着特殊的历史环境因素。正如有的学者分析的那样，马克思、恩格斯和列宁生活在资本主义上升和发展阶段，当时的阶级矛盾比较突出。从动员工人积极参加阶级革命的角度，他们注重"揭露资本主义国家的阶级本质，揭露资本主义国家是压迫和镇压无产阶级等广大人民群众的工具，教育无产阶级认清国家的阶级本质，认清政权的重要性，从而号召人民起来打碎资产阶级的国家机器，建立无产阶级

---

① 《列宁选集》第 4 卷，人民出版社，1972，第 49 页。
② 中国社会科学院语言研究所词典编辑室编《现代汉语词典》第 6 版，商务印书馆，2014，第 496 页。
③ 《中国大百科全书》总编委会编《中国大百科全书》第二版第 8 卷，中国大百科全书出版社，2009，第 437 页。

自己的国家政权"①。这是无可厚非的事情。但是，马克思主义经典作家强调国家的阶级性，并不说明他们忽略了其社会性，他们强调国家公权力的一面就是最好的证明。②

不过，我们也应该注意，马克思、恩格斯和列宁他们都是在资本主义上升和发展的环境下阐释"国家"概念的，他们眼中的参照物自然是英、法、德、俄等资本主义国家。他们强调这些国家是阶级统治和压迫的工具是正常的，也是合理的。但是，马克思、恩格斯和列宁也认识到资本主义国家不仅有阶级性的特征，还有社会性的特征。而且，他们还提及国家不是从来都有的，是阶级社会的产物。既然国家是阶级社会的产物，那么资本主义产生以前的社会是不是阶级社会？答案无论对马克思主义经典作家还是如今的我们来说都是肯定的。既然如此，前资本主义时代的国家跟资本主义国家完全一样吗？资本主义国家之后的社会主义国家呢？对马克思主义经典作家来说，按照地域划分国民和公权力的产生是国家诞生的条件，那么在这两个条件基础上给阶级诞生以来的所有"国家"下一个描述性的定义则不是一件容易的事情。正因为如此，国内有学者在对马克思主义经典作家的关于国家本质和起源的理论进行分析的基础上，力图对其进行更深入的界定。上面提及的李元书就力图对"国家"的概念时行补充和修正。李元书将"国家"界定为"在一定的地域，由经济上占统治地位的阶级建立的、有固定的领土、享有主权、拥有以强制力为

① 李元书：《国家的特征、本质、定义》，《理论探讨》1990 年第 2 期。
② 李元书：《国家的特征、本质、定义》，《理论探讨》1990 年第 2 期。

基础的法律和行使主权的政府机关，并进行政治统治和管理社会公共事务的社会政治组织"①。按照李元书自己的说法，这一概念兼顾了给事物下定义的揭示性和描述性的方法，既揭示了事物的本质，又描述了事物的基本特征。② 不论我们是否认同其对"国家"概念的界定③，李元书提出的"揭示性和描述性"的定义方法都是有启迪意义的。

　　一般而言，学界普遍认为英文中的"State"（国家）一词来自拉丁语"Status"。而"Status"作为政治术语，是西方中世纪学者对统治者优越的状况、条件和地位的表述。④ 但也有不少西方学者认为"State"不是由"Status"直接演变来的，而是由"Estate"演变来的。虽然西方学者言必称希腊，但"State"具有现代"国家"的含义则是近代以来的事情。西方学者包括国内一些学者经常提及柏拉图、亚里士多德等人提出过的"国家"的概念，实则不过是后人对他们的自我解读，他们提到的不过是"城邦"而已。而"State"转向现代"国家"的概念始自马基雅维利，结束于法国的布丹。⑤ 直到现在，与国内学界多以马克思主义经典作家对国家的论述作为界定国家的依据不同，欧美学界对

---

① 李元书：《国家的特征、本质、定义》，《理论探讨》1990 年第 2 期。

② 李元书：《国家的特征、本质、定义》，《理论探讨》1990 年第 2 期。

③ 其实，现在看来，李元书当时对"国家"概念的界定，从其分析的国家特征来看，还是近代以来的国家特征，将之指称资本主义国家之前的国家，似乎不是很妥帖。关于古代国家和现代国家的区分，下面将会分析。

④ 谢剑南：《国家的概念与国家的生成》，《国际关系学院学报》2011 年第 1 期。

⑤ 吴惕安、俞可平主编《当代西方国家理论评析》，陕西人民出版社，1994，第 71~73 页。

于"国家"概念的界定则呈现多元化的态势。总的来看，欧美学界要么把国家视为一种社会体系，要么视为一种政治组织，要么视为一种共同体。但这些差异之中也存在共性，如同马克思经典作家一样，欧美多数学者也认可国家不是从来就有的，是历史发展的产物。在他们看来，国家的产生需要一定的条件，为区别于其他组织，需要具备一定的特征。一般来说，欧美学界对国家特征的表述含有以下几个因素：领土、主权、人口、中央集权、社会分层化、强制性（对暴力使用的垄断）、合法性，等等。如马克斯·韦伯就认为"国家是在一定区域内的人类的共同体，这一共同体在本区域内要求（卓有成效）的垄断合法的有形的暴力"①。吉尔·德拉诺瓦认为"国家是实施于领土之上的军事和行政专制，执行死刑和征税的机器"②。而吉登斯则将国家界定为"一种在它的统治地域上有章可循的，而且能够动员暴力工具来维护这种统治的政治组织"③。

通过以上对"国家"概念的简单梳理，笔者认为要给国家下一个一般性的概念，有必要掌握以下几点：（1）国家不是从来就有的，是阶级（阶层）分化的结果；（2）国家需要臣民或者国民；（3）国家需要有一定的领土范围；（4）国家需要代表自己的

① 〔德〕马克斯·韦伯：《经济与社会》下卷，林荣远译，商务印书馆，2006，第731页。
② 〔法〕吉尔·德拉诺瓦：《民族与民族主义》，郑文彬、洪晖译，生活·读书·新知三联书店，2005，第65页。
③ 〔英〕安东尼·吉登斯：《民族—国家与暴力》，胡宗泽等译，生活·读书·新知三联书店，1998，第21页。

政府（不论是专制的，还是民主的）；（5）自国家诞生以来，代表国家的政府就在相当程度上垄断了对武力使用（暴力使用）的权力；（6）国家除了阶级性外，还应该有社会性，具有公权力，管理整个国家，获取合法性；（7）代表国家的政府对内有相当或者绝对的控制权，如此等等。鉴于此，笔者认为可以将一般性的国家界定为：人类社会发生阶级分化以来，由在政治、经济、文化和社会等方面占统治地位的阶级或者阶层在一定区域内，将一定的居民聚集在一起，建立起相应形式的政府，对内垄断暴力（武力）的使用，并履行相应的公共管理职能，对外有相对或者绝对自主权的政治社会组织。自然，这一界定只是一般意义的，没有具体区分一些学者眼中的古代国家、现代国家，乃至民族国家。

"现代国家"（Modern State）和"民族国家"（Nation-state）是国内外学术界在政治学研究中经常使用的概念。虽然有很多时候学者们直接将两者视为等同①，但是两者并不是一个层面的概念。现代国家和民族国家各有所指。现代国家是相较于古代国家或者传统国家（Traditional state）而言的。民族国家则是现代国家的基本形态之一。在分析国家概念的时候，国内外学界一个比较普遍的共识就是国家不是从来就有的，而是历史发展的产物。

---

① 可见杨雪冬《民族国家与国家构建：一个理论综述》，《复旦政治学评论》2005 年第 3 辑，第 84~107 页；沈桂萍《民族国家构建的涵义及其现实需要》，《上海市社会主义学院学报》2015 年第 3 期；〔英〕戴维·赫尔德等《全球大变革——全球化时代的政治、经济与文化》，杨雪冬等译，社会科学文献出版社，2001，第 62 页。

在历史的发展过程中，作为一种政治社会组织，国家的形态、结构，乃至性质发生变化是很正常的事情。故有的学者按照时代的不同将国家划分为古代国家（传统国家）和现代国家（也有人称为近代国家，如马克斯·韦伯和霍布斯鲍姆等人）两大类。西方学界一般认为古代国家（传统国家）是近代以前的国家形态，包括城邦、帝国、王朝国家等，也就是国内学界按照社会形态所划分的奴隶制国家、封建制国家等。而现代国家则是指近代以来的绝对主义国家和资本主义国家，乃至现今的社会主义国家。

现代国家与古代国家（传统国家）有着国家的共性，但也有着明显的差异。马克斯·韦伯认为现代国家（近代国家）相较于传统国家来说是理性国家，其一般有两个显著的特征："（1）理性国家是建立在专业官员制度和理性的法律之上的；（2）理性的国家是垄断合法暴力和强制机构的统治团体。"[1] 霍布斯鲍姆认为，与古代国家相比，现代国家（近代国家）有着自己以下的特点："（1）近代国家的统辖范围根据受其统治子民的居住范围而定；（2）近代国家有明确的疆界，与其他邻国泾渭分明；（3）近代国家在政治上对其子民实行直接统治，无须中间的统治者；（4）近代国家必须时时关注其臣民和子民的意见，因为它们据之成立的国家体制赋予了公民合法发言权，公民可以通过选举议员或代议人来表达民意、影响政策；（5）近代国家对人民的干涉已

---

① 〔德〕马克斯·韦伯：《经济与社会》下卷，林荣远译，商务印书馆，2006，第 720~730 页。

经深入到日常生活的各个层面，并且变得越来越制度化。"① 而吉登斯则认为，传统国家与现代国家的区别在于："（1）传统国家（阶级分化的社会）与现代国家相比的本质特性是它的裂变性；（2）传统国家政治中心的行政控制能力有限，以至于政治结构中的成员并不进行现代意义上的统治，而现代国家则将其行政控制范围扩展至整个疆界范围内；（3）传统国家有边陲而无边界；（4）同传统国家相比，与非个人的行政权力观念相联系的主权观念以及一系列与之相关的政治理念，已经逐步成为现代国家的组成部分；（5）与传统国家相比，现代国家有着与国界相联系的行政等级体系。"② 在国外学者研究的基础上，国内有学者认为，现代国家的概念应该涵盖以下几点：（1）边界之内的组织，传统国家有边陲无边界，现代国家则建立在清晰和固定的边界之上；（2）领土之内唯一可以将政治影响覆盖到全社会的公共性机关；（3）合法性的暴力统治机构，拥有不容置疑的要求一般民众服从的权力；（4）国家之上没有任何权威，国家权力在国家内部至高无上，在国家间是独立自主的。③

"现代国家"这一概念，只是从国家发展历史的角度，学者们为了区别不同历史阶段的国家形态而采用的一种描述性的概

---

① 〔英〕埃里克·霍布斯鲍姆：《民族与民族主义》，李金梅译，上海人民出版社，2006，第 79 页。

② 〔英〕安东尼·吉登斯：《民族—国家与暴力》，胡宗泽等译，生活·读书·新知三联书店，1998，第 4～5 页。

③ 王刚：《国家概念的演进轨迹与解读视角——兼评马克思的国家概念》，《天中学刊》2015 年第 1 期。

念。通过对以上国内外学界关于传统国家与现代国家特征的论述
的比较，我们可以发现现代国家不同于传统国家，它的特点大体
上有以下几点：（1）主权；（2）固定的领土和边界；（3）对本
国居民更加严格的控制；（4）完备的行政体系；（5）基于法律的
公民权利，如此等等。那么，作为现代国家重要形态的民族国家
具有现代国家所拥有的特征也就是理所当然的了。也正是基于对
现代国家特征的认识，结合民族国家的特性，国内外学界对"民
族国家"的概念也做了众多的阐释。

在国外学界，很多人很自然地将民族国家看作是"民族"和
"国家"两个概念结合的产物。安东尼·史密斯将民族国家定义
为"以民族主义原则确立合法性的国家，它的成员拥有很大程度
民族的团结和整合（但不是文化上的同质性）"[1]。罗·霍尔顿
则直接指出民族国家是"作为一套政治制度的国家和被设想为某
一人群的政治及文化共同体的民族两种制度的混合物"[2]。吉登斯
虽然没有给予"民族国家"明确的概念，但却十分详细地阐释了
"民族国家"的特征："（1）民族国家行政控制能力大大提高；
（2）多元政治是民族国家的本质；（3）民族国家有明确的边界；
（4）拥有主权；（5）完整的行政体系；（6）大多数民族国家内
部实现了绥靖，以至于垄断暴力工具通常仅仅是统治者用以维持
其统治的'间接'资源；（7）民族国家本质上是世界体系的一部

---

① 〔英〕安东尼·史密斯：《民族主义：理论，意识形态，历史》，叶江译，
上海人民出版社，2006，第17页。

② 〔澳〕罗·霍尔顿：《全球化与民族国家》，倪峰译，世界知识出版社，
2006，第138页。

分，国际关系与民族国家同时起源；（8）军事工业化是一个与资本主义相伴随的关键过程，也正是它型构了民族国家体系的轮廓。"①

　　对于"民族国家"的概念，国内学界也多有阐释。宁骚将民族国家界定为"建立了统一的中央集权制政府的、具有统一的民族阶级利益以及同质的国民文化的、由本国的统治阶级治理并在法律上代表全体国民的主权国家"。在宁骚看来，民族国家至少有5个方面的主要特征："（1）它必须是独立的和统一的，亦即完全自主和领土统一；（2）中央集权制；（3）主权人民化；（4）国民文化的同质性；（5）统一的民族市场。"② 张树青和刘光华认为，"民族国家从严格意义上讲是一个有特定历史含义的范畴，它本质上意味着国内所有族体在国家范围内的统一（形成国族）和对国家的一致认同。民族国家的形成需要一定的条件：主权独立、中央集权制、民主化和统一的国内市场"③。贾英健认为，民族国家是"在统一的民族（国族）基础上建立的、以国家为标识和认同核心的主权国家，它是在调控能力上优于传统国家（如古老帝国或城市国家）的政治共同体"④。贾英健也认为民族

---

① 〔英〕安东尼·吉登斯：《民族—国家与暴力》，胡宗泽等译，生活·读书·新知三联书店，1998，第4~5页。

② 宁骚：《民族与国家——民族关系与民族政策的国际比较》，北京大学出版社，1995，第271~281页。

③ 张树青、刘光华：《关于民族国家的思考》，《兰州大学学报》1999年第4期。

④ 贾英健：《全球化背景下的民族国家研究》，中国社会科学出版社，2005，第55页。

国家包含 5 个主要特征："（1）主体民族的居住区域与国家领土疆域基本一致（即任何民族国家都有相对固定的疆域界限，民族国家的疆域应当与民族居住的区域大致相吻合）；（2）国家主权与主权在民；（3）在特定的领土上存在着一套独特的机构，这一机构垄断了合法使用暴力的权利；（4）民族主义政治文化形成；（5）统一的民族市场。"[1] 张寅认为，民族国家就是"以民族对国家的认同为基础的主权国家"，而"认同"和"主权"是其存在的根本要素。同时，张寅认为，"民族国家具有独立的主权、统一的领土、主权人民化、合法的垄断暴力使用和国家获得民族属性等特征"[2]。严庆认为，"民族国家即现代意义上的国家，是建立在国家民族认同的基础上的，以暴力作后盾，以公共权力为核心的代表全体国民利益的主权国家"[3]。王磊和王玉侠则认为，民族国家是继传统国家和绝对主义国家之后的"一种特殊国家形态，泛指具有统一的领土、市场和国族，拥有强有力的中央集权政府，以民主为价值取向的主权国家"[4]。

应该说，从国内外学界对民族国家概念和特征的分析来看，学者们阐述的概念既涉及其与一般意义国家的共同之处，也涉及现代国家的特性，更强调其自身的特色。总的看来，民族国家之

---

[1] 贾英健：《全球化背景下的民族国家研究》，中国社会科学出版社，2005，第 58~64 页。

[2] 张寅：《多元文化背景下的民族国家建构研究》，博士学位论文，吉林大学，2011，第 51~52 页。

[3] 严庆：《民族、民族国家及其建构》，《广西民族研究》2012 年第 2 期。

[4] 王磊、王玉侠：《主权·统一·国族·集权·民主——论民族国家建构的五大构成要素》，《徐州工程学院学报》（社会科学版）2014 年第 6 期。

所以称之为"民族国家",是因为它是"民族"与"国家"两者有机的结合。民族国家的两大构件就是"民族"和"国家"。具体的,民族国家应具备以下几个要素:(1)主权;(2)固定的领土和明确的边界;(3)拥有名义上或者事实上公民身份的民众,由于共同的语言、宗教和文化等因素,自认为是或者被外界视为一个整体,即民族;(4)中央集权的政府;(5)完备的制度体系,等等。在此基础上,笔者将民族国家定义为:在具有明确边界的领土范围内,在占统治地位的阶级或者阶层建立和主导的政府领导下,被赋予了公民身份的全体国民因为共同的语言、宗教、文化或者意识形态观念等而自认为是或者被他者视为一个民族的主权国家。

二 民族建构、国家建构与民族国家建构

"民族建构"(Nation-building)、"国家建构"(State-building)、"民族国家建构"(Nation State-building)和"现代国家建构"(Modern State-building)是当下民族国家建构相关问题研究中经常被学者们使用的概念。在具体使用中,有的学者将"国家建构"直接等同于"民族国家建构"①,有的将"现代国家建构"视为"民族国家建构"②,也有的将"民族国家建构"视为"民

① 王宗礼:《多族群社会的国家建构:诉求与挑战》,《马克思主义与现实》2012 年第 4 期。
② 杨雪冬:《民族国家与国家构建:一个理论综述》,《复旦政治学评论》2005 年第 3 辑,第 84~107 页。

族建构"①，更有将"国家建构"等同于"现代国家建构"②，等等。

王建娥是目前国内比较全面地梳理了民族国家建构、民族建构和国家建构的内涵及其关系的学者。王建娥认为，"民族国家建构作为一个过程有民族建构和国家建构两方面的内容。国家建构的过程包括确立疆域和空间活动范围（领土）、在国家疆域之内确立政治权威、共同体各部分之间形成一种新的联系方式、共同体成员之间确定一种明显可见的身份特征，以及在此基础上确立一种政治认同"。对于国家建构的手段，王建娥赞同安东尼·史密斯的分析，指出国家建构的手段包括："（1）建立全国统一的法律规范和司法体系；（2）创立单一的税制和财政制度，建设统一的交通和通信体系；（3）精简行政机构以提高办事效率，将权力集中掌握在居于首府的统治者手中；（4）形成专业化人事制度，使关键的行政管理部门由训练有素的人员充任；（5）创立中央控制下的有效的军事政治和技术。"③ 此外，"随着时间的推移，建立福利保障、劳动保护、保险和健康制度，将教育纳入国家建

---

① 张寅：《多元文化背景下的民族国家建构研究》，博士学位论文，吉林大学，2011，第 54 页。

② 慕良泽、高秉雄：《现代国家构建：多维视角的述评》，《南京社会科学》2007 年第 1 期。

③ 王建娥：《国家建构和民族建构：内涵、特征及联系——以欧洲国家经验为例》，《西北师大学报》（社会科学版）2010 年第 2 期；详见〔英〕安东尼·史密斯《全球化时代的民族与民族主义》，龚维斌、良警宇译，中央编译出版社，2002，第 106 页。

构，扩大选举权等都成了国家建构的重要手段"①。

对于民族建构的内容，王建娥按照安东尼·史密斯的说法将之分为："（1）共同体的记忆、神话以及象征性符号的生长、培育和传递；（2）共同体的历史传统和仪式的生长、选择以及传递；（3）'民族'共享文化（语言、习俗、宗教等）可信性要素的确定、培育和传递；（4）通过标准化的方式和制度在特定人群中灌输可信性价值、知识和态度；（5）对具有历史意义的领土，或者祖国的象征符号及其神话的界定、培育和传递；在被界定的领土上对技术、资源的选择和使用；（6）特定共同体全体成员的共同权利和义务的规定等。"② 在此基础上，王建娥认为"民族建构和国家建构的目的在于在国民中确立民族特性，创造居民彼此之间的相互认同，以及对国家的政治认同"③。为达成这一目的，其手段之一就是"创造一种共同的语言，通过共同语言的纽带把居民联系在一起，使之获得一种确定的身份特征"。不过，"仅有语言的一致性还不够。民族性的创造还需要另一个重要手段，即编撰一种与国家的政治意识形态相一致的'民族的'历史，通过求助于过去时代的合法性来创造一种现代的政治合法性和文化认

---

① 王建娥：《国家建构和民族建构：内涵、特征及联系——以欧洲国家经验为例》，《西北师大学报》（社会科学版）2010 年第 2 期。

② 王建娥：《国家建构和民族建构：内涵、特征及联系——以欧洲国家经验为例》，《西北师大学报》（社会科学版）2010 年第 2 期；详见〔英〕安东尼·史密斯《全球化时代的民族和民族主义》，龚维斌、良警宇译，中央编译出版社，2002，第 107 页。

③ 王建娥：《国家建构和民族建构：内涵、特征及联系——以欧洲国家经验为例》，《西北师大学报》（社会科学版）2010 年第 2 期。

同感"。通过"建构一种共同的历史和文化，来建构集体认同，调动人民的效忠意识和献身精神，动员人民对政治和其他国家公共事务的积极参与"。具体的，"就是通过公共教育体系、标准化的文学和历史课本，叙述其民族的历史与贡献，描述其民族英雄，培养公民的民族情感，以此统一人们的思想，为政治认同提供一个核心框架，在人民中间创造政治凝聚力"[①]。

王宗礼认为，"现代国家建构也包含两个既相联系又相区别的历史过程，即国家建构和民族建构过程"。"国家建构"重在解决主权独立、领土统一、法律制度体系建构等国家的"外壳"问题，而民族建构则"重点解决政治认同和政治合法性"等国家的"认同"问题，这"两种建构过程互为表里、相得益彰，共同构成了现代民族国家建构的历史场景"。"民族建构实际上就是把在一定领土范围内以部族、部落、血缘群体、文化群体等形式存在的分散的地方性人类共同体及其政治单元纳入一个以领土为单元的统一的人类共同体的过程，这一过程的核心在于形成共同的心理认同和共同的政治文化。"[②] 王宗礼指出，"多族群国家建构包含形成一体化的国家认同、获得政治合法性、建构适当的国家治理结构和形成族群之间的利益共同体等四个诉求"。同时，王宗礼还指出了"多族群国家建构面临着处理族群认同和国家认同关

---

① 王建娥：《国家建构和民族建构：内涵、特征及联系——以欧洲国家经验为例》，《西北师大学报》（社会科学版）2010年第2期。

② 王宗礼：《国家建构、族际政治整合与公民教育》，《西北师大学报》（社会科学版）2013年第6期。

系、处理多元族群和民主政治之间关系两大挑战"①。

严庆认为，民族国家建构是包含国家建构和民族建构的双重进程。民族国家建构体现了国家、民族的建构特征以及民族国家的动态过程。民族建构就是"民族作为文化—政治共同体的构建过程和民族认同的形成过程"。这个过程涉及三组主要关系，即"社会个体—国家、族群—民族，以及族群之间"。它们互动的结果表现为两个层次："一是包括个体、族群在内的社会活动者共同认同感的达成，这需要共同的语言、共同的历史、共同的文化价值、共同的心理取向等要素的形成；二是这些行为者生存空间的确定化，这要求有共同的生活地域。国家建构是一种国家整合行为，其主体是具有合法性地位和政治权威的政党或政府，其客体是导致国家社会裂变、削弱国家政权合法性和国民同质性的宗教信仰、种族、不同标准的社会分层等体制疏远因素和力量，其目标是促进国家内部的一体化和实现国内政局稳定，国家建构的手段、方式、方法体现在一系列的措施、政策和制度安排中。"②

沈桂萍认为，民族国家建构，即"国家构建、民族构建和公民构建"。国家建构包括"领土和边界的形成和确立，国家政治结构、制度、法律的建设，以及行政资源的整合和集中，使国家能够对其主权范围内的领土实施统一的行政控制"。民族建构是"民族作为文化—政治共同体的构建过程和国家民族认同的形成

---

① 王宗礼：《多族群社会的国家建构：诉求与挑战》，《马克思主义与现实》2012 年第 4 期。

② 严庆：《民族、民族国家及其建构》，《广西民族研究》2012 年第 2 期。

过程，即国族缔造"。公民建构是"公民个人权利、政治参与权利、社会福利权利的构建"。民族国家建构是"以政治合法性构建与国内不同族群对国家政治体系的认同并以公民身份参与国家政治过程这样两个方面同步发展来实现的"①。

通过对以上学者的关于"民族国家建构"、"民族建构"和"国家建构"的观点的阐释，我们可以发现，总体而言，学者们虽然在概念的使用上有些随意，但在整体的理解上却有较强的一致性。一般而言，民族国家建构多被视为一个过程，而学者们只是对于建构的主体、客体、内容、手段以及期望的结果等有各自的见解。同时，多数学者认为，"民族国家建构"、"国家建构"和"民族建构"是三个相对独立的概念，但它们是一个既相互区别又相互联系的过程。"民族国家建构"、"民族建构"和"国家建构"三者好比是鸟的身体和两只翅膀，又或者是自行车的车体与两轮。"民族建构"和"国家建构"是"民族国家建构"的下位概念，是"民族国家建构"过程的组成部分。在以上学者分析的基础上，我们可以从建构的主体、客体、内容、手段以及期望的结果等方面对"民族国家建构"、"民族建构"和"国家建构"的概念做出解读。作为"民族国家建构"的下位概念，"国家建构"可以视为占主导地位的统治阶级或者阶层，依靠自己建立的政府，在一定领土范围内厘定明确的边界，确立相应的社会制度，并建立保障这一社会制度运行的政治体制和相应的、完善的

---

① 沈桂萍：《民族国家构建的涵义及其现实需要》，《上海市社会主义学院学报》2015 年第 3 期。

制度体系（包含政治、经济、文化、教育和法律等体系），从而使这一国家成为主权国家，使其领土上的居民不分族群、宗教和文化而拥有共同的政治身份，并形成相应的国家认同的过程。"民族建构"则是指占主导地位的统治阶级或者阶层，依靠自己建立的政府，在一定领土范围内通过一系列政治、经济、文化、法律和社会等方面的措施，将具有不同文化、不同语言、不同历史传统甚至不同族群的人们打造成一个具有历史感的政治或文化共同体，并形成某种共同的认同。在界定了"民族建构"和"国家建构"后，作为它们两者的上位概念，"民族国家建构"则可以界定为"民族建构"和"国家建构"统一的过程。其目的在于通过国家建构和民族建构，创建国家认同和民族认同，并实现两个认同的统一，从而维护民族国家的生存和发展，进而维护统治阶级的利益。不过，这里需要指出的是，因为现代多数国家都是多族群国家，"民族国家建构"的主体是由占主导地位的统治阶级或者阶层建立和主导的政府，客体正常情况下则是会影响国家存亡的在语言、文化、宗教和历史传统等方面迥异的族群，及不同族群之间的利益诉求和由此引发的族群间的矛盾与冲突。"民族国家建构"最理想化的目标是促进国家内部的一体化和实现国内政局稳定，创造"国家认同"和"民族认同"，并使得两者完美统一，最终实现"一种文化、一个国家、一个民族"。"民族国家建构"的手段则是政府推行的一系列措施、政策和制度安排。同时，"民族国家建构"作为一个过程，并不是一条通向未来的直线，也不是不可逆转的。多族群国家的"民族国家建构"受族群结构、族群政治和外部环境等多重因素的影响，也可能在某一个时间点发生挫折甚至逆转，导致现有国家的分裂和解体。20世纪90年代南斯拉夫、捷克斯洛伐克等就是最好的证明。此外，作为"民族国家建构"的两个组成部分，"民族建构"和"国家建构"对二战后新兴的多族群国家来说，在时间上是相互交融、齐头并进、相互辅助的。

第三节 族群认同、民族认同、国家认同与民族国家认同

中文中"认同"一词对应的英文单词是"Identity"，按照一些学者的说法，这本来是一个心理学的词语，后来被政治学和社会学等领域借鉴并广泛使用。"认同"，从个体与群体的关系而言，就是个体对自我与一定群体、组织之间一体性或一致性的确认。也可以说就个体对群体、组织而言，认同是承认自己归属于某一个群体和组织。一个人对某一群体的认同及产生的归属感，一方面是在一定客观条件下的自我感受，而另一方面也依靠他者的认定。假定任何形式的认同会自然而然地形成、巩固和维系是不正确的。任何形式的认同都会随着时间的流逝和主客观条件的变化而发生变化。现代国家多数为多族群国家，在民族国家建构过程中，自然会存在不同层次的认同，如族群认同（Ethnic Identity）、民族认同（Nation Identity）、国家认同（State Identity）、民族国家认同（Nation-state Identity），等等。多族群国家在民族国家建构过程中，构建民族认同、国家认同，乃至最终形成民族国家认同是最基本的要求。而要真正实现民族认同、国

家认同的建构，实现两者的有机结合，形成民族国家认同，多族群国家就必须要处理好民族认同、国家认同和民族国家认同与族群认同的关系。

一　族群认同

正如本书上面所阐释的，族群是在特定主客观条件下形成的相对稳定的人类共同体。这一共同体的存在，除需要各个成员之间以共同的祖先、血缘、语言、宗教、传统习俗以及传统文化作为纽带外，还需要共同体成员对这一共同体的认可，形成向心力，这就是我们说的族群认同。族群认同是族群中的个体在一定的现实条件下（如共同的祖先和血缘、历史、宗教、文化和语言等），因主体感情归属的需要和现实利益的诱发而形成的一种对群体的归属感。族群认同是族群存在不可或缺的主观条件。在一个多族群国家里，族群认同的强弱受诸多因素的影响。国外学者英格尔在自己的研究中提出了人口规模、居住格局、移民比例、母国关系、语言差别、宗教差异、种族差异、迁移方式、文化差异、母国情感、职业差异、教育水平、直接经历和社会流动等14种影响族群认同的因素。在英格尔看来，当族群成员普遍认为强化族群意识会使他们得到更大的群体共享利益及个人利益时，当祖先文化的真实性和反映族群起源的神话被人们强烈地感受时，当族群中有相当数量的成员感到被政府"疏远化"（即感到自己在这个国家没有权利，不信任政府，也不接受其价值观和政策）的时候，族群认同会达到最大化。这样，族群抗争的力量会得到加强，多族群国家中的族群间的关系将变得疏远甚至相互对抗，特别是主体族群和少数族群之间①。而这样就会影响多族群国家的民族建构和国家建构，进而有碍于民族认同和国家认同的形成。

二 民族认同

"民族认同"是一个不同于"族群认同"的概念。国内学者多将多族群国家内部的族群视之为"民族"，所以经常将我们所说的"族群认同"称之为"民族认同"。然而，前面我们已经分析过，"族群"和"民族"是两个不同的概念。民族认同不等于族群认同，多族群国家的民族认同是族群整合的结果。民族是近代以来的产物，是在既定领土范围内全体居民的共同体。民族不是自然而然产生的，它是在一定客观条件基础上人为建构的产物。民族认同的形成则是民族形成的重要标志。民族认同是多族群国家进行民族建构的核心。从这个意义上来说，民族认同是指在一个主权国家领土范围内所有居民作为一个共同体，其成员之间彼此将对方视为这一共同体的成员，他们之间要么以共同的语言、宗教、历史传统和文化等作为连接的纽带，要么因为信奉共同的意识形态而团结在一起。同时，这一共同体的成员因为坚信自己是该民族的一员和组成部分，对该民族的存在和发展产生了一种强烈的归属感和依赖感。在一个多族群的国家里，对各个族群进行整合，形成民族认同是一个艰苦而漫长的过程。族群认同与民族认同之间的关系也显得十分微妙。对于多族群国家的民族

① 转引自马戎编著《民族社会学导论》，北京大学出版社，2005，第470页。

建构来说，形成民族认同的过程，也就是需要在几个不同族群认同的基础上创造出一种新的认同，并且这种认同一定是要超越族群认同的。在民族认同的塑造过程中，如果政府主导的相应的政策、制度和体制发生偏差或者倾向于主体族群，其他族群就会感到自己受到了不公正待遇，为了争取自己的权益，他们就会强化而不是弱化族群认同，进而不利于民族认同的形成。

三　国家认同

"国家认同"也是一个国内学界运用比较宽泛的概念。一般的，国内不少学者们习惯将国家认同、现代国家认同，乃至民族国家认同视为一回事。但是，在我们这一研究选题下，国家认同不等于民族国家认同。在现代多族群国家中，国家认同是民族国家认同的组成部分，也是多族群国家期望达成的目标之一。国家认同是民族国家建构中国家建构的核心内容。在这一意义上，这里的国家认同通常是指在一定领土范围和政权支配下的国民对国家的认可和服从。它反映的是人与国家之间的关系，是一个国家合法性建立的基础，是国家稳定、发展、繁荣和昌盛的基础。对于这个国家的居民而言，国家认同包括对国家的社会制度、政治体制、国民或公民身份、统治阶级和阶层，以及他们为了维护统治所构建的制度体系、政策体系等的认同。

四　民族国家认同

民族国家认同是民族国家建构的核心，是上面我们提到的国家认同和民族认同的有机结合。对于一个多族群国家来说，一方面掌握国家政权的阶级或者阶层，通过一系列的政治、经济、文教和社会政策，将不同的族群构建为一个统一的"民族"，形成民族认同。另一方面，在国家建构中，掌握政权的统治阶级通过政府推行一系列举措，让所有的国民认可统治阶级执掌国家的合法性、合理性，形成国家认同。不过，在民族国家认同的形成过程中，民族认同和国家认同并不一定完全同步。因为，对于民族认同来说，把机体特征、语言、宗教、风俗习惯、文化传统迥异的各族群整合为一个语言统一的民族，并形成可以共享的行为方式、文化形式并不是一件容易的事情，这需要很长的时间。在这一方面，马来西亚就是一个典型的例子。马来西亚自立国以来，在国家建构过程中取得了一定的成就，建立了相对完善的制度体系。不同族群的人们对国家和政府的认可度较高，没有因为多族群的存在而发生大规模的族群冲突（除了1969年的"五一三事件"）。社会相对稳定，国家经济社会运行良好，马来精英主导的政府能够不受挑战地治理国家。然而，在马哈蒂尔所倡导的"马来西亚民族"的建构方面，其成绩确实无异于白卷。在建国60多年后，各族群之间的界限依然分明，他们之间可以和平共处，但融为一体却没有实现。直到现在，如何妥善处理族群之间的关系，依然是马来西亚民族国家建构面临的重要任务。

第四节　民族国家建构的相关理论与影响因素

民族国家建构是一个动态的过程。自近代民族国家出现以来，无论是学者们眼中的"原生型民族国家"，还是"后发型民族国家"，民族国家建构的使命依然在延续。民族国家建构是一项十分复杂和艰巨的任务。当今世界由一个族群构成的单一民族国家很少，多数是多族群国家。为了在存在诸多差异性的族群之间创造出共性，实现民族一体化，构筑民族认同和国家认同，不同的国家曾经不断地努力，并采取了各不相同的政策和举措，其成效因而也各不相同。基于对民族国家建构历史的分析，国外学界，特别是西方学界关于民族国家建构的理论大体上可以归为传统自由主义同化一体论和文化多元主义理论两大类。这两种理论虽都着眼于在一个多族群国家中如何处理族群关系，实现族群间的良性互动，进而产生民族认同和国家认同，但对于民族国家建构的目标和手段却大不相同。由于时代的变迁和民族国家建构环境的变化，传统自由主义同化一体论的各种弊端明显显现，已经很难被视为指导民族国家建构实践的可行性理论。相较而言，20世纪70年代以来兴起的文化多元主义理论在重视不同族群间的差异性，主张尊重不同族群的文化，通过民主的方式处理族群间的关系，以建构民族认同和国家认同方面做得较好。无疑，这对于当前多族群国家的民族国家建构有相当的借鉴意义。不过，在具体的民族国家建构实践中，遵循文化多元主义原则，采取包容性政策、制度和体制设计的例子也就是加拿大等几个有限的国家。战后新兴的独立国家，特别是广大亚非拉第三世界国家，在民族国家建构实践中既不能说完全采用的是传统自由主义一体论模式，也不能说是采用了文化多元主义的理论，更多的是各取所需，根据具体环境的变化采取调和式的制度、体制、方针和政策，等等。鉴于此，在进行"马来西亚民族国家建构"这一课题的研究时，本书要做的不是简单地套搬某一学者或者某一派别的理论框架来进行分析和评介，而是将马来西亚民族国家建构的研究放到马来西亚这一国家的具体内外环境中，将影响马来西亚民族国家建构的相关因素放到研究中来，分析相关的因素是如何对马来西亚民族国家的建构产生积极或者消极影响的。

一　民族国家建构的相关理论

如上所述，现代民族国家建构的理论大体上可以分为传统自由主义的同化一体论和文化多元主义理论两大类。

传统自由主义同化一体论在 20 世纪 70 年代以前比较流行。这一理论源自近代以来西方民族国家（英、法、美等国）建构的历史实践。自近代以来，多数国家都不是由单一族群构成的。但是，自近代民族主义思潮兴起和以自由、平等、民主为圭臬的资产阶级政治理论提出以来，在一个国家之内掌握政权的统治阶级或者阶层的精英们为了维护自己的统治，巩固政权，确认统治的合法性，都力图采取"一种语言、一种文化、一个民族和一个国家"的民族国家建构模式，将多个存在语言、文化、宗教等差异的族群整合到民族的旗帜下，形成民族认同和国家认同。

在这些民族国家的建构过程中，为了达成"一种语言、一种文化、一个民族和一个国家"的目标，都曾经采取过激烈、残酷的行动，包括对少数族群的强迫归属、驱逐、屠杀，等等。不过，二战以后以极端的方式同化，寻求对多族群国家进行整合已经很难被认可。但西方民族国家建构中同质化和一体化的目标并没有被抛弃，甚或一些经验还被一些人视为可行。针对战后新兴的第三世界多族群国家究竟以什么手段促进一个国家内各族群间的同质化，形成民族认同和国家认同，同化一体论认为这些国家可以借鉴西方发达国家的经验，按照欧美国家的现代化道路进行发展。以 A. H. 伯奇（A. H. Birch）和 K. 德乌奇（K. Deutsch）为代表的同化一体论认为，在民族国家建构的道路上，随着战后现代化的迅猛推进，工业化、都市化的扩展，以及交通、通信技术的更新，不同族群之间的交流必然会不断扩大，这会使得彼此间的认同增强，会弱化族群认同，强化国家认同。在这一背景下，政府应该因势利导，有计划地对人们的观念进行改造，采用相应的民族国家建构政策，也就是同化政策，用整齐划一的教育、宣传等方式对国家内部的人口不分族群地实施同质化，塑造一个一体化的"民族"。① 不过，同化一体论将西方欧美国家的现代化经历移植到新兴亚非拉国家的想法，明显过于乐观了。他们的不足在于低估了新兴多族群国家中的族群差异、多样性的现实和族群认同对民族国家建构的阻碍。他们只看到现代化、都市化带来的族群之间、人与人之间的交流与合作，却忽视了接触的增加并不必然导致融合，也有可能因为某个族群在具体交往中受到歧视或不公平待遇而强化了族群认同，并产生对其他族群的排斥情绪。此外，他们提议国家应采取同

---

① K. Deutsch, *Nationalism and Social Communication：An Inquiry into the Foundations of Nationality* (Cambridge：MIT Press, 1966), p. 106. A. H. Birch, *Nationalism and National Integration* (London：Unwin Hyman, 1989), pp. 9–10.

化政策也是不符合新兴亚非拉国家的国情的。因为如果对一个国家内各族群的同化或者一体化是以主导族群的文化为基础，那么这样的政策似乎很难为其他族群所认可和接受。建国以来的马来西亚就是很好的例子。掌握政权的马来西亚精英们力图用马来文化主导民族国家建构的进程，用马来语作为国语，马来文作为唯一官方文字，如此等等，就遭到了华族等少数族群的抵制。

文化多元主义理论兴起于20世纪70年代，可以说是对同化一体论的修正。二战之后，随着同化一体化政策的推行，欧美国家也面临着一系列的问题。对于这些国家来说，政府宣扬人人平等、自由和民主，而现实却是国内还存在着族群间的不平等、不民主，以及少数族群的文化和特性被忽视等问题。这在美国、加拿大等国也引发了不少问题。事实证明，随着时代的发展和国家内外环境和条件的变化，强制性的带有强烈族群同化色彩的民族国家建构模式，明显已经失去了其存在的合理性。采取以主体族群的文化为主导的同化政策不仅不能解决多族群国家中存在的问题，反而还可能引起少数族群的不满，进而激化族群之间的矛盾，最危险的就是导致多族群国家的分裂与解体。针对这一情况，加拿大学者金里卡等人提出了文化多元主义理论。在民族国家建构方面，金里卡等人认为既然各多族群国家中族群之间存在明显的文化上的差异，国家就应该正视这一差异，承认和尊重其文化上的差异，特别是主流族群和少数族群之间的差异。为了保障少数族群的平等权利，国家应该给予少数族群差异性或者保障性的权利，进而可以通过这种差异的公民身份来强化国家认同。

只有在保持族群文化多元的基础上，通过一种民主、包容的族群政策给予少数族群差异的公民身份，才能协调好由民族国家建构引发的族群矛盾与冲突。① 具体来说，金里卡认为可以通过联邦制与自治、特殊代表制、多元族群权与补偿措施，以及文化多元的公民教育四个方面的措施着手实现民族国家建构的目标，这样能够使得政治一体化与多元文化之间保持一种动态的平衡，能够有效地缓和民族国家建构中出现的民族一体化与族群自我发展之间的矛盾。② 应该说，文化多元主义理论作为对同化一体论的修正是有其合理意义的。该理论重视一国之内各族群，特别是少数族群的权利，注重其文化的保存和尊重，并提出了"异中求和"的理念来具体地协调族群关系，构建民族认同和国家认同，这是其合理性的体现。不过，虽然对于民族国家的建构文化多元主义理论提出了自己的见解，但其实用性，特别是应用在比加拿大、美国和澳大利亚等国差异更大的亚非拉国家（包括马来西亚）上，其可行性就要大打折扣了。这是因为不同的国家即使同是多族群国家，其面临的国家内外环境不同，在民族国家建构道路上存在的影响性因素也不同，故每个多族群国家的民族国家建构的途径应当是独特的，唯一的。

正如世上没有"包治百病的灵药"，也自然就不可能有适合所有国家民族国家建构的理论。就马来西亚民族国家建构而言，

① 张寅：《多元文化背景下的民族国家建构研究》，博士学位论文，吉林大学，2011，第103~119页。

② 张寅：《多元文化背景下的民族国家建构研究》，博士学位论文，吉林大学，2011，第104页。

同化一体论和多元主义理论只是为我们对其 60 多年的历程进行总体评价提供了参考标准而已。而要真正透析马来西亚民族国家建构的特性，就要了解影响民族国家建构的因素，将它们视为研究的落脚点，通过分析这些因素在马来西亚民族国家建构中的作用，以及马来西亚政府在面对这些因素时候的政策选择及其成效，来对马来西亚民族国家建构的历程进行评价。

二　影响民族国家建构的因素

在一个多族群国家中，掌握政权的统治阶级进行民族国家建构是在特定的环境下进行的。而一个国家特定的内外环境会形成一系列对民族国家建构起到推动或者阻碍作用的因素。作为民族国家建构的主体，政治精英们控制的政府只有充分认识这些因素，并了解其什么时候具有推动性，什么时候具有阻碍性，才能更好地推动民族国家建构的良性运作。一般来说，对于像马来西亚这样的二战后新兴的多族群国家，影响其民族国家建构的因素主要包括多族群国家建立前的历史、族群结构、政治因素（含族群政策和族群关系、族群政治等）、经济因素、文教因素，等等。

多族群国家建立前的历史是研究民族国家建构不能忽视的因素之一。在国家建立前，国内各族群的由来、族群之间的关系，以及各族群对建立国家的认知等都会对未来民族国家的建构产生影响。就马来西亚来说，"马来西亚"是一个 20 世纪 60 年代才开始兴起的概念。至少在 1963 年以前，"马来亚"才是人们所熟知的概念。现在马来西亚的马来族、华族、印度族和其他所谓的土著在马来亚并不是同时期存在的。华族和印度族的形成是英国殖民统治后大规模引入劳工的结果。① 对于自己治理下的各族群，英国殖民者实行分而治之的政策，将马来族视为"土著"，让他们在政治上享有特殊的地位，这使得马来人坚称自己是土著，并为马来亚是马来人的国家打下了基础。这也就是后来在立国过程中马来人坚持用宪法的形式明确马来人特权的行为的缘由。而华族和印度族，是英国殖民者为了经济利益而引入的，马来人自然将他们视为外来者。在殖民统治时期华族主要活跃于经济领域，而印度族则除作为劳工外，也被赋予了一定的行政职能。正因为英国殖民者的分而治之的政策，马来人和华族以及印度族都各自在自己的领域活动，除在市场运作上有交集外，缺少主动融合的动机和条件，故族群关系可谓相安无事。② 不过，二战期间日本帝国主义在其统治的三年里，由于故意采取了挑拨族群关系的政策，使得族群关系，特别是马来族和华族关系恶化，这直接影响了马来亚独立后的族群关系与族群间相互的认知。同时，马来亚独立前，各族群对建立独立国家的前景的认知也不一样，这就影响了他们后续的行动。二战结束后，英国恢复了对马来亚的殖民统治，当时的马来族、华族和印度族等多数人都没有将独立视为自己的奋斗目标。对华族多数人而言，马来亚依然只是暂居之地，中国才是根，将来要"落叶归根"的。华族有着很强的中国

---

① Khoo Kay Kim, "Malaysia: immigration and the Growth of a Plural Society," *Journal of the Malaysian Branch of the Royal Asiatic Society*, Vol. 71, No. 1, no. 274, 1998, pp. 1-25.

② Collin Abraham, *Divide and Rule: The Roots of Race Relations in Malaysia* (Petaling Jaya: INSAN, 1997), p. 45.

认同，他们深受中国国内政治变动的影响，而对于战后马来亚的关注比较少，这影响其对马来亚政治的参与，进而使得华族在马来亚独立进程中未能把握先机，掌握主动权，追求自身最佳的地位和角色。印度族的情况跟华族情况一样。而与之形成鲜明对比的是马来族从英国殖民者提出马来联盟方案，到马来联邦方案，再到独立建国，都坚持追求主导性地位，并取得了相当的成就，这奠定了马来人在后来独立的马来亚（马来西亚）的主导地位和优势。

族群结构也是影响民族国家建构不可忽视的因素之一。族群结构这里主要指的是一个多族群国家之中的各个族群的规模、自然增长率、少数族群的地域分布（是分散还是集中，是集中于城市，还是分散于乡村，等等）等方面。一般来说，如果一国之内有一个在人口数量上占绝对优势的族群，而其他族群人口数量占绝对的劣势，那么弱小的族群就很容易迷失自己的特性，而占优势的族群则比较容易维持自己的语言、风俗、宗教以及文化等。不过，这里也应该考虑不同族群之间的聚集地分布和聚集程度等情况。如果一个族群居住范围大，并且较为集中，则容易保存自己的个性，不易被整合；反之，如果散居在信息发达、教育完备、交流顺畅的环境，如城市等，且规模数量较少，则容易被同化或者整合。同时，族群人口自然增长率的高低，会影响到人口的数量。如果人口增长率高，人口数量就多，对资源的需求也就越多，进而会要求国家在资源的分配上倾向于自己。如果这一要求得到满足，其他族群就会产生不公平感，这不仅会影响族群关系，也会影响族群对政府乃至国家的认同。从马来西亚的族群结构看，自立国以来，相当一段时间内马来族并不是占绝对优势的族群。华族作为目前国内第二大族群，虽然近年来的人口增长率令人堪忧，但自立国以来人口数量都占马来西亚总人口的20%以上①。这就可以解释为何独立后马来族主导的同化模式未能取得实效了。当然，除了人口基数外，马来族在文化上也不占明显的优势，而来自中国的华族文化水平并不落后于马来族，这也使得马来族主导的政府力图用马来文化统合国家的意图很难实现。在马来亚（马来西亚）独立后很长一段时间里，马来族主要居住在乡村，而华族和印度族则多居住在城市，城市便捷的交通不仅没有削弱华族和印度族的族群认同，反而有助于其族群认同的巩固。

政治因素是影响民族国家建构最直接的因素，主要包括族群政治、族群政策以及由此引发的族群关系等方面。族群政治是指多族群国家中的各个族群通过组建政党、政治性团体等，为争取和维持自身的利益而进行的政治博弈。而族群政党往往是由族群中的精英分子倡导建立和直接主导的，对本族群民众开放，声称代表本族利益。族群政党的存在很大程度上意味着族群之间的界限依然十分分明，如果这一政党的存在多依靠本族群民众的支持，那更表示该国族群之间整合的成效不大。马来西亚就是如此。到目前为止，在马来西亚的巫统、马华公会和印度人国大党都是族群政党，巫统是马来人的政党，马华公会是华族政党，而

---

① 到2018年，马来西亚的华人约有668.21万人，占马来西亚总人口数量2905.96万的23%。引自邵岑、洪姗姗《"少子化"与"老龄化"：马来西亚华人人口发展特点与趋势预测》，《华侨华人历史研究》2020年第2期。

印度人国大党则是印度人的政治组织。其他如民政党虽对外宣称自己是跨族群性质的政党，但总体上还是华族政党。长期作为反对党的人民行动党虽也宣称自己是跨族群性质的政党，但基本上也是华族政党。不过，族群政党的存在及参政，在一定程度上也能够起到政府和民众之间纽带的作用，有利于减轻政府族群政策带来的冲击，及缓和族群之间的紧张关系。族群政策是民族国家建构过程中政府制定和执行的一系列举措的总称，它们直接关乎各族群民众的心理感受和物质利益的得失，更是直接影响着不同族群对政府的看法，影响着主导政府的族群与其他族群间的关系，进而影响民族建构和国家建构。自建国以来，马来西亚华族就对巫统主导的政府所采取的一种语言（马来语）、一种文字（马来文），打压华文教育的政策不满，由此也引发了一次次华族争取文教权的运动。巫统主导的政府对华族所采取的文教政策不仅没有起到同化和整合的作用，反而刺激了华族的认同。同时，巫统主导的政府所采取的族群政策也直接影响着族群关系。马来族视自己为原住民，自认为应该拥有特权，并通过宪法的形式确认了这一特权，还以各种政策，如"新经济政策"等维持这一特权。这些政策无疑会引发华族等其他族群的不满，进而影响族群关系。1969年的"五一三事件"就是族群关系恶化的结果。

经济因素对民族国家建构的影响虽不如政治因素那样直接，但也是不容忽视的因素之一。在多族群国家里，不同族群民众的民族认同和国家认同的步调很多时候并不一致，国家认同往往会走到前面。之所以如此，是因为不同族群对于自己安身立命的国家的要求无非是保障自身生命财产的安全，提供自身发展的机会，让自己有参政议政的权利，等等。其中，国家通过有效的措施促进经济发展，提高人民生活水平和财富的积累，将有利于国家认同的产生和维系。但是，如果在国家经济发展过程中，某一族群发现自己较其他族群受益不大，就会产生一种不公平感，进而会希望乃至要求国家采取措施来改善自己的境地。如果这一希望或者要求得不到满足，就会产生挫折感，进而影响国家认同的建构。"新经济政策"时期的马来西亚就面临着这样的困境。"五一三事件"后，巫统主导的政府认为事件的发生是族群间经济发展不均衡的结果。为此，政府提出了推动马来族经济发展的"新经济政策"。这一政策虽也强调缩小贫富差距等，但最主要的是培植马来族的经济力量。这一政策无疑是偏袒马来族的，相对的就使得其他族群处于不利的竞争地位。这自然不利于国家认同的建构，族群关系也难谈和谐发展。

文教因素，即文化和教育因素，它们对民族国家建构的影响虽不如政治因素来得直接，但却是最为深远的。在这些文教因素中，影响族群关系最明显的是语言文字和宗教。当代世界很多族群的区分就是依靠宗教和语言文字。比如，马来西亚宪法规定的构成马来人的条件之中就有讲马来语和信奉伊斯兰教。如果多族群国家内部的各族群在语言文字和宗教上差别较大，那么实现民族建构的难度就会很大。比如，马来西亚的马来族和华族之间，在语言文字、宗教信仰以及由宗教信仰而产生的习俗方面就有着重大差别，这使得两族之间的自然融合十分困难，也无疑增加了一个"马来西亚民族"的建构难度。教育制度和教育体系也是文教因素中的重要构成部分。国家教育制度主导下的教育体系中的教学内容、教学用语都会影响教育的效果。如果教学内容以主体族群的文化内容为核心，并将贬低或者抑制其他族群文化作为教学内容的一部分，即使不是强迫性灌输，也容易引起其他族群的不满和抗争。同样，教学用语也十分重要，如果通过政府的政策强迫以主体族群的语言作为教学媒介，而限制少数族群语言的使用，其目的固然是促进民族整合，但也会引发少数族群的不满。[①]建国以来，马来西亚的文教政策就是很好的证明。以华族的文教权抗争为例，马来西亚政府在文化和教育上采取一种语言、一种文字和统一教育的做法，在华族看来就是要消灭华族赖以存在的根基。为了争取华文教育，使华文成为官方文字，华族进行了持久的抗争，而结果是马来西亚保留了在当今东南亚国家中最为完整的华文教育体系，从小学到中学，直至大专。

小　结

通过前面的梳理和分析，笔者对本书涉及的基本概念进行了界定。在这里，我们明确地放弃了"种族"和"国族"这两个在国内外学界也有所运用的概念，而坚持采用"族群"和"民族"这两个概念。也正因为如此，本书将马来西亚界定为"多族群国家"，而不是"多民族国家"。同时，通过分析，在对"国家"和"民族国家"概念解读的前提下，我们确定民族国家建构是一个

---

① Sharom Ahmat, "Nation Building and the University in Developing Countries: The Case of Malaysia," *Higher Education*, Vol. 9, No.. 6, 1980, pp. 721 - 741.

由民族建构和国家建构构成的非直线的过程。民族国家建构的核心则是民族国家认同的形成及不断巩固和强化。而要真正实现民族国家认同的形成和强化，则离不开民族建构和国家建构的共同作用。这些概念的厘定，为下面马来西亚民族国家建构历程的解读奠定了基础。同时，我们也梳理了民族国家建构的同化一体论和文化多元主义理论，并梳理了影响马来西亚民族国家建构的影响性因素。不过，上面我们提及的因素只是众多影响民族国家建构因素中的一部分，它们的存在会影响民族国家建构主体——政府处理族群关系的政策选择，进而影响民族国家建构的路径。当然，除了上面提及的因素外，如国际环境的变化、意识形态等也都是影响民族国家建构的因素，只是它们的重要性比较低而已。应当提及的是，以上众多的因素在马来西亚民族国家建构过程中，不是都同时发挥作用，而是有的在早期发挥的作用大些，有的在后期乃至整个过程都发挥重大作用，这在下面的论述中将会有所体现。

第二章

二战结束前马来西亚民族国家建构的奠基

今日之马来西亚是二战后从英国殖民统治下获得独立的新兴的东南亚国家之一。作为一个政治地理概念，马来西亚出现并被普遍接受的时间比较晚。1963 年在与新加坡、沙巴和沙捞越合并之前，现在的西部马来西亚中的 11 个州统称"马来亚联合邦"。1963 年马来亚联合邦、新加坡、沙捞越与沙巴共同组成"马来西亚联邦"。1965 年新加坡从马来西亚联邦分离出去，马来西亚今日之版图确定。马来西亚地处亚洲的东南部，地理位置优越，是东南亚的一个半岛国家。现今马来西亚的国土分为东西两大部分。西部马来西亚（以下简称"西马"）位于马来半岛，北部同泰国接壤，南与新加坡的柔佛海峡相望。西马由自北而南的玻璃市、吉打、槟城、霹雳、吉兰丹、登嘉楼、雪兰莪、彭亨、森美兰、马六甲、柔佛等 11 个州和吉隆坡、布特拉再也（简称"布城"）两个联邦直辖区构成。东部马来西亚（以下简称"东马"）则位于婆罗洲（即加里曼丹岛）北部，由沙巴和沙捞越两个州以及联邦直辖区纳闽组成。东马南邻印度尼西亚，而同处婆罗洲的小国文莱则处于沙巴和沙捞越中间。现在的马来西亚是一个由多族群构成的国家，其中马来族、华族和印度族是三大主要族群。到 2016 年，马来西亚总人口超过 3000 万，其中马来族及其所称的原住民的人口数量占全国总人口数量的 68.1% 以上，华人占 23.8%，印度人占 7.1%。① 马克思曾经说过："人们自己创造自己的历史，但是他们并不是随心所欲地创造，并不是在他们自己选定的条件下创造，而是在直接碰到的、既定的、从过去承继下来的条件下创造。"② 马来西亚民族国家的建构亦然。第二次世界大战结束前，马来西亚族群结构的形成、各主要族群间的关系、英国殖民统治和日本对马来西亚的占领等都是战后马来西亚民族国家建构不可忽视的历史因素。也正是这些因素影响着第二次世界大战后马来西亚在争取独立和建国过程中国家边界的厘定、国家体制和政治体制模式的选择、族群政治的发展等。因此，本章主要梳理二战结束前马来西亚族群结构的形成、族群关系的演变，解读葡萄牙、荷兰和英国的殖民统治的历史遗产及其对日后马来西亚争取独立和民族国家建构的影响。

第一节　二战结束前马来族的发展与认同

马来族是当今马来西亚的第一大族群。按照马来西亚宪法的规定，作为马来人的标准是讲马来语、遵守马来习俗和信仰伊斯

---

① 转引自沈本秋《多民族与多族群国家整合模式的比较研究——以英国、印度、马来西亚为例》，《世界民族》2020 年第 1 期。

② 《马克思恩格斯选集》第 1 卷，人民出版社，2012，第 669 页。

兰教。这一规定所蕴含的要素，不能仅仅看作是二战后马来族精英们主观臆想出来的东西，也不仅仅是为了整合马来族而提出的规范。无论对于马来族精英们，还是普通马来族族众来说，这些都是对以往历史发展进程中形成的一些文化共性的确认。对马来人而言，讲马来语、遵守马来习俗和信仰伊斯兰教是他们与其他族群相区别的显著特征。当然，二战后马来族精英们强调这些特性也是有着政治考虑的。马来族精英们将马来人与原住民联系在一起，认为自己最应当是即将诞生的国家的主人，而其他族群，主要是华族和印度族则是外来者。这样，马来人就可以名正言顺地争取和坚持他们自己的特殊权利，而将其他族群获得公民权和留居在马来亚看作是他们给予的恩惠，使得其他族群甘心于以宪法的形式规定的族群之间的不平等。不过，即便如此，我们也不能否认共同的语言、风俗习惯和宗教信仰等在马来族形成和族群认同中的媒介作用。正是这些因素支撑着马来族。马来族的这些特征是漫长的历史发展的结果。而生活在马来亚的马来族的整体认同更是 19 世纪末 20 世纪初形成的。

一　现代马来族的渊源

当代世界每一个族群都有着自己的历史渊源。现在马来西亚的马来人也是经过长时间演变而来的。对于马来西亚早期的历史，现代学者们比较普遍地认为，由于资料的匮乏很难完全厘清其发展状况。不过，从现有的研究成果来看，今日马来人虽自称是原住民，但学者们多认为马来人的祖先也是在旧石器晚期或者新石器时代迁入马来半岛的。

从人种学的角度，现代马来人与东南亚地区的很多其他族群一样，都属于蒙古利亚南方人种。蒙古利亚南方人种虽保有蒙古利亚人种在体质上的基本特征，但具体到肤色、头发、眼睛的颜色以及身材却与蒙古利亚人种有着一定的差别。蒙古利亚南方人种具有明显的尼格罗-澳大利亚人种的特征。[1] 蒙古利亚人种从肤色上看属于黄色人种，而尼格罗-澳大利亚人种则是黑色人种。因此，蒙古利亚南方人种应该是黄色人种和黑色人种混血而成的。虽然学界对于黑色人种从何处而来有着不同的认识，但不少学者认为在蒙古利亚人种到来之前，东南亚地区乃至中国南部和东南部广大地区曾广泛分布着黑色人种。[2] 只是到旧石器晚期，或者新石器时代，黄色人种开始逐渐向东南亚乃至中国南部和东南部的黑色人种地区扩散，并在中国的南部地区与黑色人种相碰撞和融合，形成了蒙古利亚南方人种。随之，蒙古利亚南方人种开始进一步向南方和东南方发展。一部分可能通过陆路进入中南半岛，进而南下马来半岛，乃至东南亚。一部分可能经中国东南沿海地区进入中国台湾地区，经中国台湾地区到菲律宾，再向印度尼西亚乃至马来西亚半岛等地扩展。这两部分蒙古利亚南方人种再与居于东南亚地区的黑色人种融合，最终排挤掉了黑色人种，使得蒙古利亚南方人种在整个东南亚地区占有了绝对优势。蒙古利亚南方人种在形成之后，由于分布地域的不同和客观环境的变化，在历史演变过程中，逐步分化成了不同的语言集群。其

---

[1]　何平：《东南亚民族史》，云南大学出版社，2012，第11页。

[2]　何平：《东南亚民族史》，云南大学出版社，2012，第11~12页。

中，南岛语系群体就是形成较早的集群之一。

从语言分类上来说，南岛语系又可以称为马来-波利尼西亚语系。当今，操这一语系的族群主要集中于东南亚的海岛地区，按照 20 世纪 80 年代的一份统计，其主要分布于印度尼西亚、马来西亚、菲律宾等地。因为在印度尼西亚和马来西亚操这一语系的族群和人数众多，在东南亚地区很多不同的族群又被泛称为"马来人"或者"印度尼西亚人"[1]。据国内学者研究，今天操南岛语系的各族群与中国古代东南沿海地区的百越族群有着共同的祖先。[2] 这些操南岛语系的族群，是先后分两批从中国南部地区逐渐迁往马来半岛的。最初的一批南岛语族群从中国南部地区经中南半岛南下马来半岛，与当地黑色人种融合，发展成"原始马来人"[3]。后来，另一批南岛语族群通过海路，可能从中国东南沿海地区进入中国台湾地区，再从中国台湾地区进入菲律宾，经菲律宾进入印度尼西亚，从印度尼西亚进入马来半岛。由于这些人的社会发展程度、物质和文化水平比较高，是黄色人种与已经具有黑色人种和黄色人种混合特征的人融合而成的，被称为"新马来人"[4]。

由于"原始马来人"和"新马来人"是在不同历史时期分别迁入马来半岛的，从直接根源来看，现代马来族应该是"原始马来人"和"新马来人"在与当地黑色人种融合，以及相互之间同

---

[1]　何平：《东南亚民族史》，云南大学出版社，2012，第 32 页。

[2]　何平：《东南亚民族史》，云南大学出版社，2012，第 41 页。

[3]　何平：《东南亚民族史》，云南大学出版社，2012，第 49 页。

[4]　何平：《东南亚民族史》，云南大学出版社，2012，第 50~51 页。

化和融合的基础上形成的。也正因为如此，"原始马来人"在历史舞台上占据的空间越来越小，直到现在在马来半岛上"原始马来人"的直系后裔只有很少的一部分生存了下来。而"新马来人"则成了当代马来族的直系祖先。①

二 从"印度化"到"伊斯兰化"

"新马来人"是当代马来族的直系祖先。"新马来人"在马来半岛定居后，在人类演进历史上也较早地进入文明社会。马来半岛的马来人虽然较早地进入文明社会，但却没有在今日之马来半岛，更别说整个马来西亚形成一个统一的中央集权的国家。在英国殖民者实行较为统一的控制之前，马来西亚各地多处于邦国林立、各自为政的状态。这一状态使得马来半岛经常受到外来强权的控制。由于马来半岛优越的地理环境，丰富的自然资源，其很早就成为连接东方与西方海上贸易交通的中转站。外部的强权经常为了经济利益迫使当地的邦国君主臣服，这也使得马来人在历史的发展进程中不断受到各种先进文化的影响，从而能够以包容的心态吸纳各地优秀的文化成分，促进自身的发展。不过，今日马来族信奉的伊斯兰教，以及以伊斯兰教为基础形成的一系列风俗习惯，却是在近代才开始被马来人逐步接受，并沉淀为本族群不可或缺的文化要素。

自进入有史记载的时代后，由于自身地理位置优越、自然

---

① 罗圣荣、汪爱平：《马来亚现代马来民族形成初探》，《广西师范大学学报》（哲学社会科学版）2009 年第 1 期。

资源丰富（如森林资源、农业产品、黄金和锡，等等），马来半岛一直是从非洲到中国这一广阔的贸易网络的重要组成部分。也正因为如此，贸易在马来半岛的历史发展进程中扮演了重要角色。① 古代印度是较早与马来半岛进行贸易的地区，也是较早对马来半岛地区及其附近海岛文化发展有影响的地区。早在公元前200年的时候，古代印度就与马来半岛有着商贸往来。随后，在公元1世纪兴起的扶南国（统治中心在今柬埔寨），其控制范围最远到达了马来半岛，它的统治一直延续到6世纪。马来半岛与古代印度之间的贸易交流，以及印度化的扶南对马来半岛的长期统治，无疑都有助于马来半岛吸收印度文化。这一段时间，印度的文字、宗教思想都不同程度地对马来半岛产生了影响。比如，考古发现证明，印度的梵文就影响了马来文字的书写，给后者打上了梵文的痕迹。另外，马来人王国宫廷中的仪式、用语和关于王权的概念等也受到了古代印度的影响，一些马来人王国的统治者甚至将自己的世系与古代印度的统治者联系起来。此外，印度教和佛教都不同程度上对马来半岛产生过影响。不过，马来半岛对于印度文化不是简单的照搬，而是经历了一个转化吸收的过程。可以说，古代印度的影响被马来人成功地地方化了。原有的印度文化通过潜移默化的方式在马来人中间渗透，充实和丰富着当地文化。不过，印度文化对马来半岛的直接影响范围相对比较小，多集中于马来半岛东西海岸以及扶南控制的北部地区，并

---

① 〔美〕芭芭拉·沃森·安达娅、〔美〕伦纳德·安达娅：《马来西亚史》，黄秋迪译，中国大百科全书出版社，2010，第7页。

且多集中于上层统治者，不像日后伊斯兰教的影响那样，遍及马来社会的各个阶层。①

如果说公元 7 世纪前印度文化对马来半岛和马来人的影响是间接的和有限的话，那么接下来室利佛逝王国的影响则更加直接和深远。室利佛逝是公元 7 世纪兴起于今天印度尼西亚的以巨港为中心的商业帝国。室利佛逝帝国一直延续到 14 世纪。按照有的学者的说法，室利佛逝也是一个印度化的国家。因为，室利佛逝接受了古代印度传来的佛教，信奉大乘佛教。② 由于马来半岛占据优越的地理位置和丰富的自然资源，其在 7~8 世纪就已经被纳入室利佛逝的统治范围。室利佛逝控制马来半岛期间，不仅注重商业利益的获取，也注重向马来半岛传播自身所信奉的宗教思想。通过现有的考古发现，到 8 世纪时，马来半岛上统治者中很明显有些已经接受了大乘佛教。对于马来半岛上的邦国统治者来说，之所以接受室利佛逝的统治，原因在于自己能够在室利佛逝繁荣的贸易中"分一杯羹"。同样，鉴于室利佛逝所代表的文化较之马来半岛更先进，马来半岛诸邦国的统治者也注重吸收这些先进的文化与政治理念并以此来为自己服务。虽然室利佛逝是以今天印度尼西亚的巨港为中心的帝国，但帝国统治者与马来半岛统治者及其居民从语言上看同属于马来语群，他们之间的交流比较方便。在室利佛逝存在期间，古马来语得到了广泛的传播，特别是在马来群岛之间得到了

---

① B. 哈利逊、桂光华：《十六世纪前东南亚的印度化国家》，《南洋资料译丛》1983 年第 1 期。

② B. 哈利逊、桂光华：《十六世纪前东南亚的印度化国家》，《南洋资料译丛》1983 年第 1 期。

比较广泛的运用。同时，古马来语此时采用从古代印度引入的巴利文字母进行书写，使得马来人有了可供书写的文字。这是室利佛逝在其统治期间对马来半岛历史文化发展的贡献之一。同时，为日后的马六甲王国以及后来的马来统治者提供可以依托的统治世系和统治经验，也是室利佛逝对马来半岛马来族的贡献。在室利佛逝亡国后，以马六甲为中心的新兴商业王国的统治者将自己的世系追溯到室利佛逝的王族，并自认为是室利佛逝的继承者。另外，室利佛逝统治者为了维护自己的统治，极力宣扬忠于君主，不能背叛君主的理念，这一理念被马六甲王国统治者继承，成为其维护统治的重要手段。即使马六甲王国世系的最后一位国王马哈茂德被臣子谋杀，这一理念也没有被彻底抛弃。直到现在，我们从马来西亚对于国民忠于君国的要求中也能看到这一理念的影子。

室利佛逝统治末期，随着其对马来半岛控制的减弱，一些半岛上的马来邦国开始摆脱控制，如吉打、登嘉楼、霹雳等州的邦国都开始挑战其权威。而马来半岛北部的各州则随着泰国势力的增强沦为其附庸。不过，15世纪初（一般认为是1403年），随着一位被认为是室利佛逝王子的拜里迷苏刺的到来及其建立马六甲王国，马来半岛进入了一个新的时期。马六甲王国是在马来半岛本土上建立的第一个较为统一的王国。马六甲王国从1400年左右建立，到1511年被葡萄牙殖民者瓦解，历经8位国王，存在100多年（约109年）①。

---

① 潘黎明：《新、马古史勾勒》，《郑州大学学报》（哲学社会科学版）1995年第1期。

到马六甲王国最后一代国王马哈茂德·沙阿统治时期，其版图包括彭亨、霹雳、柔佛、新加坡、廖内–林加群岛以及苏门答腊东海岸的大部分地区。同时，马六甲王国还对北大年、吉兰丹、登嘉楼和吉打等承认当时泰国统治集团宗主权的邦国有相当的影响。① 在这 100 多年间，在马六甲王国的推动下，马来半岛居民开始改信伊斯兰教，这成为马来亚文化发展史上的分水岭。

马六甲王国从一开始就以室利佛逝继承者自居。室利佛逝的君主信奉的是大乘佛教。如若拜里迷苏剌真的是室利佛逝的王族，那么其和随从在未落脚马六甲之时应当信奉的是佛教。到拜里迷苏剌及其随从到达马六甲并建立新王国之时，他们应该还不是伊斯兰教的信徒。对于马六甲王国国君从谁开始起信奉伊斯兰教，目前学界还存在着争议。有的学者主张是从拜里迷苏剌开始的，并认为他自称苏丹，采用了亚历山大·沙的称号。② 也有学者认为是从第三个国王开始接受伊斯兰教的。③ 国内学者也有认为是从第二位国王统治时期开始皈依伊斯兰教的。④ 马六甲王国是以室利佛逝继承者的姿态出现的。从一开始，马六甲王国就不可避免地带有室利佛逝的文化色彩。这一点，可以从君王不可背

---

① 黄焕宗：《十六世纪初至十八世纪后期马来亚的政治斗争》，《南洋问题研究》1991 年第 3 期。

② 〔英〕理查德·温斯泰德：《马来亚史》上册，姚梓良译，商务印书馆，1974，第 76 页。

③ 〔美〕芭芭拉·沃森·安达娅、〔美〕伦纳德·安达娅：《马来西亚史》，黄秋迪译，中国大百科全书出版社，2010，第 61 页。

④ 桂光华：《马六甲王国的兴亡及其与中国的友好关系》，《南洋问题》1985 年第 2 期。

叛，臣子必须遵从君主的政治信条被继承下来得到体现。而在马六甲王国的第二位国王制定国家的习俗和礼仪的时候，这一政治信条依然是重要的依据。室利佛逝文化的一些规定被编纂进了《马六甲法典》。[①] 这说明，马六甲第二位国王应该还是坚持着室利佛逝的传统，没有接受伊斯兰教的传统。故马六甲王国从第三位国王开始改信伊斯兰教的说法比较可信。

在马六甲王国建立后不久，国王就开始改变信仰，皈依伊斯兰教，这不可能只用思想上的追求来解释。尽管伊斯兰教教义对马六甲王国的统治者可能很有吸引力，但经济利益才是其皈依伊斯兰教的主要考虑。以巴格达为中心的阿拔斯王朝灭亡后，东西方之间通常采用的贸易商路受阻，而在这条从东方到古代印度，再到阿拉伯半岛南部的亚丁，再经红海到埃及的亚历山大里亚，最后北上欧洲的新航路上，穆斯林商人，特别是印度的穆斯林商人扮演了重要的角色。马六甲王国通过皈依伊斯兰教，与穆斯林商人享有共同的宗教信仰和风俗习惯，再加上给予穆斯林商人一定的优待，可以吸引越来越多的穆斯林前来经商、居留，进而促进马六甲王国的发展与繁荣。作为一种战略性的考虑，马六甲国王们的目的实现了。

随之，马六甲国王们不仅自己皈依伊斯兰教，还让自己的下属和臣民皈依伊斯兰教。随着马六甲王国领土的扩张，不论是出于政治压力（强迫）还是自身利益的考虑，马来半岛各地臣属于

---

① 张榕：《从〈马六甲法典〉看马六甲王国的治理文化》，《云南大学学报》（法学版）2016 年第 2 期。

马六甲王国的邦国国君和民众都逐步归信了伊斯兰教。而伊斯兰教在传播过程中又促进了马来语的传播。马六甲王国的传教士们用马来语在王国所属的地方乃至周边地区传播伊斯兰教，这使得马来语成为边远岛屿的伊斯兰教语言，甚至成为 16 世纪马来群岛各部族之间进行交际的语言。随着伊斯兰教的传播，马来语的文字书写体系也由古代印度文字改变为阿拉伯文字，这一根据马来语语音特点做了某些改革的阿拉伯文字一直被使用，直到英国殖民者占领马来亚并进行拉丁化文字改革。从马六甲王国统治时期开始，马来半岛的马来人与伊斯兰教紧紧地联系在了一起。此后虽然马来人经历了葡萄牙、荷兰和英国，乃至日本人多年的殖民统治，但伊斯兰教信仰及其衍生出来的一系列的风俗习惯，成了马来族彼此认同的纽带，也构成了二战后认定马来族的重要构成因素。

三　二战前的马来人认同

共同或者相似的身体特征，真实或者虚构的祖先和血缘，共同的语言、文字或者宗教是一个族群形成的基础性条件，同时也是族群认同建构的基础性条件。由于有着共同的语言、共同的文字、共同的宗教和共同的生活方式，在历史的发展进程中马来人形成一定的文化认同也就显得合情合理了。19 世纪中叶到马来亚的西方人也发现了这一点。[①] 但是，将文化认同与领土结合在一

①　陈志明、罗左毅：《族群认同与国家认同：以马来西亚为例（上）》，《广西民族学院学报》（哲学社会科学版）2002 年第 5 期。

起的现代马来族的认同则是 19 世纪末 20 世纪初，受近代以来民族主义思潮的影响，马来知识分子传播和培育的结果。①

马六甲王国的建立和不断地扩展领土，以及皈依伊斯兰教，为当时马来人之间的交流创造了条件，也为马来群岛周边马来人认同的形成提供了机遇。如果马六甲王国能够有效地统治其领土，取消各地的割据状态，实行统一的经济、文化和教育政策，并灌输一种我们是"一家人"的信念，那么这无疑将有助于各地马来人打破原有的地域限制，在不断交往中形成一种共同体的认知。然而，在马六甲王国存在的 100 多年时间里，虽然其领土范围从一个小渔村扩展到了马来半岛的大部分地区，乃至苏门答腊岛的一部分地区，但其控制力相对来说还比较弱小，对一些地区的统治只是局限于承认其宗主权。马六甲王国虽然也有着自己一套比较完整的管理制度，并编纂了《马六甲法典》，但离后世那种中央集权式的政权还有着很大的距离。对于当时的马来人来说，他们即使接受了伊斯兰教，也依然局限于自己生活区域的小圈子里。受自然环境和交通条件的制约，当时的马来人还是相对孤立和封闭的。

1511 年葡萄牙人攻占马六甲，马六甲王国灭亡。马六甲王国的末代国王马哈茂德得以逃脱，并在宾坦岛重组政权，意图从葡萄牙人手中夺回马六甲，实现复国的愿望。但是，1526 年葡萄牙人攻占宾坦岛，马哈茂德逃亡至苏门答腊岛，并于 1528 年被害，

---

① William Roff, *The Origins of Malay Nationalism* (Kuala Lumpur: Oxford University Press, 1995), pp. 257-258.

至此马六甲复国梦破灭，马六甲王国彻底画上了句号。马哈茂德去世后，其子在柔佛河上游建立新都，于1536年建立了柔佛王国。但是柔佛王国已经无力恢复马六甲王国时期的荣耀。柔佛王国自诞生的那一刻起，就遇到了各种挑战。因为，对于讲求王族世系的当时的马来人来说，柔佛王国自动被视为马六甲王国和马来语遗产的继承者是不被接受的。① 马六甲王国时期马来文化的成功传播使得马来半岛和苏门答腊岛上的一些邦国都以马来世界代表自居，他们为了争当公认的马来世界的领袖进行了一系列的较量。这一系列的较量加上葡萄牙人以及后来荷兰人在马来半岛的殖民扩张，使得16~18世纪的马来亚处于分崩离析、诸邦并立的状态。

16世纪，马来半岛的斗争相当复杂，既有柔佛王国向其他邦国宣示宗主权的斗争，也有柔佛王国向葡萄牙人寻求恢复马六甲荣耀的斗争，更有苏门答腊岛上的马来化邦国亚齐对柔佛王国的挑战。自立国以来，柔佛王国向其他邦国宣示宗主权的行为就曾受到不同程度的抵制，其中霹雳的例子最为显著。马六甲王国时期，霹雳曾经被并入其统治范围。马六甲王国灭亡后，马哈茂德的儿子穆扎法尔在霹雳被拥立为苏丹。此时的霹雳被视为一个由马六甲望族后裔统治的独立王国。霹雳十分注重维护自己的独立与安全，对柔佛王国的要求多是虚与委蛇，因此柔佛王国完全控制霹雳的企图很难实现。除了霹雳，亚齐也是柔佛王国遇到的重

---

① 〔美〕芭芭拉·沃森·安达娅、〔美〕伦纳德·安达娅：《马来西亚史》，黄秋迪译，中国大百科全书出版社，2010，第66页。

大挑战之一。亚齐是苏门答腊岛上的一个邦国。马六甲灭亡后，大批的穆斯林和马来贵族流亡亚齐，这强化了亚齐的马来文化特性，也使得亚齐力图成为马六甲王国当然的继承者。为此，16世纪中期到17世纪上半期，亚齐一直力图攻占马六甲，在马来半岛扩张自己的势力。在一段时间里，亚齐曾经占领霹雳，并对吉打和柔佛等地造成重大破坏。只是，1629年亚齐在与葡萄牙人的战争中失利，其地位开始动摇，故不再对马来半岛构成威胁。至于柔佛王国对葡萄牙人的斗争，也没有取得实质性的成果。葡萄牙人对马六甲的占领一直延续到1641年。

进入17世纪，随着荷兰人的东进，柔佛王国曾希望与之联合打击葡萄牙人，从而实现自己复兴之路。虽然柔佛王国与荷兰人联手于1641年攻占了马六甲，赶走了葡萄牙人，并在一定程度上实现了复兴，但随着1699年柔佛王国苏丹马哈茂德被杀，马六甲王国世系在柔佛王国断绝。进入到18世纪后，柔佛王国虽然另立新君，诞生了新的君主世系，并在新君领导下有了一定的起色，不过却又遇到了从苏门答腊岛迁居到马来半岛的布吉斯人和米南加保人的挑战。而布吉斯人占领了雪兰莪，并最终取得独立地位。这些都削弱了柔佛王国的权势。在柔佛王国权势遭到削弱之际，马来半岛其他马来人邦国独立性则在不断增强。18世纪可以说是马来半岛诸邦林立的时代。在英国殖民者开始对马来亚进行殖民扩张前，马来亚的吉打、登嘉楼、吉兰丹处于其北边的泰国封建政权控制之下。霹雳和雪兰莪是相对独立的邦国。彭亨虽形式上属于柔佛王国，但也保持了相当强的独立性。马六甲则为荷兰人所控制。在这种地域分割、不同邦国林立的情况下，即使有伊斯兰教信仰作为精神纽带，马来人要形成一种共同体的认同也还有很长的一段路要走。

18世纪末期，英国开始向马来半岛殖民扩张。从1786年英国开始涉足马来半岛，到1909年其先后在马来亚的9个邦国确立了殖民统治地位。其中，槟榔屿、马六甲和新加坡归并为"海峡殖民地"，霹雳、雪兰莪、森美兰、彭亨被合并为"马来联邦"，而柔佛、吉打、吉兰丹、登嘉楼和玻璃市则成为"马来属邦"。除"海峡殖民地"由英国人直接控制外，"马来联邦"和"马来属邦"都由英国采取间接统治的方式进行控制。英国人在统治马来亚期间充分认识到了利用当地统治者进行控制的好处，注重利用马来亚民众对统治者的忠诚和拥戴来维持自己的殖民统治。在二战前的殖民统治中，英国人尽力维系马来人的传统社会，而不是去瓦解它。因为这样就可以使得大多数马来人依附于君主。然而，不管英国人是多么希望维持马来传统社会，随着华人和印度人的大量引入，马来亚的族群结构还是发生了重大改变。在族群结构发生变化的条件下，族群间的经济界限也显得泾渭分明。至少，在马来人看来，华人主要从事商业、矿业和种植业，印度人则主要是劳工和种植园工，而马来人则多数一直固定于自己的村庄、邦国，从事着基本的农业生产工作。当然，为了维持殖民统治的需要，英国人也注重从马来人中选择一定数量的下层官吏和技术人员，而增加的这些人员要符合要求则需要现代教育来培养。为此，英国殖民者开始在马来亚推行有限的现代教育。虽然英国人向马来人提供基础性的教育不是为了整体提升其文化水平，而是为了使他们具有从事某一职业的技能，但一旦打开这个口子，一批马来亚本土知识分子还是被培养了出来。这批知识分子能够有机会接触到英文教育，甚至到英国等欧洲国家游学和游历，接受新式理念，并开始用自己接触到的如西方的自由、平等、民主、人民和国家等概念认识和分析马来亚的现实世界。[①]

英国人的殖民统治与其对马来亚领土的整合、马来亚族群结构的变化、族群间经济和政治地位的不平等、马来人现代教育的发展及报刊等传媒手段的出现和发展，都促使马来精英分子们利用新的思维和视角来看问题。在这些马来知识分子看来，英国对马来亚实行殖民统治，虽然保持了各邦苏丹和统治者在宗教和习俗等方面对马来社会的管辖权，但实际上马来统治者也得看英国殖民者的脸色。英国人虽然承认马来人是马来亚的主人，但并不尊重马来人的意愿。马来亚大量华人和印度人的引入就是很好的例子。大量华人和印度人的进入，特别是华人经济力量处于强势地位，使得一部分马来知识分子产生了一种不安全感，即担心经济上强势的华人或许会在政治上也掌握主导权。带着这种不安全感，马来知识分子们不禁要问，马来人将何去何从？为解决这一问题，马来知识分子们开始强调马来人的原住民身份，以及华人和印度人的外来者身份，并通过教育和宣传灌输给普通马来人，以此把自己打造成马来人利益捍卫者的形象。同时，为了突出马来人与华人和印度人的不同，这些马来知识分子们十分注重强调

[①] Radin Soenarno, "Malay Nationalism, 1896-1941," *Journal of Southeast Asian Studies*, Vol. 1, No. 1, 1960, pp. 1-28.

马来人的特性，如讲马来语、传承马来习俗和信奉伊斯兰教，等等。总之，这些马来知识分子们所要突出的核心就是马来亚是马来人的国家。

通过马来知识分子的努力，20 世纪初马来亚兴起了一股马来民族主义的风潮。[①] 这股风潮最初是以复兴伊斯兰教的面目出现的。随后，马来亚又出现了一些如马来人协会等世俗化的推进马来人权益的组织。通过他们的推动，马来亚的马来人意识得到了很大的提升，马来人的认同也由原来区域分割下的文化认同提升到了一个新的高度。也正因为如此，第二次世界大战后面对英国殖民者组建马来亚联盟的企图，马来人能够迅速行动起来，团结一致，迫使英国人放弃这一计划。[②] 也正是有着马来人认同的强烈支持，在战后独立过程中马来族精英们才能主导马来亚国家建构的方向。

第二节　二战结束前华族的发展与认同

华族在马来西亚是仅次于马来族的第二大族群。在长时间的历史演进过程中，我们无意争论马来人是否可以被称为"原住民"或者"土著"，但可以肯定的是，据史料记载，华人迁居现今马来西亚领土的时间相对来说也就 600 多年。现在马来

---

① Radin Soenarno, "Malay Nationalism, 1896-1941," *Journal of Southeast Asian Studies*, Vol. 1, No. . 1, 1960, pp. 1-28.

② 陈志明、罗左毅：《族群认同与国家认同：以马来西亚为例（上）》，《广西民族学院学报》（哲学社会科学版）2002 年第 5 期。

西亚的华族都是在 1400 年以后从中国移居当地的华人的子孙。第二次世界大战前，华人移居马来西亚的历史大体上可以以鸦片战争和第二次鸦片战争为界划分为两个时间段。在这两个阶段，华人移居马来西亚的人数、原因和方式等都有着较大的不同，这自然会对当地社会发展产生不同的影响。移居马来西亚的华人，在两次鸦片战争前后的中国政府眼中的地位也有明显的不同。前一个阶段，移居马来西亚的华人是"弃民"，而后一个阶段则成为受到重视的"侨民"。同时，移居马来西亚的华人的认同在呈现多样性的基础上，到 19 世纪末 20 世纪初，也多以中国作为自己的认同对象。对中国的认同，使得多数马来西亚华人关心中国的命运和前途，并积极参与一系列与中国有关的政治活动。无论是 19 世纪末 20 世纪初的革命党与保皇党人之间的论争，还是孙中山领导的辛亥革命，或是日后的抗日战争，马来西亚的华人都不同程度地参与其中。不过，华人认同的多样性以及其对中国强烈的归属感，使得二战后马来西亚华族未能敏锐地觉察形势的变化，积极争取在当地的权益，进而主动地进入马来西亚独立的历程中，也没有能够在未来的国体和政体设计以及国家建构中求得与自己人口比例相对等的政治地位。

一　两次鸦片战争前的华族移民

自古以来，中国就和马来西亚有着悠久的交往历史。早在南北朝时期，马来半岛出现的国家如狼牙修和丹丹等就曾派遣使臣来到中国，与中国建立了联系。室利佛逝时期，马来半岛上的羯茶和罗越等与唐朝有着贸易往来。宋代，马来半岛上位于现在彭亨州、登嘉楼州和吉兰丹州等地的室利佛逝的属国也与中国保持着广泛的联系。元代，中国与马来半岛的交往继续并有所发展。据说，这一时期有了华人移居马来半岛的记载。马六甲王国时期，中国与马来半岛的交往更加密切。故有学者认为这一时期才开始有华人留居马六甲。① 不过，总体上看，迁居马来西亚各地的华人人数还是比较有限的。这一时期迁居马来西亚的中国人一部分是经商留居，一部分是避难迁居。这一时期，特别是明清时期，受政府严格限制出海的政策的影响，中国沿海居民迁居海外受到制约。

两次鸦片战争以前，马六甲和槟榔屿是马来半岛华人移民人数相对较多的地区。马六甲是华人较早移居的地区之一。不少学者认为马六甲王国建立不久就已经有华人迁居于此，只是不清楚具体人数而已。我们目前所知的比较明确的数据是在 1641 年荷兰人占领马六甲之际，当地华人有 300~400 人。此后，到 1824 年英国人建立海峡殖民地之时，马六甲华人有 2741 人，两年后增长到 4478 人，到 1860 年更是增长到 10039 人（见表 2-1）。

表 2-1 1641~1860 年马六甲华人人数统计

单位：人

年份	1641	1678	1680	1687	1688	1750	1766
人数	300~400	426	351	270	293	2161	1390

① 王付兵：《马来亚华人的方言群分布和职业结构（1800~1911）》，云南美术出版社，2012，第 21~22、24 页。

年份	1817	1824	1826	1827	1829	1834	1836
人数	1006	2741	4478	4510	5000	4143	13749
年份	1840	1842	1849	1852	1860		
人数	17704	6882	29988	10000	10039		

资料来源：李恩涵著《东南亚华人史》，东方出版社，2015，第127~129、146~147页；王付兵著《马来亚华人的方言群分布和职业结构（1800~1911）》，云南美术出版社，2012，第27~29页；林远辉、张应龙著《新加坡马来西亚华侨史》，广东高等教育出版社，2008，第75~76页等。

通过以上统计，我们可以发现1641~1860年，在荷兰人统治期间马六甲的华人人数比较少，这与荷兰人的压迫和剥削政策有着很大的关系。而英国人占领马六甲后对华人的政策有所改变，这使得马六甲的华人数量有所增加。不过，随着英国占领槟榔屿乃至新加坡后，着力发展这两地，马六甲作为贸易港口的地位逐步下降，进而对华人的吸引力有所下降，所以华人数量的增幅比较小。

1641~1860年，槟榔屿也是华人移入的主要地区之一，并且其人数的增幅相对较大。1786年，英国人莱特从吉打苏丹手中租占槟榔屿，1800年再租占槟榔屿对面的威斯利省。两者合二为一，成为英国殖民者在马来半岛占据的最早的殖民地。莱特占领槟榔屿的时候，槟榔屿基本处于未开发状态，据说岛上仅有58名住户。[①] 为了开发槟榔屿，莱特实行自由贸易政策，大力鼓

---

① 王付兵：《马来亚华人的方言群分布和职业结构（1800~1911）》，云南美术出版社，2012，第35页。

动华人移民的迁入。莱特的政策吸引了一批华人迁入槟榔屿，到
1794 年华人人数上升到了 3000 人。此后，一直到 1860 年，槟榔
屿（含威斯利省）的华人人数总体呈上升趋势（见表 2-2）。仅
从威斯利省的华人移民人数来看，也明显地看出华人移民人数的
增长幅度。1820 年，威斯利省有华人 325 人，1833 年则到了
2259 人，1844 年增加为 4107 人，1851 年再增加为 8731 人。[①]

表 2-2　1788~1860 年槟榔屿华人人数统计

单位：人

年份	1788	1794	1812	1818	1820	1830	1833
人数	400	3000	7558	7858	8595	8963	11010
年份	1840	1842	1851	1860			
人数	8715	9715	24188	36222			

资料来源：李恩涵著《东南亚华人史》，东方出版社，2015，第 127~129、146~147 页；王付兵著《马来亚华人的方言群分布和职业结构（1800~1911）》，云南美术出版社，2012，第 35~37 页；林远辉、张应龙著《新加坡马来西亚华侨史》，广东高等教育出版社，2008，第 100 页；朱杰勤著《东南亚华侨史》，中华书局，2008，第 123 页等。

除以上两地外，同属马来亚的新加坡在 1819 年被英国人莱弗
士租占。此后莱弗士开始着力经营新加坡，也采取了延揽华人的
政策，故 1819~1860 年新加坡的华人移民数量也有了较大幅度的
增长。1819 年莱弗士占领新加坡时华人不足 100 人，到 1821 年
就上升到了 1150 人[②]，1824 年为 3317 人，1830 年为 6555 人，

---

① 朱杰勤：《东南亚华侨史》，中华书局，2008，第 123 页。

② 林远辉、张应龙：《新加坡马来西亚华侨史》，广东高等教育出版社，2008，第 42 页。

1836 年则为 13479 人，1840 年为 17179 人，1845 年为 32132 人，1860 年为 50043 人。①

除上述三地外，两次鸦片战争前，华人迁居马来半岛其他地方的人口数量相对较少。如彭亨到 1850 年有华人约 5000 人，森美兰州的双溪芙蓉有华人矿工 5000 人，柔佛在 1860 年则有华人1.5 万人。其他地区如吉兰丹、登嘉楼、霹雳、雪兰莪、吉打、玻璃市等地虽也有华人定居，但数量相对较少，无法估量准确的数字。

二 两次鸦片战争后的华人移民

两次鸦片战争是华人移居马来西亚的重要分水岭。1840 年，英国对中国发动了鸦片战争，意图迫使清政府向英国开放市场。1842 年，战败的清政府被迫与英国签订了《南京条约》，向英国割地、赔款、开放口岸和通商。不过，虽然英国打开了中国的市场，但并没有出现其期望的大量的购买力。为了进一步打开中国市场，英国又与法国联手发动了第二次鸦片战争。1860 年，英国迫使清政府签订了《北京条约》，规定清政府统治下的臣民有权利自由地与英国人签订关于作为劳工到英属海外殖民地工作的合同。同时，英国的船只可以到已经开放的中国港口运送这些签订了合同的劳工。这一条约给华人移居海外撕开了一个大口子。在这一背景下，再加上当时国内局势动荡，天灾人祸不断，许多地

---

① 王付兵：《马来亚华人的方言群分布和职业结构（1800~1911）》，云南美术出版社，2012，第 42 页。

方特别是南方地区的一些民众为了生计有了出国的意愿。因此，
两次鸦片战争后形成了一股移民马来西亚的浪潮。第二次鸦片战
争后，跟以前华人移居一样，此次浪潮也完全是经济性的。随着
马来半岛和婆罗洲的沙巴和沙捞越的开发，无论是锡矿的开采，
还是商品化的种植农业，都需要大量的劳动力，而当地马来人的
数量根本无法满足需求，这就为大量华人的移入创造了条件。如
果说以前华人移民主要集中于槟榔屿、马六甲和新加坡等港口地
区，那么此批华人移民不仅继续移入以上地区，而且逐步向马来
半岛内部诸州以及沙巴和沙捞越等地扩展（见表 2-3）。

表 2-3　1871~1931 年每十年新加坡、马来西亚华人移民人数统计

单位：人

地区	1871 年	1881 年	1891 年	1901 年	1911 年	1921 年	1931 年
新加坡	54572	86766	121098	164041	219577	317491	421821
槟榔屿	36561	67354	86988	97471	110206	113234	169985
马六甲	13482	19741	18161	19468	36094	45853	65302
霹雳	—	—	95277	151192	219435	227602	332584
雪兰莪	—	—	50844	109598	151172	170726	241496
森美兰	—	—	15391	32931	40843	65219	92371
彭亨	—	—	3241	8695	24287	34254	52291
柔佛	—	—	—	—	63547	97376	215257
吉打	—	—	—	—	33746	59476	78415
吉兰丹	—	—	—	—	9844	12875	17612
登嘉楼	—	—	—	—	4169	7325	13360

续表

地区	1871 年	1881 年	1891 年	1901 年	1911 年	1921 年	1931 年
玻璃市	—	—	—	—	1627	3602	6500
沙巴	—	—	7156	12282	27801	39256	50056
沙捞越	—	—	—	—	—	—	—

资料来源：李恩涵著《东南亚华人史》，东方出版社，2015，第 146 ~ 149、164、187 页；王付兵著《马来亚华人的方言群分布和职业结构（1800~1911）》，云南美术出版社，2012，第 35 页。

作为英属马来亚的一部分，新加坡依然是第二次鸦片战争后华人移入的重要区域之一。应该说，鸦片战争爆发前，华人移入新加坡的数量还比较少。鸦片战争爆发后，特别是第二次鸦片战争爆发后，移居新加坡的华人数量增长速度不断加快，华人人数最终超越了当地人口。鸦片战争爆发的 1840 年，新加坡有华人 17179 人，1845 年则上升到 32132 人，1860 年进一步上升到 50043 人，1871 年华人达到 54572 人，1881 年为 86766 人，1891 年为 121098 人，1901 年为 164041 人，1911 年为 219577 人，1921 年为 317491 人，1931 年为 421821 人。[1] 到 1931 年，新加坡的华人数量已经占到当地总人口的 74%。[2] 这时的新加坡华人主要分为两部分，一部分是从中国迁入的"新客"，另一部分则是当地出生的华人。后一部分人的祖辈很早就在马六甲等地居住，娶了当地人为妻，其后代是"混血儿"。他们在文化上虽保留着

---

① 王付兵：《马来亚华人的方言群分布和职业结构（1800~1911）》，云南美术出版社，2012，第 42 页。

② 李恩涵：《东南亚华人史》，东方出版社，2015，第 186 页。

中华文化的一些传统和习惯，但也相当的本地化了。他们多数已经不会讲华语，即使用华语也是不生不熟的各地方言，多数讲英语或者马来语。这部分人生活条件相对比较好，很多人属于有产阶级，比较富有，并且跟殖民者关系密切，他们多数人从事商业。而"新客"则多属于劳工阶层，人数众多，主要从事商业、矿业和种植业等。槟榔屿也是两次鸦片战争后华人移民数量持续增加的地区之一，虽然它的发展在19世纪20年代后开始落后于新加坡，但是由于其种植业的发展，特别是甘蔗种植的发展和马来半岛其他地方采矿业的兴盛，华人移民的数量又逐步呈现增长之势。至于马六甲，虽与新加坡和槟榔屿一样是华人移居的重要地区之一，但由于其港口地位的削弱，华人移民的数量增长相对缓慢。

相对于新加坡、槟榔屿和马六甲三地，两次鸦片战争前马来半岛各地的华人人数相对较少，只是到了19世纪中叶以后随着锡矿的发现与开发，华人移民的数量才开始增加。以霹雳州的拿律锡矿区为例，1824年华人约有200人，到1874年1月已经增加到4000人，12月再增至27000人，虽然在1876和1877年华人人数有所减少，但1879年再次增加到16953人，到1890年更是增加到了90000人。[1] 在彭亨州，随着采矿业的发展，1906~1911年华人男子迁入26293人，除去迁出的人数，到1911年有华人24287人。[2] 在森美兰州，早在19世纪初就有华人矿工在此劳作，

---

① 李恩涵：《东南亚华人史》，东方出版社，2015，第137页。

② 王付兵：《马来亚华人的方言群分布和职业结构（1800~1911）》，云南美术出版社，2012，第48页。

其重要的矿区双溪芙蓉到 1874 年华人矿工数量已经增加到 15000
人，到 1911 年华人总数为 42724 人。[①] 雪兰莪是马来半岛产锡量
仅次于霹雳的州，19 世纪初也有华人在此地开矿。随后，华人人
数不断上升，到 1911 年已经有华人 151172 人。[②] 通过表 2-3 我
们可以发现，吉兰丹、登嘉楼、玻璃市、吉打和柔佛直到 20 世纪
初期华人才开始大规模迁入。

　　第二次鸦片战争后，华人移民也开始向沙巴和沙捞越扩展。
沙巴在被英国殖民者占有前曾经是文莱王国的土地。1877 年，文
莱苏丹与英国人肯特和他的合伙人签订合约，承认他们是沙巴和
山打根的统治者，这使得沙巴实际上被纳入了英国的殖民统治范
围。英国人控制了沙巴后，为了开发当地的资源，开始招引华人
移居沙巴。最初到沙巴的华人多是从新加坡、马六甲或者槟榔屿
移入的。到 1891 年，沙巴已经有华人 7156 人，到 1901 年增加到
12228 人，再到 1911 年华人人数更是增加到了 27801 人。[③] 到沙
巴的华人主要从事种植业。1841 年前，沙捞越是文莱的领土。
1841 年英国人布洛克开始侵占沙捞越，当时只是占领了沙捞越首
府古晋及其周边的一些地区，而查尔斯·布洛克（布洛克的侄
子）完成了对整个沙捞越的占领。华人开始移居沙捞越的时间应
该是 19 世纪初期，1841 年大约有 1000 人。19 世纪 50 年代

---

① 王付兵：《马来亚华人的方言群分布和职业结构（1800~1911）》，云南美
　　术出版社，2012，第 49 页。
② 王付兵：《马来亚华人的方言群分布和职业结构（1800~1911）》，云南美
　　术出版社，2012，第 51 页。
③ 李恩涵：《东南亚华人史》，东方出版社，2015，第 163 页。

（1857年）发生了"石隆门华工事件"，华人要么被屠杀，要么逃离，这使得沙捞越的华人数量大为减少。查尔斯·布洛克掌权后，对华人采取怀柔政策，沙捞越的华人人数才开始恢复上升趋势（见表2-4）。

表2-4　1841~1947年沙捞越华人人口增长情况

单位：人，%

年份	人数	增加人数	增长率
1841	1000	——	——
1857	4000	3000	300.0
1877	4947	947	23.7
1897	7000	2053	41.5
1909	45000	38000	542.9
1939	123626	78626	174.7
1947	145158	21532	17.4

资料来源：〔马来西亚〕林水檺等合编《马来西亚华人史新编》第二册，马来西亚中华大会堂总会，1998，第193页。

经过两次鸦片战争后的多年移民，到第二次世界大战结束前，华人在马来亚的人数有了较大的增长。到二战爆发前，英属马来亚的新加坡、槟榔屿、森美兰、雪兰莪、霹雳和柔佛等6个地区的华人人数已经超过自视为原住民的马来人，成为当地最大的族群。到1941年，整个英属马来亚人口数量为550.0731万，其中华人数量为237.799万，占总人数的43.2%，而当时马来人人数占总人数的41.2%，华人在总人数上超越了马来人[1]，这基

---

[1] 吴凤斌主编《东南亚华侨通史》，福建人民出版社，1994，第550~551页。

本奠定了战后马来亚族群结构的基础。华人人口的巨大数量，是战后在马来亚成立过程中，马来族的精英们不愿意将新加坡合并进来的重要原因（当然，维持新加坡这一航海、商贸和战略要地是英国不愿意让其归并到马来亚的最根本的原因）。

三 二战结束前的华族认同

从马六甲王国时代，华人就开始逐步向马来半岛移民，到第二次世界大战结束前已经形成了一个较大的社会群体，其人数在一段时间内甚至超过了当地马来人。在二战结束前华人移居马来西亚的几百年历史里，华人的认同经历了从早期浓厚的血缘、亲缘、地缘、方言和业缘等诸多层面的认同到"华人"认同的演变。同时，移民马来西亚各地的华人身份也经历了从"弃民"到"侨民"的转变。在此期间华人的中国意识和对中国的认同日渐强化，他们积极关注中国的发展，甚或与中国共命运、同甘苦，乃至不惜牺牲生命为中国的革命和独立献身。那些在第二次鸦片战争，特别是19世纪末20世纪初移居马来西亚各地的华人们的浓厚的中国归属感使得他们把马来西亚当作暂时的栖息之所，待到时机成熟就打算衣锦还乡，荣归故里。不过，正如学者王赓武所说的，新加坡和马来西亚华人对中国认同的强度是不一样的，并不是所有的华人都强烈地认同中国，他们在对中国的认同上也是分裂的。[1]

---

[1] Wang Gungwu, "Chinese Politics in Malaya," *The China Quarterly*, Vol. 43, 1970, pp. 1-30.

第二次鸦片战争以前，移居新加坡和马来西亚各地的华人并没有形成一个统一的华人认同，而多被视为华人认同以下的亚层次的认同在华人中占主导地位。[1] 方言群体认同就是其中的一种典型的认同形式。当时移居新加坡和马来西亚各地的华人来自中国不同的地域，所讲的方言不同，以致相互之间的交流十分困难。故这些华人初到陌生地域，除投亲靠友、依靠亲族和血缘获得扶助以及寻求精神寄托外，语言相同的乡里就成了他们一个更大范围的认同对象，正如我们今天所称呼的"老乡"。当时，移居新加坡和马来西亚各地的华人多来自中国南部地区，如以方言区分则可以分为福建人、广府人、潮州人、客家人和海南人等五大方言群体。[2]

这些方言群体的内部成员语言相同或者相近，易于交流，又在风俗习惯等方面相同或相近，故相互之间有着相当的亲和力和归属感。当时，各方言群体，特别是客家人多习惯建立各种的方言会馆来作为群体之间交流、沟通的媒介，同时承担相互关照、救济和辅助的功能。不过，即使是同一方言群体，也可能形成不同的亚层次的认同，如帮派和秘密会社等。当他们之间产生利益纠葛时，方言认同掩盖下的脉脉温情就会被弃之不顾。有时候为

---

[1]　Wang Gungwu, "Chinese Politics in Malaya," *The China Quarterly*, Vol. 43, 1970, pp. 1-30.

[2]　对华人在新马地区方言群体的划分，具体可参见李恩涵《东南亚华人史》，东方出版社，2015，第9~12页；王付兵《马来亚华人的方言群分布和职业结构（1800~1911）》，云南美术出版社，2012，第15~16页；〔马来西亚〕林水檺等合编《马来西亚华人史新编》第二册，马来西亚中华大会堂总会，1998，第6~9页；等等。

了私利他们之间会大打出手，争个你死我活，甚或发生双方，乃至多方大规模的流血冲突。如被学者提及的 1862~1873 年拿律动乱期间以客家人为主的海山会和义兴会之间的冲突就是典型的例子。[①] 同一方言群体内部尚且如此，不同方言群体之间的关系就更不用说了。因此，虽然对于英国殖民统治者或者马来人来说，不同方言群体的人都来自中国，都是华人，但我们也不得不说这一时期较为一体的华人认同并不存在。同时，移民新加坡和马来西亚各地的华人由于是私自出洋，被政府视为"弃民"。他们虽然期望能够有朝一日回归故土，但也没有形成一股强烈的无论是对明朝或者清朝统治下的中国的归属感和认同。这是第二次鸦片战争前后华人认同的明显区别。

第二次鸦片战争以后，随着清政府被迫放开出国移民的限制，在英国殖民者的招揽下，大批华人涌入新加坡和马来西亚各地。此时移居新加坡和马来西亚各地的华人除了依旧有着血缘、亲缘、地缘、业缘等不同类别的亚层次认同外，还产生了一种更高层次的认同，即华人认同。也就是说他们不分语言、地域、职业、阶级等，都自认为或者相互认为是"华人"，并把自己视为中国人，以中国作为自己效忠的对象，关心中国的发展，愿意为中国的革命和独立献身。到 19 世纪末 20 世纪初，这种对华人的认同及对中国的归属感和认同日趋强烈，并一直延续到二战后马来亚（马来西亚）争取独立建国时期。这一时期，新加坡和马来

---

① 王付兵：《马来亚华人的方言群分布和职业结构（1800~1911）》，云南美术出版社，2012，第 207 页。

西亚各地华人认同和中国认同的产生与强化，既有历史的渊源，也有强烈的现实的因素推动。

首先，怀念故土的情怀与在异乡的经历是华人认同和中国认同产生的催化剂。第二次鸦片战争后大多数华人移入新马各地的原因主要是迫于生计。他们希望通过到南洋谋生改善生活、改变社会地位，然后就衣锦还乡，老死故土。同时，在到达新加坡和马来西亚各地后，在现实的打拼过程中，他们尽力规矩从事，极力避免介入当地政治。但由于他们不被视为当地人，是外来户，受到殖民统治者和马来人等各种势力的欺凌和压榨。在民族主义思潮波涛汹涌的时代，他们认为自己之所以会遭受歧视和不公，在于自己没有一个强大的祖国作为后盾，故他们希望中国能够扮演这一角色，这样自己就不会有寄人篱下的感觉，境遇也会有所改变。此外，他们中有人还从华人相互间不团结的角度认识到一盘散沙容易受人欺凌，而团结一致才有力量，才不会受辱。这一切都有助于华人整体意识，以及对中国的认同感的产生。

其次，中国政府对移民海外的华人政策的转变也是重要的推动因素。第二次鸦片战争前，清王朝对华人出洋谋生采取的是限制和排斥的政策，而1860年以后放弃了这一政策，转而采取"血统主义"原则。即只要是从中国出去的华人，甚至在当地出生但父亲是中国人的，也自然是中国人，这些人就自然成为大清的臣民。这时，清政府为了拉拢和利用海外华人，对海外华人采取了招揽和保护的政策。1877年，清政府开始在新加坡设立领事馆，以此作为处理华人事务的主导机构。清政府此后便利用新加坡和马来西亚的领事馆向华人们灌输国家意识、忠君思想，为团结华人还提倡中华文化的传承与延续，并且还不时地派官员到新加坡和马来西亚各地安抚和慰问，以争取民心。此后，无论是到新马地区落户的维新派、革命派，还是以后的民国政府都比较重视华人工作，主要是为了争取华人的团结和他们对中国的认同感。

最后，华文教育和华文新闻事业的发展也是重要的推动因素。随着华人大规模地移入新加坡和马来西亚各地区，受教育就成了华人不能不关注的问题，并日渐受到华人的重视。最初，新马诸地的华人教育多数是私塾性质，并无统一的教材和教学内容，教学内容多是教授一些写书信之类的基础知识，而且教学用语也多是各自的方言。但随着 19 世纪末 20 世纪初维新派和革命派来到新马地区，他们带来了新式教育。随着时间的推移，到民国时期新马地区不仅较为正规的小学教育取得了进一步的发展，中学教育也开始随着需要的上升而不断发展。这时，小学和中学的教学内容和课程设置多参照中华民国的来办理，教材也多引自中国，教材用语逐步由方言改为统一的国语（相当于今日之普通话）。语言是交流的媒介，是族群认同的重要纽带。统一国语教学有利于打破不同方言群体之间的语言障碍，加强各方言族群间的交流，进而促进各方言群体之间的了解和认知，有助于形成华人意识和华人认同。同时，对中国历史和文化的教授，也有助于传播自豪感，培育当地华人对中国的认同。在华文教育不断发展之际，新加坡和马来西亚华人的新闻事业，特别是华文报刊的出版和发行也对华人意识和中国认同的培育有着重要影响。新马地区的华文报刊宣扬以中国为本位的政治思想，对当地华人民智的启迪，以及倾向中国的政治意识的培育起了相当重要的作用。①

　　总之，在以上因素的作用下，统一的华人意识和认同开始萌发，这为日后华人认同的强化奠定了基础。同时，新马地区华人对中国认同的不断加强，使得不少华人积极参与国内各类政治斗争，并在辛亥革命以及抗战期间对中国做出了巨大贡献。不过，并不是所有的新马华人都有着强烈的中国认同。那些被称为海峡华人的群体在华人认同和中国认同上就比较弱。因为他们多数是早期前往马六甲或槟榔屿的华人与当地人通婚的后代子孙，他们多讲马来语，虽保留着一定的中华文化特色，但具体的风俗习惯、衣着等都已经十分本土化，这使得他们同那些新迁来的华人有着巨大的差异。同时，他们多数比较富有，社会地位较高，同马来各邦统治者和英国殖民者联系比较密切，这使得他们倾向于认同英国的殖民统治，更愿意做英国的臣民。② 但是，毋庸置疑的是19世纪末20世纪初以来新马各地除部分华人外，多数华人的归属感和对中国的认同都在加强，他们积极投身中国政治，关心中国发展，与中国同风雨、共命运。不过，华人认同和在中国认同催生下的以中国为效忠对象的一系列活动却强化了英国人和马来人对华人是外来者，不忠于马来亚的认识。再加上华人经济地位比较强势，自认为拥有政治特权的马来人觉得如果让华人再拥有了政治权力，那么马来人的地位将岌岌可危。由此，马来人

————————

①　崔贵强：《新马华人国家认同的转向 1945—1959》，厦门大学出版社，1989，第 17~19 页。

②　Wang Gungwu, "Chinese Politics in Malaya," *The China Quarterly*, Vol..43, 1970, pp. 1-30.

对华人的不安全感日益浓厚。这种不安全感和不信任感一直延续到二战后马来亚争取独立期间，并影响着马来人和华人的关系，对日后马来亚（马来西亚）民族国家的建构也有着不可忽视的影响。

第三节　二战结束前印度族的发展与认同

印度族是现今在马来西亚仅次于马来族和华族的第三大族群。古代印度与马来半岛地区也有着悠久的交往历史。马来半岛地区曾经有一些邦国深受印度文化的影响，被称为印度化国家，其中在马来半岛拥有属国的室利佛逝就是一个受印度影响很深的国家。公元元年前后，印度的商人和僧侣就曾经在马来半岛定居，并在随后的岁月里在马来半岛印度文化、宗教、政治理念等的传播过程中扮演了重要角色。[①] 但是，我们现在所说的印度人向马来西亚地区大规模的移民，同华人移民一样，都是英国殖民者统治马来亚后的事情，是随着马来亚的开发，当地对劳工需求日益增多的结果。现在，我们所统称的马来西亚印度人在二战结束前是由具有不同的语言、宗教、地域和风俗习惯等特征的群体组成的，他们并没有也不可能形成一个统一的印度人认同。这些印度人对马来亚的归属感和认同感并不强烈，反而不少人对其母国印度的认同感更加强烈。

---

① 罗圣荣：《马来西亚的印度人及其历史变迁》，中国社会科学出版社，2015，第27~32页。

一　二战结束前马来亚的印度移民

虽然古代印度与马来半岛交往历史悠久，也有学者认为印度人到马来半岛定居时间已经很长，但至少直到 17 世纪初，我们都没有见到印度人移居马来半岛的详细资料和人数统计。按照学者的说法，从 17 世纪开始才有印度人在马来亚定居，并以务农为生。到 1641 年在马六甲的印度人有 574 人。[①] 尽管如此，在英国人对马来亚进行殖民之前，当地的印度人不多见却是事实。英国人逐步对马来亚进行殖民统治以及对其的开发是推动印度人移居马来亚的重要原动力。到 1833 年，在马来亚的印度人已经有15000 人。[②] 此后，随着英国殖民者对马来亚深入控制以及大规模开发，当地对劳工的需求越来越大，从而导致殖民统治当局开始大规模地引进印度劳工。[③]

在英属马来亚，英国殖民者在已经大量引入华人的情况下，又大量引入印度人，这其中有着自己政治上的考虑。在殖民者看来，华人虽然吃苦耐劳，但是不易管教，而印度人则温顺得多，易于管教。因此，英国人在引进华人的同时也不同程度地引进印度人，并主要将他们安置在种植园中从事各种经济作物的种植工

① 罗圣荣:《马来西亚的印度人及其历史变迁》，中国社会科学出版社，2015，第 36 页。

② Donald R. Snodgrass, *Inequality and Economic Development in Malaysia: A Study Sponsored by the Harvard Institute for International Development* (Kuala Lumpur: Oxford University Press, 1980), p. 24.

③ Sunil S. Amrith, "Indians Overseas? Governing Tamil Migration To Malaya, 1870-1941," *Past & Present*, Vol. 208, 2010, pp. 231-261.

作。按照国内学者的说法，在引进印度劳工的过程中，英国人最初引进的是罪犯，这些人相当于在马来亚完成自己的刑期，然后可以返回印度。不过，自然也会有人选择长久留在马来亚。但这类劳工的人数比较少，而且这种方式持续的时间也较为短暂。据称，这类劳工在 1805 年为 3802 人，1857 年为 4024 人，1860 年则为 4063 人。1860 年由于受到公众舆论的反对，这种方式不得不停止。[①] 监工招募也是英国殖民者从印度引进劳工的重要方式之一。这一方式是指一些种植园主会让在种植园中当监工的印度人回到他自己的故乡招募人来从事种植工作。事前种植园主会给予监工一定数量的酬金，而监工则负责印度劳工到马来亚的路费。当然，这些路费监工可以从日后劳工的工资中扣除。这种劳工引进模式很快受到殖民者和种植园主的青睐，并在印度劳工的引进中发挥了重要作用（见表 2-5）。另外，殖民政府也通过资助的方式招引移民，不过成效似乎不大。

表 2-5　1899~1907 年马来亚监工引进印度劳工数量统计

单位：人

年份	1899	1900	1901	1902	1903	1904	1905	1906	1907
人数	2446	7828	4147	1711	2125	3774	8429	22647	26948

资料来源：罗圣荣著《马来西亚的印度人及其历史变迁》，中国社会科学出版社，2015，第 54 页。

英国殖民者从印度招引劳工的手段，除了上面提及的三种，最

---

① 罗圣荣：《马来西亚的印度人及其历史变迁》，中国社会科学出版社，2015，第 48 页。

主要的就是契约移民。这种招引劳工的方式是指由雇主垫付移民前往马来亚的费用，通过与移民签订契约，雇主垫付的费用可以从移民的工资中扣除。在按照契约完成相应时间的工作后，劳工可以自主选择留在马来亚或者回国。通过契约移民，从1880年到1910年，英国殖民者和种植园主引入印度劳工共计99220人（见表2-6）。

表 2-6 1880~1910 年马来亚印度契约移民的数量统计

单位：人

年份	1880	1881	1882	1883	1884	1885	1886	1887
人数	1298	1038	1661	1626	1716	1691	2992	5046
年份	1888	1889	1890	1891	1892	1893	1894	1895
人数	5001	2921	3132	3736	2051	2343	1801	1637
年份	1896	1897	1898	1899	1900	1901	1902	1903
人数	2810	2732	3413	5078	8694	3965	2736	506
年份	1904	1905	1906	1907	1908	1909	1910	—
人数	2783	5542	3674	5499	5456	4119	2523	—

资料来源：罗圣荣著《马来西亚的印度人及其历史变迁》，中国社会科学出版社，2015，第65页。

通过多种形式和方法，到1911年英国殖民者从印度引入移民共计267145人，到1921年上升为472434人，1931年再上升到621764人，到二战后的1947年马来亚的印度人总数则为602447人，占当时马来亚人口总数的10.3%。[①]

[①] 印度在马来亚的不同年代的移民人数是根据罗圣荣《马来西亚的印度人及其历史变迁》（中国社会科学出版社，2015）第65页内容推算得出的。

二　印度人的认同

二战结束以前，从印度来到马来亚的人我们统称为印度人，但是事实比这复杂得多，这些从印度来到马来亚的人并没有形成统一的印度人认同，而是更多地局限于由语言、宗教、地域和种姓等因素构成的亚层次认同之中。至于这些从印度来的人的国家认同，同华人一样，马来亚并不是他们心目中的国家，而只是暂居之地，他们多数人的关注对象是印度。

地域因素是影响印度人认同产生的重要原因之一。自英国大量引入印度人到马来亚之后，来到马来亚的印度人并不是来自一个地区，他们中有泰米尔人、马拉雅兰人、泰卢固人、旁遮普人、孟加拉人、古吉拉特人，等等。泰米尔人中还有斯里兰卡的泰米尔人，他们在整个泰米尔人中也是独树一帜。由于职业的差异，这些来自不同地区的人互相之间的交往比较少，很难形成共同的认知。宗教因素也是使印度人产生隔阂的重要因素之一。从印度迁移到马来亚的人的宗教信仰五花八门，并且还相互排斥。在这些人中，印度教徒和穆斯林教徒各有自己的生活圈子和社交范围。很多情况下这些印度人的宗教认同往往能够超越族群认同。种姓制度也是影响印度人认同产生的不可忽视的原因之一。随着不同地方的印度人移入马来亚，他们也把印度的种姓制度带入马来亚。在马来亚，印度的种姓制度不但没有消亡，反而顽固地保存了下来。不同种姓之间有着严格的界限，低种姓的泰米尔人与旁遮普、古吉拉特人之间就有着无法逾越的障碍，如此等等。以上因素使得缔造一个统一的印度人认同十分困难。就国家认同而言，在马来亚的印度人之间也存在着分歧。比如，随着印度民族主义的勃兴，马来亚的一些印度人主张支持印度从英国殖民统治下争取独立，并积极参加印度争取独立和解放的斗争。二战期间马来亚的一部分印度人就在印度国大党左派领导人鲍斯的带领下力图依靠日本人来实现独立，只是最终由于日本人的败亡而没有实现。但是，从印度来的穆斯林则很早就怀有独立建国的理想，他们希望建立一个穆斯林的国家，所以战后他们支持真纳建立巴基斯坦。①

印度人整体认同的缺乏和对马来亚认同的缺失，使得印度人战后如同华人一样，对形势的发展缺乏敏感的认知，以至于未能团结一致争取相应的权利，最终只能顺着马来族精英规划好的民族国家建构的道路走下去，陷入一个又一个的困境。

第四节　英国殖民统治的遗产

马来西亚是二战后在殖民统治下获得独立的第三世界国家之一。从 1511 年葡萄牙人占领马六甲，到 1957 年马来亚联邦宣布独立，马来西亚人民遭受了 400 多年的殖民统治。在 400 多年的殖民统治中，葡萄牙人、荷兰人、英国人和日本人都曾经在马来西亚留下了或多或少的印记，这对马来西亚历史的发展产生了或多或少的影响，无论是破坏性的，还是建设性的。葡萄牙人对马

---

① 梁英明：《马来西亚种族政治下的华人与印度人社会》，《华侨华人历史研究》1992 年第 1 期。

来西亚的殖民统治从 1511 年灭亡马六甲王国开始，一直持续到 1641 年荷兰人攻占马六甲，历经 130 年。不过，由于葡萄牙人重点在于抢占贸易和商业据点，加之其自身力量有限，葡萄牙对马来西亚的殖民影响仅仅涉及马六甲及其附近有限的区域。继之而来的荷兰殖民者在马来西亚控制的范围比葡萄牙人控制的范围更加广大，不过其对马来西亚的影响也还是浅层面的。真正对马来西亚的历史发展起到破坏性和建设性双重作用的是英国的殖民统治。从 1876 年英国人占据槟榔屿算起，到 1963 年马来西亚联邦成立，英国在马来西亚的殖民统治历经 177 年。在这 177 年的殖民统治中，英国在很大程度上重塑了马来西亚的政治版图、政治理念、社会结构和族群结构等方面，为独立后马来西亚民族国家建构深深地打上了自己的印记。英国对马来西亚 177 年的殖民统治，其影响是巨大的，遗留下来的历史遗产也十分丰厚，而其中对于马来西亚的民族国家建构影响较大的则是马来西亚疆域的厘定、族群结构的形成、现代政治制度的引入和现代马来精英的培养等方面。

一　现代马来西亚疆域的确立

在历史上，马来西亚的疆土上曾经存在过各式各样的王国和邦国，也曾经存在过外来的王国，甚至曾经出现过辉煌一时的王国或帝国。但是，无论是 7~14 世纪的室利佛逝，还是 15~16 世纪的马六甲，两者都没有能够将它们实际控制的领域扩展至现在马来西亚的所有领土，更谈不上对这些领土进行有效的控制了。现代马来西亚领土疆域的确定是英国殖民统治者在一系列殖民争夺活动中划分势力范围的结果。

英国人塑造马来西亚疆域是从 1786 年莱特租占槟榔屿开始的。1786 年，英国人莱特以帮助吉打苏丹镇压内部叛乱为借口，租占槟榔屿，正式拉开了英国在马来西亚殖民历史的序幕。1800 年，英国又获得了槟榔屿对面海岸的威利斯省。在 1794 年荷兰被法国占领后，逃亡英国的荷兰执政为了防止法国接管荷兰的殖民地，便将自己的所有殖民地交由英国代管。这样，1795 年英国开始托管从 1641 年开始由荷兰人占领的马六甲。此后，英国人虽然经 1814 年维也纳会议承诺将马六甲归还荷兰人，但一直拖延到 1818 年才真正将马六甲交给荷兰人。为了解决两国在东南亚的殖民地纠纷，英国和荷兰在 1824 年签订了《伦敦条约》，划分了各自在东南亚地区的殖民势力范围。根据条约，新加坡南部的岛屿包括爪哇岛和苏门答腊岛划归荷兰，而荷兰将马六甲正式划归英国，同时承认马来半岛是英国的势力范围。这样，英国和荷兰就在此条约基础上分割了从室利佛逝以来形成的所谓马来世界，进而奠定了当今马来西亚和印度尼西亚的疆域基础。[①] 随后，1826 年英国人将槟榔屿、威利斯省、马六甲，以及 1819 年英国人弗莱士占据的新加坡组成了一个一体的行政单位，即海峡殖民地。在筹建海峡殖民地时，英国殖民者为了日后向马来半岛内部扩张，1826 年与暹罗在马来半岛北部初步划分了势力范围。通过条约，吉打、吉兰丹、登嘉楼和玻璃市等成为当时暹罗的附属国或者控

[①]　〔美〕芭芭拉·沃森·安达娅、〔美〕伦纳德·安达娅：《马来西亚史》，黄秋迪译，中国大百科全书出版社，2010，第 146 页。

制地，而暹罗则承诺不再南下进攻霹雳和雪兰莪等邦国。英国人在西马逐渐站稳脚跟的同时，也开始在东马的沙捞越和沙巴确立其统治范围。1841年，英国人詹姆士·布鲁克以协助文莱苏丹镇压叛乱为名，从苏丹手中取得今日沙捞越的一块土地，并在古晋建立首府。此后，布鲁克及其后继者不断扩大自己占据的土地，直到完全占有今日整个沙捞越，并一直维持着家族统治直到1946年。1846年，英国还利用同文莱苏丹签订的条约割占了纳闽岛。至于沙巴，19世纪中期英国也表现出了极大的兴趣。1877~1878年，英国殖民者先后通过与文莱和西班牙殖民者的条约，确立了自己在沙巴的统治地位。到1891年，英国进一步与荷兰人就北婆罗洲的边界进行了明确划分，沙巴的统治区域基本确定。在海峡殖民地建立后，以之为踏板，英国殖民者利用马来半岛上各邦国之间的斗争和邦国内部的斗争，逐步确立了对它们的控制。从1784年与霹雳州签订《邦咯条约》开始，英国加速介入马来半岛事务的进程。此后英国先后将霹雳、雪兰莪、森美兰和彭亨变为英国的保护邦，并最终于1896年将它们合并为马来联邦，进而通过驻扎官制度对它们进行控制。组建马来联邦后，英国随后又通过与暹罗的长期博弈，特别是1909年与之签订的条约，最终将吉打、吉兰丹、登嘉楼和玻璃市划归了英国的统治范围。到1914年，英国将吉打、吉兰丹、登嘉楼、玻璃市和柔佛组成马来属邦。这样，通过100多年的努力，英国在现今马来西亚所有领土上基本实现了有效控制，为二战后英国主导下的马来亚联邦和马来西亚联邦的建立提供了疆域基础。

二 当代马来西亚族群结构形成

当今马来西亚是一个以马来族、华族和印度族三大主要族群构成的多族群国家。现代马来西亚民族国家建构的重要任务之一就是对以这三大族群为主的各个族群进行整合，合理地处理族群之间的关系，进而形成一个为大家认可的"马来西亚民族"。在马来西亚历史发展的漫长历程里，从室利佛逝统治时期到马六甲王国统治时期，再到葡萄牙和荷兰人的殖民统治时期，虽然如上面提到的，华人和印度人也曾零星地移居马来西亚各地，但真正形成大规模的移民潮流则是在英国逐步确立其殖民统治之后。大量引入华人和印度人是英国开发其控制下的马来亚殖民地的结果。英国人对马来西亚各地进行殖民统治是为了获取殖民利益，而不是建立一个新的民族国家。因此，在英国殖民者大量地引进华人和印度人的时候，对马来族、华族和印度族等各族群进行整合并不是英国人规划中的任务。对英国人来说，引进华人和印度人只是因为需要大量的人力来开发自己的殖民地。而华人移民和印度移民在到达马来西亚各地的时候，也并不将马来西亚视为自己的永久居住地，而只是看作暂时的落脚点，在他们心目中自己最终会回到自己的母国。这样，英国殖民者虽然大量地引入了华人和印度人，但在对之进行管理的时候，并没有将他们视为殖民地当然的居民，而只是外来者。为了利用马来人统治者维护英国的殖民统治，英国人只将马来人视为当地人，甚或这一土地当然的主人。对于在语言、宗教和风俗习惯迥异的马来族、华族和印度族来说，只要他们遵守殖民统治秩序，英国人更愿意让他们各自发展，不去主动推动彼此之间的交流和融合，甚或更愿意执行学者们经常提及的"分而治之"的政策。在这样的政策制度下，马来族、华族和印度族等族群都没有面临被强制同化的困境，故能够在很大程度上传承自己的文化，保持自己的族群特质。不过，如果说在英国殖民统治下这样的政策有助于实现各族群共处的话，那么当马来西亚独立后政府意图用马来文化整合其他族群的时候，矛盾就出现了。这也是一直持续到现在马来西亚民族建构不得不面对的现实。

三 现代政治制度的引入与现代精英的培育

英国殖民统治者给马来西亚带来了现代政治制度，为二战后乃至独立后的马来亚（马来西亚）的政治制度确立了基本的框架。同时，英国殖民者在其长期统治中培养了一批本地精英，为日后马来西亚的独立做了人才储备。

正如我们上面提及的，在英国殖民者对海峡殖民地、马来联邦、马来属邦等实行控制之前，马来亚还处在专制时代。各个邦国的苏丹既是政治领袖，也是宗教领袖。他们与其下属共同掌握着政权，从而形成了一个统治集团。而他们之下的市农工商则属于苏丹的臣民。苏丹与其臣民是一种依附关系。遵守苏丹的制度和尊重、爱护苏丹，遵从王命，被看作是一种"美德"。而此时近代以来的西方的自由、平等、民主等政治理念离马来亚十分遥远，现代化的政治体制和法律制度对于当时的马来亚来说就更是不可思议的事情。自海峡殖民地成立以后，英国殖民者开始将某些现代政治制度的因素引入殖民地。海峡殖民地成立后，虽由总督直接统治，但随之也设立了行政会议和立法议会作为咨询机构。而 1867 年设立的立法议会则是马来亚历史上第一个立法机构。[1] 此后，这一立法机构的形式被霹雳州效仿，并于 1877 年成立了参议会，这是马来各邦中第一个立法机构。[2] 马来联邦成立后，设有统治者会议、驻扎官会议、联邦参议会等咨询性质的机构。马来属邦中，柔佛在 1895 年颁布了成文宪法，并设立了邦参议会作为立法机构，如此等等。这一些所谓的立法机构虽然在殖民统治期间装潢门面的作用大于实际作用，但毕竟给传统的马来亚社会带来了新鲜血液，让马来族精英们了解了其运作程序，为战后马来亚独立过程中君主立宪体制的选择提供了经验。英国在殖民统治过程中，为了培养自己所需的公务员队伍，不得不在马来西亚推广现代教育，特别是英文教育。但英文教育花费较多，下层的马来人、华人，还有印度人都很难承担，所以接受良好英文教育的只能是三大族群中的富有阶层。这些富有阶层的子弟在英文学校里接受共同的教育，这有助于他们之间的沟通和交流，培育相同或相近的世界观和价值观，这无形之中塑造了一批能够进行感情沟通的精英分子。正是这些人日后成为马来西亚独立的领导力量，成为马来西亚独立初期各族群能够"协商立国"的基础。

---

① 黄云静：《马来西亚现代政治制度的确立——兼论英国殖民统治的遗产问题》，《东南亚研究》2000 年第 1 期。

② 黄云静：《马来西亚现代政治制度的确立——兼论英国殖民统治的遗产问题》，《东南亚研究》2000 年第 1 期。

小　结

到第二次世界大战结束时，英国已经在马来亚进行了近180年的殖民统治。在这近180年的英国殖民统治中，马来亚的族群结构发生了很大的变化，形成了延续至今的马来族、华族和印度族等多族群并存的局面。在英国殖民统治下，在不触犯殖民统治者利益的前提下，英国人基本任由各族群自由发展，故他们能够延续和保存自己的语言、宗教和风俗习惯，借以维系自己的族群特性。不过，虽然现在看来马来族、华族和印度族等族群的特性能够维系下来，但这一特性并不必然导致族群间的团结和族群认同的产生和强化。第二次世界大战结束前，马来族、华族和印度族的族群认同是有差异的。马来族的族群认同程度较高，华族的族群认同正处于萌发阶段，而印度族离统一的族群认同还有一段距离。在国家认同上，马来人认为马来亚是马来人的国家，他们是原居民和国家毋庸置疑的主人；而对于华人和印度人来讲，马来亚只是暂居地，中国认同和印度认同才是他们国家认同的中心。这一国家认同一直持续到第二次世界大战后的马来亚争取独立的过程中。二战结束前马来族、华族和印度族等族群认同和国家认同的状况，直接影响到了战后各族群的社会动员力，进而影响到了他们在马来亚争取独立中的地位。

第三章
马来西亚民族国家建构的起步

　　第二次世界大战是世界历史划时代的转折点，也是英帝国殖民时代的转折点，更是马来西亚历史发展的转折点。二战后，英国不仅没有打算顺历史潮流而动，在民族解放浪潮涌动的情势下放弃对马来亚殖民地的统治，反而是极力改变对其的统治方式，企图以直接统治代替以往对各土邦的间接统治，建立一个由英国直接控制的集权政府，以巩固英国在东南亚的殖民统治。为此，英国政府在战后不久就推出了"马来亚联盟计划"。但是，事与愿违的是，该计划遭到了马来人有组织的抵制，最后不得不调整为"马来亚联邦计划"。如果说在反对"马来亚联盟计划"的过程中马来人精英们没有提出自治或者独立的主张的话，那么反对"马来亚联盟计划"的成功无疑增强了他们的自信心。在随后的日子里，他们由争取自治逐步发展为争取独立，并最终在1957年促使马来亚正式脱离英帝国成为独立的国家。在马来亚人民争取独立的过程中，英国不肯干脆放弃自己的殖民统治及其相关利益，而力图在即将诞生的马来亚国家上打上自己的印记。事实上，独立的马来亚在领土范围的划定、政治制度的选择、宪法的起草和族群关系的构建，以及族群政治的运作等方面都未能脱离英国的影响。特别是在领土的划定方面，无论是在"马来亚联盟计划"中，还是在"马来亚联邦计划"中，乃至在独立的马来亚方案中，英国都没有将新加坡、沙捞越和北婆罗洲（即后来的沙巴）连同其他地区组成一个国家。只有到了1963年，在马来亚联邦的争取下，英国才允许新加坡、沙捞越和北婆罗洲与马来亚合并，并称之为马来西亚联邦，这也就是今日马来西亚的由来。不过，随着1965年新加坡被开除出马来西亚联邦，今天的马来西亚领土范围最终定型。而在马来亚争取独立的过程中，在英国不同程度的干预下，未来马来亚（马来西亚）的国家体制和政治体制得以确立。虽说无论是马来人还是华族，乃或印度族都声称马来亚的建立是各族群间"协商建国"的结果，而事实上是在马来人的特权通过宪法的形式得以保证和维护的前提下，马来人在公民权问题上对华族和印度族做出些许让步，将华族和印度族整合进建国历程而已。马来亚在建国过程中建立了突出马来人特权和优势地位的制度规范，这为日后马来西亚民族国家建构留下了结构性的弊病。1957年东姑·拉赫曼的"默迪卡"呼声宣告了马来亚的独立，也揭开了马来亚（马来西亚）民族国家建构的大幕。从1957年独立到1969年"五一三事件"爆发，这段时间是马来亚民族国家建构的起步阶段。虽然受建国前遗留问题的影响，马来族、华族和印度族等就民族国家建构的目标和手段等有着分歧，并就一些问题展开了政治博弈，但以拉赫曼为首的巫统和以陈祯禄为首的马华公会，以及马来亚印度人国民大会党等能够展现出一定的妥协精神，使得族群关系能够维持十多年的相对平静。这一时期国语马来化和官方用文马来化虽然受到了华族和印度族等少数族群不同程度的抵制和抗议，但还是得到了强制性的推行。

第一节　从"马来亚联盟"到"马来亚联邦"

1941 年 12 月 7 日，日本偷袭珍珠港，拉开了太平洋战争的序幕。偷袭珍珠港后，日本大规模南下，侵吞了西方殖民国家英国、法国和荷兰等在东南亚的殖民地，英属马来亚也在所难免。12 月 8 日，日军开始从马来半岛北部对英属马来亚展开攻击，到 1942 年 2 月 15 日英国军队投降，日军仅用两个多月的时间就占领了英属马来亚。由此，英属马来亚进入了三年由日本控制的时期。不过，随着世界反法西斯同盟的建立，作为世界反法西斯国家之一，英国相信胜利终将归属于自己一方。故在太平洋战争还在继续的时候，英国政府内部就开始考虑战后如何管理马来亚殖民地的问题。英国政府于 1942 年开始酝酿，到 1946 年初公布了其改变马来亚殖民统治方式的"马来亚联盟计划"。"马来亚联盟计划"一经公开就受到了马来人的强烈抵制。在抵制过程中马来人还成立了马来人全国统一组织（即现在我们所熟知的"巫统"）来领导反对"马来亚联盟计划"的行动。最终，在马来人的反对下，英国人放弃了"马来亚联盟计划"，改推行与巫统和马来各邦苏丹共同商定的"马来亚联邦计划"。在英国从"马来亚联盟计划"向"马来亚联邦计划"转变的过程中，英属马来亚的华族和印度族对之态度并不积极，从而失去了为自己争取权利的机会。① 而巫统则通过领导这一场反对运动，成为马来人日后争取独立的中坚力量，并能够在很大程度上左右独立进程中的马来亚政治，从而奠定了日后独立的马来亚（马来西亚）族群政治的基本格局。

一 "马来亚联盟计划"的出台与公布

根据相关文献，在日本占领英属马来亚不久，1942 年英国政府就开始考虑战后改变对马来亚的统治方式。1942~1946 年，时任殖民部副秘书长常务助理的金特，在 1942 年 7 月的一份备忘录中建议英国政府考虑改变以前的对马来亚的统治方式。金特建议战后英国直接控制新加坡，并通过施加经济压力的方式代替马来诸邦的统治者对其所属各邦进行直接管理。同时，英国将公民权授予所有受过教育的人。从金特的备忘录来看，他虽然也提及保证马来各邦苏丹的权力，但更主要的是建议由以前的间接统治，变为直接统治。②

此后，由于英国在东南亚的殖民地在日本的攻击下迅速崩溃，而对英国抵抗德国法西斯给予了巨大援助的美国人对英国殖

---

① 正如有的学者所论及的那样，就"马来亚联盟计划"而言，华人是该计划的受益者，但华人没有坚决支持该计划，这是不明智的选择。详见张祖兴《英国对马来亚政策的演变 1942—1957》，中国社会科学出版社，2012，第 84 页。

② "The Malayan Union Experiment 1942 - 1948," in Stockwell, A.J., ed., *British Documents on the End of Empire*, (Part Ⅰ) (London: the Institute of Commonwealth Studies in the University of London, 1995), pp. 13–14.

民统治颇有微词。为了防止美国和中国在战后瓦解自己在东南亚的殖民统治，英国外交部和殖民部联合建议重组英国的殖民地和保护国。这一重组的想法是将海峡殖民地、马来各邦、北婆罗洲、沙捞越和文莱组成一个联盟，其中新加坡作为商贸和交流中心。但是，这一想法很快就被否决了。1943 年，殖民部又提出了一个关于创造马来亚联盟的计划。计划指出，该联盟由马来联邦内的 4 个邦国、马来属邦中的 5 个邦国、槟榔屿和马六甲构成，建立一个统一的中央政府，首府设在吉隆坡，并且给在这一联盟的所有居民以公民权。[①] 这一联盟并没有将新加坡包括在内，这是由新加坡作为自由港和英国海军基地的地位所决定的。新联盟方案建议将新加坡单独作为英国的皇家殖民地。为了推行这一新的联盟计划，英国就需要改变以前的统治方式，特别是对马来联邦和马来属邦的统治方式。但是，对马来联邦和马来属邦的统治，英国是通过与各邦苏丹和统治者们签订条约的形式确立的。至少，在名义上各邦苏丹拥有主权。要想在战后改变统治方式，英国政府就有必要同各邦苏丹达成新的条约或协议。对此，1943年 7 月成立的马来亚计划小组领导人霍恩认为，战后英国可以利用军事占领的方式，迫使苏丹们签订新的条约或者协议，而不用事先征求他们的意见，也不给他们反对的机会。[②] 到 1943 年底，一份关于马来亚联盟计划的文件已经准备好。1944 年 5 月，英国

[①]　C. M. Turnbull, "British Planning for Post-war Malaya," *Journal of Southeast Asian Studies*, Vol. 5, No. 2, 1974, pp. 239-254.

[②]　C. M. Turnbull, "British Planning for Post-war Malaya," *Journal of Southeast Asian Studies*, Vol. 5, No. 2, 1974, pp. 239-254.

战时内阁原则上同意创建马来亚联盟和新加坡皇家殖民地的计划（随后的工党政府在 1945 年 8 月上台后也没有疑问地接受了该计划）。

至于具体的细节安排则留给了马来亚计划小组负责，并由殖民部下属的东方处负责监督。为此，1944 年 7 月至 1945 年 9 月，马来亚计划小组准备了一系列材料，内容涉及土地、矿藏、运输、公民权、教育以及华人等方面。其中，为了打破各族群间的障碍，该小组建议在吉隆坡建立统一的教育机构，提升英语作为教学媒介的作用。在小学阶段，各族群语言作为主要的教学媒介，而英语作为第二语言；在中学阶段，特别是对于政府学校来说，英语作为主要的教学媒介。马来亚计划小组提出上述计划的目的在于通过英语教育来培育统一的马来亚联盟的公民。为了在战后能够同马来各邦统治者重新签订条约或协定，1944 年秋在巴勒斯坦和印度主持殖民地工作的哈罗德·麦克米沙尔被指派从事与马来亚诸邦统治者谈判的工作。

这样，可以说在战争结束前英国政府已经就"马来亚联盟计划"做了相当充分的准备工作，就等战争一结束予以实施了。不过，"马来亚联盟计划"是英国政府在战时秘密制定的，没有对外进行相应的咨询，并且战时政府也没有打算在战争结束前对外公布。1945 年 8 月 15 日，日本宣布无条件投降，9 月 15 日英军恢复了对马来亚的占领。10 月 10 日，英国政府首次提及其战后调整马来亚统治方式的计划。当时在接受英国议会下议院质询之际，殖民部事务大臣指出，英国在马来亚的政策是建立一个制宪的马来亚联盟，并实行公民制度，让所有将马来亚视为自己祖国的人都享有公民权（取得公民权的资格是出生于马来亚或者在马来亚居住了相当长的时间）。为实现这一目的，英国需要与马来各邦的统治者重新签订协议。对于未来的联盟，殖民事务大臣指出该联盟由原来的马来联邦中的 4 个邦和马来属邦中的 5 个邦，以及原海峡殖民地中的槟榔屿和马六甲构成。至于新加坡则成为单独的殖民地。[①] 10 月 11 日，麦克米沙尔前往马来亚执行其与各邦苏丹签订新约的任务，并在 12 月 21 日完成同各位苏丹的签约工作后返回了英国。按照现有的研究成果，麦克米沙尔之所以能够完成自己的任务靠的就是威逼利诱。[②] 事后，当苏丹们跟巫统站在一起反对"马来亚联盟计划"的时候，有的苏丹称受到了麦克米沙尔的威胁。[③] 1946 年 1 月 22 日，在拿到同苏丹们新签的协议后，英国工党政府正式对外公布了"马来亚联盟计划"。

在 1 月 22 日公布"马来亚联盟计划"的时候，英国政府表示基于"国际关系、安全理由以及英联邦的其他利益的需要"，马来亚应当发展成为一个统一与进步的国家，因此英国决定将相关各部分联合在一起组成马来亚联盟，由英国直接管辖，并实行统一的立法体制和政策。当然，在英国政府公布的计划中也包含着公民权事项。不过，公民权资格的取得是有条件的，具体包

---

① 陈晓律等：《马来西亚——多元文化中的民主与权威》，四川人民出版社，2000，第 105~106 页。

② 早在 1947 年的论述中有人就提到了这一点，详见 P. T. Bau, "Nationalism and Politics in Malaya," *Foreign Affairs*, Vol. 25, No. . 3, 1947, pp. 503 - 517.

③ 王艳芬：《马来亚的独立与英国殖民撤退的策略》，《史学月刊》2001 年第 6 期。

括：①任何在计划实施之前出生于马来亚联盟或新加坡的人；
②年满18周岁，在1942年2月15日之前的15年中，在马来亚联盟或者新加坡居住满10年的人；③在"马来亚联盟计划"实施的当天或者实施之后出生于马来亚联盟或者新加坡的人；④在"马来亚联盟计划"实施时或者其后，当他出生在马来亚联盟或者新加坡时，他的父亲已经是马来亚联盟的公民的人；⑤满足第①②两条且年龄不满18岁的人。同时，英国政府公布的计划还允许符合条件的人申请归化为马来亚联盟的公民。至于申请归化的条件包括：①在申请成为马来亚联盟的公民的那一天前，应当在马来亚联盟或者新加坡居住满1年，并且在申请前的8年中住满4年；②品行良好，有足够的马来文或英文知识；③如果申请被批准，则申请者有意在马来亚联盟或新加坡长期居住。①

自"马来亚联盟计划"酝酿以来公民权问题就是其中重要内容。那么，为什么战前一直主张马来人是马来亚的原住民，是马来亚当然的主人，而华族和印度族只是外来者，并主张马来人有优先权或特权的英国政府转而给予其他族群与马来人相同的公民权呢？对于这一问题，国内外学界多有论及，但观点并不一致。有学者认为英国人之所以给予华人公民权，是出于对日本人占领马来亚期间马来人和华人不同的作为的反应。英国人对马来人的作为很不满，而对支持英国抗日并做出巨大牺牲的华人的补偿就是给予公民权。也有学者认为是英国对马来人的不信任，以及对

---

① 崔贵强：《新马华人国家认同的转向1945—1959》，厦门大学出版社，1989，第155~156页。

中国因素的考虑促成了其给予华人等公民权。① 也有学者认为给予其他族群（主要指华人）公民权，是英国政府抵消马来亚共产党对权力的要求，切断马来亚华人与中国的联系和防止中国借机干涉马来亚事务，以及迫使马来苏丹们交出权力等因素共同作用的产物。② 综合这些学者的论述，我们认为英国政府在战争期间就酝酿给予在马来亚的所有族群中符合条件的人公民权，既不是因为华人在抗战中的牺牲而给予其的奖赏，也不是因为不满马来人而对马来人的惩罚，更不是压迫苏丹们让渡权力的借口，而是英国人加强对马来亚控制的策略的一部分。对英国人来说，马来亚族群结构是自己殖民统治的产物。无论是华人，还是印度人，来马来亚是为了生计。他们不会为了一个暂时的居住地而全心全意地支持英国的殖民统治（虽然不一定反抗殖民统治）。并且，作为从其他国家来的移民，华人和印度人还依然被看作是他们母国的公民。既然这样他们的母国就有义务关注自己国家公民的待遇等，而这些问题又经常会引发英国与其他国家的争端（学者们经常提及的就是国民党十分重视马来亚华侨，而马来亚的华侨在二战结束前也深受中国政治发展的影响，并积极投身中国的政治斗争，这使得英国政府害怕中国政府利用华侨向自己的殖民地渗透，将马来亚变成中国的一部分）。给予在马来亚的移民公民权可以促使他们自动归化，培育一种马来亚意识，这无疑会有助于

---

① 国外学者关于这一问题的综述可见张祖兴《论马来人"第五纵队"问题与马来亚联盟公民权计划》，《东南亚研究》2004 年第 6 期。

② 张祖兴：《马来亚华人抗日武装与马来亚联盟公民权计划》，《华侨华人历史研究》2005 年第 2 期。

英国对殖民地的控制。① 至于有的学者提及的抵消马来亚共产党政治诉求的影响，这在战争结束后自然是英国政府考虑的一个因素，但这也没有脱离英国加强对马来亚控制的范畴。

总之，对英国政府来说，其公开发布"马来亚联盟计划"是为了向外界宣布自己将执行这一计划，而不是为了向外界不论是马来人，还是华族和印度族征求意见。英国政府当时很明显地认为自己有了苏丹们签署的协议，即使有反对意见，也将很快实现其按照规划创建马来亚联盟的构想。然而，事实证明英国人过于自信了。

二 "马来亚联邦计划"的由来与推行

在 1946 年 1 月 22 日公布"马来亚联盟计划"后，英国政府决定于 1946 年 4 月 1 日正式成立马来亚联盟。与英国人自以为有了苏丹们的新协议便不会有太大的阻力的认知不同，从"马来亚联盟计划"公布之日起，马来人就从不同层面反对和抵制该计划，并最终在巫统的领导下形成了一个强大的抵制运动，迫使英国政府不得不将"马来亚联盟计划"草草收场，重新与苏丹们和巫统谈判，制定了"马来亚联邦计划"。后者决定建立马来亚联邦，取消马来亚联盟。虽然"马来亚联邦计划"的制定及其后来马来亚联邦的建立实现了英国单独控制新加坡，将马来亚控制在一个统一的中央政府之下的目标，但马来人的要求，即维护苏丹

---

① 〔马来西亚〕何国忠：《马来西亚华人：身份认同、文化与族群政治》，华社研究中心，2002，第 31 页。

们的权力和马来人的特权，也再次得到了英国政府的满足。不仅如此，在巫统领导的马来人的压力下，"马来亚联邦计划"中的公民权做了比"马来亚联盟计划"中的更严格的规定。然而，不论是在英国人推行"马来亚联盟计划"的过程中，还是在英国人推行"马来亚联邦计划"的过程中，作为马来亚土地上重要族群的华族和印度族都显得无所作为。华族和印度族要么对英国的计划漠然视之，要么被动地应对而受不到英国政府的重视，最终都未能发挥与其族群人数相应的作用，更没有为自身争取更佳的条件。

现在看来，无论英国人出于何种动机，1946 年 1 月英国政府公布的"马来亚联盟计划"中的公民权方案对于华族和印度族来说是比较有利的。按照相关的条件，英国人的公民权方案基本是按照出生地原则授予公民权的。英国人虽然也考虑到了马来人对于华人和印度人人口数量不断增长的忧惧（不将华族人数较多的新加坡纳入马来亚，固然同上面提及的一样，是由其地理位置和战略地位所决定的，但照顾马来人的担忧也是不能忽视的因素之一，这在日后马来亚联邦成立过程中依然发挥作用）①，但大体上是不分族群广泛授予公民权的。以华族为例，1946 年有 62% 的华人可以自动成为公民，而有 37.5% 的华人移民可以通过申请归化成为公民。② 然而，华族对"马来亚联盟计划"总体上是比较冷

---

① 〔马来西亚〕林水檺等合编《马来西亚华人史新编》第二册，马来西亚中华大会堂总会，1998，第 38 页。

② 崔贵强：《新马华人国家认同的转向 1945—1959》，厦门大学出版社，1989，第 155~156 页。

漠的。之所以如此，在于二战后华人对中国的认同依然强烈，不少上层人士和知识分子不同程度地参与了中国国内的政治斗争，从而造成了马来亚华人自身的分裂。同时，大多数普通华人依然抱有落叶归根的心理，在他们心目中中国依然是自己的祖国，自己总有一天会回到祖国。在他们看来，英国人并没有说明马来亚的公民权是否就是国籍，如果是国籍的话，是否就意味着取得了马来亚联盟的公民权就必须放弃中国国籍，而这是他们不能接受的。印度人的情况与华人的情况比较相似，所以对"马来亚联盟计划"总体上也是比较冷淡的。因此，当马来人起而强烈抵制"马来亚联盟计划"的时候，非马来人并没有极力抗拒马来人的反对。① 而这促使马来人取得了相当大的成功，并按照自己的意愿修订了"马来亚联盟计划"中的公民权条例，这是非马来人所想不到的。

同非马来人对"马来亚联盟计划"的冷淡和漠视相比，整个马来人社会则表示强烈地反对。马来人起而反对的原因有多重，有的是因为英国对各邦苏丹权力的剥夺，有的则是因为"马来亚联盟计划"中的公民权方案将公民权给予了非马来人。而在马来人看来，非马来人在经济上已处于优势地位，如果再赋予他们公民权，无异于剥夺了马来人的特权，甚或在不远的将来马来人可能会沦为"二等公民"。② 带着不同的动机，马来人的各种团体加入到了反对"马来亚联盟计划"的大潮之中。但是，最初马来人

---

① 崔贵强：《新马华人国家认同的转向 1945—1959》，厦门大学出版社，1989，第 157 页。

② 杨建成：《马来西亚华人的困境》，文史哲出版社，1982，第 54～55 页。

的抵制运动是分散的、无组织的。为了组成一个统一的反对力量，1946年1月24日，也就是英国正式公开"马来亚联盟计划"的第二天，出身官宦之家、有着柔佛苏丹义子名分和受过英文教育的拿督翁号召召开一次马来人会议，以统一领导反对运动。[1]拿督翁的号召得到了比较广泛的响应。1946年3月1日，代表41个团体的200多人聚在吉隆坡，召开了一次统一的马来人会议。这次会议主要有两个议程：一是成立马来人运动的统一组织，二是领导抵制"马来亚联盟计划"。此次会议最终决定成立一个"马来民族统一机构"（即巫统）来领导抵制运动。[2]不过，"马来民族统一机构"的章程直到5月才正式起草完成，所以巫统的正式诞生应该是在1946年5月，拿督翁被选为主席。巫统相比较以前存在过的马来人组织获得了更为广泛的支持，为其日后确立政治领导地位奠定了基础。面对"马来亚联盟计划"，马来人会议决定致电英国首相和相关利益团体以表示马来人对帝国的效忠，但强调"马来亚联盟计划"是不合法的，要求英国政府放弃这一计划。[3]

然而，英国政府并没有理会巫统的要求，而是继续推进"马来亚联盟计划"，并决定组建马来亚联盟政府，由金特担任马来

---

[1]　Ishak bin Tadin, "Dato Onn and Malay Nationalism. 1946–1951," *Journal of Southeast Asian History*, Vol. 1, No. 1, 1960, pp. 56–88.

[2]　Ishak bin Tadin, "Dato Onn and Malay Nationalism. 1946–1951," *Journal of Southeast Asian History*, Vol. 1, No. 1, 1960, pp. 56–88.

[3]　A. J. Stockwell, "The Formation and First Years of the United Malays National Organization (U. M. N. O.) 1946–1948," *Modern Asian Studies*, Vol. 11, No. 4, 1977, pp. 481–513.

亚联盟总督。为此，英国政府极力拉拢各邦苏丹。因为，传统上苏丹被民众视为法律、政府和宗教领袖。如果苏丹能够支持英国的计划，那么这将确保大部分民众的支持。而拿督翁领导的巫统则希望苏丹们撤销自己与英国签署的协议，并依靠他们的权威来反对"马来亚联盟计划"。如果苏丹们能够加入巫统的阵营，这无疑将有助于增加抵制英国人计划的资本。不过，苏丹们虽然后来认识到了新的协议对自己权力的侵蚀，但宁愿选择私下通过信件或者通过英国的朋友表达自己的不满，也不愿意与大规模的抗议运动纠缠在一起。因此，苏丹们于1946年3月31日聚集在吉隆坡以准备参加4月1日的马来亚联盟成立和金特就职典礼。这时，巫统认识到了苏丹们参加典礼将对抵制运动造成的危害，便召开了一次紧急会议。会议不仅决定巫统的领袖们将会联合抵制英国的行动，而且声称参加英国人典礼的苏丹们将会失去人们对他们的忠诚。这次大会的决议主要包括四点：①号召马来人穿戴白帽以示悲愤；②号召马来人联合抵制马来亚联盟顾问会议；③由拿督翁去告知苏丹们尽量避免参加任何马来亚联盟的庆典或者官方活动；④巫统拒绝承认马来亚联盟的总督或者它的官员。不过，决议也认为作为个人，马来人可以与金特或者其他英国官员私下接触。① 这样做无疑有利于那些如拿督翁一样受过英文教育的、与英国殖民官员关系密切的人私下进行游说活动，以便让英国人更好地了解马来人的意图。

---

① A. J. Stockwell, "The Formation and First Years of the United Malays National Organization（U. M. N. O.）1946 - 1948," *Modern Asian Studies*, Vol. 11, No. 4, 1977, pp. 481-513.

　　会后，拿督翁拜会了苏丹们并告知了大会的决议。当第二天拿督翁再次去拜会苏丹们的时候，他们已经穿戴整齐准备去参加典礼和金特的就职仪式了。经过一段时间的艰苦的说服，拿督翁终于劝说苏丹们留在宾馆而没有去参加典礼。同时，巫统还根据决议发起了大规模的抗议运动。很显然，巫统领导的抵制运动是策略得当和富有成效的。巫统虽然颇费周折但最终将苏丹们拉到了自己的阵营，让苏丹们不再履行与英国签订的协议，并不断对外声称苏丹们之所以签约是因为受到了英国的威胁或不公正的待遇。苏丹们的倒向使得一部分依然崇信苏丹的人民也站到了巫统一边。巫统宣称将会维护马来人特权和优势的口号也有助于吸引马来知识分子和宗教人士，进而通过宗教人士将讯息传播到广大乡村，获取农村地区的支持。英国人感受到了巫统领导下的马来人团结的力量，这是英国人随后肯做出让步的重要原因。不过，英国人之所以肯做出让步，还在于巫统无论是私底下还是公开场合宣布的目标都十分有限。他们既不要求自治，也没有提及独立，只是要求恢复以前苏丹们和马来人拥有的特权，这向英国人表明马来人无意挑战其统治权。这与英国人眼中的马来亚共产党的目标相比明显是温和的，所以英国人也比较容易接受。

　　在巫统掀起大规模抵制运动的时候，英国国内一些在马来亚供过职的官员们也开始攻击"马来亚联盟计划"，指责它背弃了以前同苏丹们签订的协议，认为应该满足马来人的要求。在内外夹击的压力下，连马来亚联盟的总督金特都觉得应该改弦易辙。因此，在马来亚联盟建立不久，英国就同意与苏丹们和巫统的代表进行谈判，以寻求能够被英国和马来人接受的新的方案，进而恢复英国维持其殖民统治所需要的英国和马来人的和谐关系。
1946 年 6~7 月，英国人与苏丹们和巫统的代表不断接触，并于 7
月 25 日成立了由英国、苏丹们和巫统三方代表组成的制宪工作委
员会。8~11 月由制宪工作委员会秘密协商新的方案。新的方案
于 11 月底完成并上报伦敦，12 月 23 日英国公布了这一新方案。
在新的方案中，马来亚联盟被马来亚联邦取代，英国改派最高专
员代替总督，苏丹们的统治权在各邦得以恢复，马来人的特权再
次得以确认。不过，为了满足英国人的要求，马来亚联邦设立统
一的中央政府，最高专员作为英国的代表，拥有内政、外交和防
务等权力。最高专员之下设立行政会议和立法会议。行政会议以
最高专员为主席。除了官方议员外，最高专员可以任命 5 名非官
方议员。立法议会也由最高专员做主席，包括 14 名官方议员和
34 名非官方议员。14 名官方议员包括三名英国籍官员和其他 11
名官方议员。34 名非官方的议员包括 11 名各州苏丹及槟榔屿、
马六甲的代表和其他 23 名各方代表。其他 23 名代表从各族群中
选出，其中马来人 9 名，华族 6 名，欧洲人 3 名，印度人 2 名，
混血 1 名和其他人士 2 名。新方案提及待时机成熟之际，非官方
议员将由选举产生。① 新加坡不包括在马来亚联邦之内，保持独
立的殖民地地位。至于公民权问题，按照马来人的意愿，新方案
对之做了更加严格的限制。新方案将可以获得公民权的人划分为
两类：一类是直接获得公民权者；另一类是申请获得公民权者。

---

① 崔贵强：《新马华人国家认同的转向 1945—1959》，厦门大学出版社，
1989，第 159 页；〔马来西亚〕林水檺等合编《马来西亚华人史新编》第
二册，马来西亚中华大会堂总会，1998，第 42 页。

第一类人包括：①各州苏丹的臣民，不论其出生时间；②在马六甲和槟榔屿出生，并永久居住的英国籍公民；③在马来亚联邦出生的英国籍公民，其父亲在马来亚联邦出生并连续居住满15年；④出生时其父亲已经是马来亚联邦公民的人。第二类人申请公民权的条件包括：①在马来亚联邦出生，申请前的15年中，必须住满10年；②不在联邦出生，申请前的20年间，最少住满15年；③要求品行良好；④有足够的马来文或者英文知识；⑤宣誓永久居住在马来亚联邦，并效忠于马来亚联邦。①

就公民权这一问题，"马来亚联邦计划"跟"马来亚联盟计划"最大的不同就是对于马来亚联邦公民权的取得规定了更严格的条件。当然，这一严格的条件是伴随着英方承认马来人是原居民、马来亚联邦的主人，以及马来人是当然的公民而来的。这不仅是英国政府维护马来人特权的表现，也是马来人斗争的成果。该方案在非马来人看来，其实际意图就是创建一个马来人的国家，而非马来人中的很多人会被拒绝成为公民，从而使得他们没有机会行使自己的权利。同时，这次方案还明确表示公民权不等同于国籍。

新方案的出台完全是英国人和马来人会谈的结果。非马来人由于没有被咨询意见，对其谈判的内容和过程了解甚少。等到方案一经公开，通过对比非马来人才认识到自己以前对"马来亚联盟计划"持冷淡和漠视的态度的后果是多么严重，特别是在公民

---

① 崔贵强：《新马华人国家认同的转向 1945—1959》，厦门大学出版社，1989，第159~160页；〔马来西亚〕林水檺等合编《马来西亚华人史新编》第二册，马来西亚中华大会堂总会，1998，第41页。

权问题上。故新方案一经公开就引起了非马来人，特别是总人口数量与马来族差不多的华人的不满。面对这份有着明显偏袒马来族倾向的方案，华族各地的总商会纷纷通过各种形式表达不满，并向英国人提出了自己的要求，具体包括以下几个方面。①反对新加坡与马来亚联邦分离。提出这一点，主要是因为从事商业的华人认为分离将不利于自身的商业活动的发展。②反对新方案的公民权获得条件，要求降低公民权获得的门槛，希望英国人同意只要马来亚联邦出生的人，不论其父母是否为马来亚联邦的公民，都应当有公民权。③要求调整立法会议议员的分配比例。在华人看来，华人的总人口数量与马来人的差别不大，但华人议员的名额仅及马来人的1/3，这明显不公平。④鉴于新方案的不公平性，建议英国派遣一个皇家调查团进行实地调查，并对方案进行纠正。① 除了提出自己的要求，华人商会还组织为期一天的总休业，以示抗议。不过，这些举措的提出已经为时过晚，英国人决定不顾华人的压力，继续推进新计划。同时，英国人也注重拉拢华人上层人士，向他们许诺方案不是不可以改变的，只要等到时机成熟，他们有了参政权就可以修订，并保证尊重他们的诉求和利益，这使得华人上层人士安静了下来。同时，英国政府为了平息华人上层人士的反对，也对方案做了些许调整，将原来规定的非官方立法议员人数增加为50人，其中华人增加14人，公民

---

① 崔贵强：《新马华人国家认同的转向1945—1959》，厦门大学出版社，1989，第161页；〔马来西亚〕林水檺等合编《马来西亚华人史新编》第二册，马来西亚中华大会堂总会，1998，第43页。

权方面也有些许放宽。①

1948 年 2 月 1 日，英国政府正式宣布成立马来亚联邦。马来亚联邦成立后不久，英国政府就以马来亚共产党起义为借口，颁布紧急法令，对于对马来亚联邦稍有异议的人动辄采取各种压制措施，从而使得各方暂时接受了马来亚联邦方案。然而，马来亚联邦的建立充分显示出马来人的政治觉醒。巫统的建立及其领导的反对"马来亚联盟计划"的成功，使得它成为日后马来亚独立的主导力量。同时，巫统能够通过与英国人谈判将自己的建国理念和意图贯彻到实践中。相比而言，华族和印度族还处于国家认同的转折期。在整个过程中，他们没能及时调整心态，积极参与争取权益的斗争，导致其在日后的权益争取中落入下风。

第二节　族群政治形成与马来亚联邦的独立

无论是在二战中的宣传里，还是在"马来亚联盟计划"中，甚至在"马来亚联邦计划"中，英国政府都不断重申将帮助马来亚走上自治之路。随着马来亚联邦的建立，在内外环境的影响下，英国虽然以马来亚共产党的"叛乱"和马来人还没有准备好自治或者独立为借口表示不愿意过早地向当地人交权，但也不得不逐步放松对马来亚联邦的控制，在政治上做出开放的姿态。从1951 年槟城市议会选举，到 1952 年吉隆坡议会选举，再到 1955年的联邦立法议会选举都是英国做出政治开放姿态的体现。而也

---

① 杨建成：《马来西亚华人的困境》，文史哲出版社，1982，第 57 页。

就是在英国的政治开放姿态中，影响至今的族群政治开始出现。巫统经过与拿督翁领导的独立党和国家党的角逐，成为代表马来人的最大政党。1949 年成立的马华公会成为代表华人利益的最大的政党。印度人国大党则是代表印度人的当然的政党。在争取马来亚独立过程中，虽然族群之间有矛盾和分歧，但是巫统、马华公会和印度人国大党能够携手并进，组成政治联盟，并以巫统为主导，共同推进马来亚的独立。由巫统、马华公会和印度人国大党结成的政党联盟在 1955 年马来亚联邦立法议会选举中取得胜利是马来亚历史的一个转折点。基于此英国人最终同意尽早让马来亚独立。为此，在英国人的干预下，马来亚联邦宪法得以出台。这部预示着独立的宪法是一部巩固和突出马来人特权的宪法，也预示着日后马来亚（马来西亚）民族国家建构将以马来人的理念为指导，而华族和印度族追求多元社会的理念必将遭遇众多马来人的阻碍。

一 马来亚族群政治的形成

马来亚联邦成立后，英国虽然随即展开了对马来亚共产党的清剿行动，并取缔和查封了一些左翼政党，但对于遵守英国殖民统治秩序的政党还是允许其存在的。并且，英国殖民政府还着力培养一批未对自己的统治构成威胁的各族群精英以组建政党，并用之与左翼或者激进政党争夺广大民众。正是在这一背景下，1946 年 5 月正式成立的由马来人中受过英文教育的且与英国殖民统治者关系密切的精英创建的巫统、同年成立的印度人国大党才能得以继续存在，并在马来亚联邦的政治舞台上发挥作用。同时，由华族中受过英文教育的上层精英创建的马华公会，作为华族的政治代表，与巫统、印度人国大党以及其他英国人允许存在的政党展开政治博弈。马来亚独立前代表不同族群利益的政党几经磨合，最终，以巫统为主导，马华公会和印度人国大党与之结盟的争取独立的模式形成。三大党的精英们从自身利益出发，着眼于现实，既极力宣称自己代表本族群的利益，又能够最大限度地妥协和让步，维持着合作的局面。

1948 年 2 月马来亚联邦成立后，由于英国随即对马来亚共产党的取缔和镇压，并牵连到其他一些以华人为主的左翼政党，华人几乎处于群龙无首的境地。而这时又是马来亚华人国家认同转变的重要时期，他们开始由中国认同逐步向马来亚认同转变。华人的思想意识也由"落叶归根"日渐变成"落地生根"。就是在这一关键时期，马华公会应运而生。1949 年 2 月 27 日，马华公会在吉隆坡正式宣告成立。应该说，马华公会成立之时并没有把自己定义为一个政党，而只是把自己定义为一个福利机构，即一个推进救助华人和推进华人福利的组织。① 按照马华公会第一任会长陈祯录的说法，在英国政府的紧急状态下，英国人为了切断华人与马来亚共产党的联系，采取了建立"新村"的措施，将一部分华人迁往所谓的"新村"，在这一过程中广大华人备受苦难。为了帮助华人排除困难，马华公会因之成立。为了达成援助华人的目标，马华公会从1949 年 10 月起开始设立福利彩票，用之收集资金。从 1950 年 2

---

① Heng Pek Koon, "The Social and Ideological Origins of the Malayan Chinese Association," *Journal of Southeast Asian Studies*, Vol. 14, No.. 2, 1983, pp. 290-311.

月到 1953 年 6 月，马华公会的福利彩票共发行了 18 期，筹集了近 400 万马币。① 马华公会在成立初期虽没有表明自己将成为一个政党，但却有着自己的政治考虑。

马华公会在成立之初并不是一个有着广泛群众基础的组织。马华公会的领导者和成员多是富有阶层出身，要么是大商人，要么是矿主，他们与基层劳苦大众的联系并不深。包括马华公会第一任会长陈祯禄在内的多数发起人都受过英文教育，与英国殖民当局关系比较密切。除了表示马华公会的成立在于救助华人外，以陈祯禄为首的马华公会精英们对未来也有自己的构想。② 自马来亚联邦成立以来，马华公会领导人已经认识到，为了维护自身的利益，有必要塑造一种本土认同，将马来亚当作自己祖国，寻求英国殖民政府的认可，消除英国人和马来人对华人不忠诚于马来亚的猜疑。而要实现这一目的，就有必要促进马来亚华人的团结，让所有的华人团结起来共同解决自身面临的问题。华人应该在马来亚国家的旗帜下，争取自己的权益。

用陈祯禄的话说就是希望华人在马来亚能够与马来人和印度人等"共治一炉，成为一个民族、一个国家，在同一个政府领导下，和平生活并合作"③。很明显，马华公会的领导者从一开始就

---

① 〔马来西亚〕谢诗坚：《马来西亚华人政治思潮演变》，友达企业有限公司，1984，第 41~42 页。

② Heng Pek Koon, "The Social and Ideological Origins of the Malayan Chinese Association," *Journal of Southeast Asian Studies*, Vol. 14, No. 2, 1983, pp. 290-311.

③ 〔马来西亚〕何国忠：《马来西亚华人：身份认同、文化与族群政治》，华社研究中心，2002，第 41 页。

对形势有着比较明确的认知。在他们看来，华人应该放弃脚踏两条船的心思，积极争取马来亚联邦的公民权，争做马来亚联邦的公民，主动放弃中国国籍，实现归化，以打消英国政府和马来人的怀疑，并与马来人合作以争取马来亚的独立，最终实现各族群之间的融合（当然不一定放弃华人的特性，如文化等）。其中，华人和马来人之间的和睦与合作是重要的一步。正是由于马华公会的主张和其奉行的温和路线，从一开始它就被英国政府视为可以接受的华族政党。英国政府打算依靠它来与马来亚共产党争夺华人人心。①

马华公会成立前后，因反对"马来亚联盟计划"而于1946年成立的巫统发生了创立者拿督翁出走并另立新党的变故。马来亚联邦成立后，拿督翁开始将争取马来亚自治乃至独立提上了日程。这时，拿督翁认为要争取马来亚早日实现独立，就必须团结马来亚联邦下的所有族群的力量。为此，拿督翁力图开放巫统，吸引其他族群的精英加入，以达成各族群团结的目的。② 1944年12月31日，拿督翁召集21位各族群的精英成立"各族群联络委员会"，希望以之推动各族精英的互动，打破巫统代表马来人、华人则另组自己政党的格局。然而，拿督翁的主张受到了巫统内部强烈的反对。拿督翁毅然离开巫统，并于1951年9月另组独立

---

① C. M. Turnbull, "British Planning for Post-war Malaya," *Journal of Southeast Asian Studies*, Vol. 5, No. 2, 1974, pp. 239-254.

② Ishak bin Tadin, "Dato Onn and Malay Nationalism. 1946-1951," *Journal of Southeast Asian History*, Vol. 1, No. 1, 1960, pp. 56-88.

党。① 在拿督翁看来，独立党应当是一个以马来人为中心，包容其他族群精英的政党，并以之领导马来亚取得独立。② 拿督翁出走后，巫统推举东姑·拉赫曼接任主席。与拿督翁力图组建跨族群政党不同，拉赫曼则领导巫统继续坚持以维护马来人利益为重心，着力将巫统塑造成马来人的政党，以争取马来人最大程度的支持。不过，拉赫曼也认为马来亚要从英国殖民统治下获取自治或者独立，仅仅靠马来人的力量是不够的，还需要与其他族群政党进行合作。而接受过英文教育，并与马来精英们有共同语言的马华公会和印度人国大党就成了拉赫曼争取的对象。

印度人作为马来亚联邦的第三大族群，其人数与马来人和华人相比有着很大的差距。二战后，同华人一样，马来亚印度人的国家认同也没有聚集于马来亚。马来亚印度人将自己的认同放到了印度，并积极参加印度的独立与解放斗争。1946年印度独立运动领导人尼赫鲁访问马来亚，这极大地激发了马来亚印度人的政治热情。马来亚印度人的精英们决定仿照印度国大党，创建一个代表马来亚印度人利益的政党，并以此充当他们利益的代言人。③ 由此，马来亚印度人的精英们于1946年8月成立了马来亚印度人国大党。由于尼赫鲁在访问马来亚期间就表示不支持双重国籍制度，认为马来亚的印度人必须在马来亚和印度之间做出选择，如

---

① 杨建成：《马来西亚华人的困境》，文史哲出版社，1982，第61页。

② Ishak bin Tadin, "Dato Onn and Malay Nationalism. 1946-1951," *Journal of Southeast Asian History*, Vol. 1, No. 1, 1960, pp. 56-88.

③ 罗圣荣：《马来西亚的印度人及其历史变迁》，中国社会科学出版社，2015，第124页。

果选择了马来亚就必须放弃印度国籍，这就使得想保持双重国籍的印度人不得不放弃自己的梦想。① 所以，从马来亚印度人国大党诞生之日起，其领导精英们固然还关心着印度的独立事业，但在现实面前也不得不把大量的精力放到了争取在马来亚的相关权益上。同华人一样，马来亚印度人虽然在"马来亚联盟计划"实施之际对其似乎表现得漠不关心，但当马来亚联邦成立后就认识到了后果的严重性，这促使印度人国大党开始积极争取马来亚的公民权。不过，同马华公会一样，成立之初印度人国大党的群众基础并不雄厚，多数马来亚印度人并不将之视为代表自己利益的唯一政治团体，这使得马来亚印度国大党在公民权问题上没有太大的作为。马来亚联邦进入紧急状态后，印度人国大党虽没有被取缔，但也宣布暂停一切活动，直到1951年才重新开始政治活动。②

应该说，这三大声称代表各自族群利益的政党在成立之初并没有多少交集，都专注于自身利益，为了自己的目标从事政治活动。但随着英国人在马来亚实施政治开放，在各级议会选举中，这三大政党终于走到了一起，并形成了政治联盟。三大党之间的合作首先是从巫统和马华公会的合作开始的。1951年英国殖民政府做出政治上的让步，允许槟城和马六甲的市议会进行选举。在这两地试验成功之后，英方又决定于1952年在吉隆坡也举行市议

① 罗圣荣：《马来西亚的印度人及其历史变迁》，中国社会科学出版社，2015，第119页。

② 罗圣荣：《马来西亚的印度人及其历史变迁》，中国社会科学出版社，2015，第125~126页。

会选举。也就是在吉隆坡市议会选举过程中，巫统和马华公会实现了首次合作。按照马来西亚华人学者的记述，巫统和马华公会的合作颇有喜剧色彩。据说，巫统和马华公会的合作只是起因于马华发起人之一的李孝式与拿督翁的意气之争。拿督翁在成立独立党时，没有邀请李孝式参加成立仪式，而李不请自到，受到冷落，故李孝式对拿督翁及其独立党心怀不满。鉴于吉隆坡市议会选举在即，李孝式就联系上了巫统吉隆坡竞选小组的领导人，并给予巫统财力支持，以对抗拿督翁的独立党。① 此次合作使巫统和马华公会获得了吉隆坡市议会12个席位中的9个，而华人占其中6个席位。② 经双方在吉隆坡市议会选举中的成功合作，巫统和马华公会都看到了合作的有利之处，故在以后的选举中两者结成了常态性的政治联盟。巫统之所以和马华公会结成政治联盟，有着现实的因素。首先，就两者的优势来说，实现结盟可以互补长短，各取所需。巫统组织比较正规，人数众多，而马华公会则以城市为据点，经济力量雄厚，双方合作可以将巫统政治优势和马华公会的经济优势结合起来。其次，巫统和马华公会在马来亚联邦成立后都追求马来亚自治和独立的目标，但英国人不肯轻易放弃自己的统治，认为如果马来人、华人和印度人等族群之间的关系不能够实现和谐，那么马来亚就谈不上自治。代表马来人的

---

① 〔马来西亚〕谢诗坚：《马来西亚华人政治思潮演变》，友达企业有限公司，1984，第46页；〔马来西亚〕林水檺等合编《马来西亚华人史新编》第二册，马来西亚中华大会堂总会，1998，第50页。

② 〔马来西亚〕林水檺等合编《马来西亚华人史新编》第二册，马来西亚中华大会堂总会，1998，第50页。

巫统和代表华人的马华公会进行合作，无疑可以展现出族群协调的景象，让英国人失去反对争取自治的理由。① 此外，还应当提及的是，巫统和马华之所以能够走到一起，与他们之间领导人具有大体相同的教育背景，能够相互交流和沟通，并且能适当地做出让步有着很大的关系。

经过 1952 年的吉隆坡市议会选举，1953 年巫统和马华公会正式组成联盟。联盟组成后不久，双方就向英国殖民政府呼吁在1954 年进行联邦立法议会选举，并声称如果要求得不到满足将会号召巫统和马华公会在联邦立法议会中的官方委派的议员辞职。在得不到英国人积极响应后，联盟实施了巫统和马华公会在联邦立法议会的议员辞职的行动，并号召广大民众举行集会抗议。在联盟的压力下，英国政府答应于 1955 年进行联邦立法会议选举。1955 年 2 月 14 日，在马来亚联邦立法议会选举前，马来亚印度人国大党被接纳进了联盟，由此形成了马、华、印三党联盟。三党联盟的形成进一步增强了马、华、印三个族群合作的基础。为了筹备即将到来的联邦立法议会选举，1953 年 6 月 5 日英国殖民政府设立了一个由 46 人组成的大选委员会。1954 年 1 月 31 日，该委员会向殖民政府提交了包含两个方案的报告。第一个方案设定立法议会由 92 名议员构成，其中议长 1 名，官方议员 3 名，指派议员44 名（指派的议员包括 9 个州的行政长官；来自槟榔屿和马六甲殖民地议会的人员 2 名；锡兰人、印欧混血和土著占 3 名；其他议

① Cheah Boon Kheng, "Malaysia: The Making of a Nation," *ISEAS-Yusof Ishak Institute Singapore*, 2002, pp. 4-6.

员在相关利益团体中选出，如橡胶业占 6 名，马来亚联邦商会、中华商会、马来亚联邦矿业工会、全马华人矿业工会、马来亚商业联合会等 5 个单位每个单位选择 2 名，共 10 名；高级专员指派 2 名农业代表；印度人商会选 1 名，高级专员指派马来人商业代表 1 名；剩下的 10 名作为保留指派名额，以备特殊情况），民选议员 44 名。第二个方案设定立法议会由 100 人组成，其中议长 1 名，3 名在职议员，36 名指派议员，60 名民选议员。巫统和马华公会组成的联盟认为应该采取第二个方案，并为此向英国政府提出了要求。4 月 27 日，英国政府对两个方案进行了折中，形成了新的方案，即立法会议由 99 名议员组成，其中议长 1 名，3 名官方议员，43 名指派议员，52 名民选议员。这一方案于 6 月 27 日被联邦立法议会通过，同时，会议决定于 1955 年进行联邦会议选举。[①]

1955 年 7 月 27 日，马来亚联邦立法议会选举正式进行。在选举中，马、华、印三党组成的政党联盟对垒拿督翁领导的国家党。虽然拿督翁有着英国人的支持，但选举结果表明马、华、印联盟是最后的赢家。此次选举马、华、印三党联盟赢得 52 个民选议员名额中的 51 个，只有 1 个席位被另一个马来人政党——泛马伊斯兰党取得，拿督翁的国家党一无所得，遭受惨败。[②] 大选后，以东姑·拉赫曼为首的联盟以多数党的身份组建内阁。联盟大选的胜利及东姑·拉赫曼的组阁，标志着马来亚争取独立的进程进入了一个新的阶段。

---

① 杨建成：《马来西亚华人的困境》，文史哲出版社，1982，第 63~64 页。

② Cheah Boon Kheng, "Malaysia: the Making of a Nation," *ISEAS-Yusof Ishak Institute Singapore*, 2002, pp. 4-6.

二　马来亚联邦宪法与马来亚独立

1955 年 7 月马来亚联邦立法会议选举胜利后，以东姑·拉赫曼为首的联盟组成新的内阁。在就职声明中，拉赫曼提出了 3 年内实现自治、取消英国最高专员的否决权和 4 年内实现独立的目标。同年 8 月，在同英国殖民大臣会晤期间，拉赫曼提出了马来亚 4 年内实现独立的要求，并阐明了自己关于马来亚实现独立的计划。1956 年 1 月，英国政府、马来亚各邦苏丹会议和拉赫曼政府在伦敦签订协议，协议中英国承诺尽早让马来亚在英帝国内部取得自治和独立的地位。为此，英国政府在同年 3 月宣布成立以李特为首的马来亚宪法调查团，以帮助马来亚起草独立宪法。同时，英国政府还为李特调查团制定了相应的指导原则。① 很明显，这是英国人在马来亚独立前施加自身影响力的最后努力。

按照英国政府的指示，李特调查团从 6 月到 11 月在马来亚驻留了近 5 个月的时间，总共收到马来亚各类团体和个人备忘录 3131 份，召开了 180 次会议，并最终拟就了马来亚宪法草案。1957 年 2 月 21 日，这一草案正式对外公布。此宪法草案对各族群比较重视的且容易影响族群关系的公民权、马来人特权、语

---

① 英国政府的指导原则大体如下：(1) 保证国会民主制；(2) 统一的中央政府；(3) 保证苏丹们的地位；(4) 反对双重国籍；(5) 在维护其他族群的权益的同时保障马来人的特权。该指导原则根据杨建成《马来西亚华人的困境》，文史哲出版社，1982，第 66 页归纳而成。这些原则清楚地表明了在新宪法的制定方面英国人更加重视马来人的权益，以维护马来人的特权为己任。

文、教育、宗教等问题都提出了自己的建议（见表3-1）。

表3-1　李特调查团相关建议内容一览

项目	具体建议
公民权	（1）独立日当天或者其以后在马来亚联邦出生的自然成为公民；（2）独立日以前在马来亚联邦出生的，如果在申请为公民的前7年中有5年住在马来亚，并略懂马来语就可以登记为公民，如果在独立后1年内提出申请，可以免除语言考试；（3）在独立日前居住在马来亚联邦的，如果在申请成为公民之前的12年中有8年住在马来亚，并略懂马来语则可以登记为公民，如果是45岁以上，并且在独立后1年内提出申请，可以免除语言考试；（4）申请前12年都住在马来亚联邦的，按照归化的普通条件，可以归化为公民；（5）在英联邦内，允许双重国籍存在，但公民效忠的对象应该是居住之国
马来人特权	马来人在"保留地"、政府职位的"固打制"、若干商业之准证或者执照，以及奖学金等方面的优先权继续实行15年，在此期间以上的优先权内容不得增加，15年后由国会讨论是否继续实行
语文	（1）马来语被规定为马来亚联邦国语；（2）未来10年内英语继续作为联邦官方语文，10年后是否依旧使用英文，由国会决定；（3）废除对议员候选人语言资格的审查，在未来10年内不懂英语或者马来语的可以用其母语致辞，但议会主席必须通晓这一语言
教育	政府对拨给公民的教育津贴不应该有歧视，凡是公民，不管族群、宗教、出身或出生地如何，都不应该被拒绝就读于政府维持的任何一所教育机构
宗教	调查团成员中除一人认为应该将伊斯兰教定为国教外，其他人都认为没有这个必要

资料来源：杨建成著《马来西亚华人的困境》，文史哲出版社，1982，第66~67页；崔贵强著《新马华人国家认同的转向1945—1959》，厦门大学出版社，1989，第338~339页。

对于以上问题的具体建议，草案公布后马来亚的马来人、华人等各个族群反应不一，就是各族群内部反应也不一致。其中，马来人对这些问题的建议的反对声最高。拿督翁直接将之视为出卖马来人利益。以拿督翁为首的一部分马来人强调，马来亚是马来人的国家，马来人必须享有特权，反对双重国籍，伊斯兰教定为国教，马来语为官方语言。各邦的苏丹们认为马来人的特权不应该有时间限制，伊斯兰教可以设为国家宗教，但不应设立全国的教长或者全国性的宗教事务部（这是因为苏丹们害怕此举会影响自己的权力），应设立共同的国籍（但英国籍及英国殖民地的公民可保持本身之国籍，这一条很明显是为了讨好英国人）。而巫统则认为不能采取双重国籍，可以将伊斯兰教设为国教，官方语文应当是马来语，英语在 10 年内可以作为官方用语，马来人的特权没有时间限制，并且该规定适用于槟榔屿和马六甲的马来人。① 总体上，马来人在主张自己的特权不应该有时间限制、马来语是国语、马来文是官方语文、伊斯兰教定为国教等方面的认识是一致的。正是各类马来人团体能够达成相应的共识，所以马来人才能通过马来亚联邦政府向英国人申诉，而最终宪法更多地顺应马来人的要求也就不奇怪了。

与马来人的反对相比，华人对于草案反应不一。作为联盟成员的马华公会对草案是满意的。因为，自马华公会成立以来，推动华人争取公民权就是其目标之一。在马华公会看来，只有获得公民权，才能有选举权，进而才能够通过选举自己的代理人来维护华人利益。草案中的获得公民权的条件大为放宽，自然有利于华人取得公民权，所以马华公会对之是满意的。至于语文问题、马来人特权问题以及国籍和宗教问题，由于马华公会秉承"国家

①　杨建成：《马来西亚华人的困境》，文史哲出版社，1982，第 69~70 页。

第一、政党第二、华人第三"的原则①，重视与巫统的联盟，在精英们的利益得到保障的情况下，这些都是可以忍受的。与马华公会不同，华人社会的其他团体和力量，如当时的教育团体"教总"（马来亚华校教师会总会的简称，成立于1951年）和"董总"（马来亚华校董事会联合会总会的简称，成立于1954年），则有不同的意见。在递交给李特调查团的备忘录中，这些华人社团提出了四点要求：①马来亚出生的男女自然成为公民；②迁入马来亚且住满5年的，可以申请成为公民，并免除语言考试；③马来亚的公民权利与义务均等；④将马来文、华文和印度文都列为官方语文。② 由于这些建议并没有被采纳，马华公会以外的华人团体对该草案有所不满也就很自然了。③ 至于印度人，包括自认为是印度人利益代表的印度人国大党，由于人少言轻，其态度得不到重视也就是必然的了。印度人国大党与马华公会一样，致力于维持与巫统的联盟，自然不愿意开罪马来人，故此草案对他们来说也是可以容忍和接受的。

草案公布后不久，拉赫曼就起身前往伦敦与英国政府就宪法草案内容进行交涉，双方最终谈判完毕。英国政府于1957年6月

---

① 崔贵强：《新马华人国家认同的转向 1945—1959》，厦门大学出版社，1989，第339页。

② 崔贵强：《新马华人国家认同的转向 1945—1959》，厦门大学出版社，1989，第336页；〔马来西亚〕林水檺等合编《马来西亚华人史新编》第二册，马来西亚中华大会堂总会，1998，第50页。

③ 崔贵强：《新马华人国家认同的转向 1945—1959》，厦门大学出版社，1989，第338页。

3 日公布了新宪法。就上面提及的几个方面的问题，新宪法除了在公民权问题上基本保持了李特调查报告中的建议外，对于马来人的特权问题则由 15 年的期限改为没有期限，即变成了永久性的特权，在语文问题上也把马来文变为唯一官方语文，伊斯兰教变成了国教。总之，新的宪法虽然洋洋洒洒，篇幅不小，内容详尽，但实质上却是一部维护马来人特权的宪法，它确立了马来人支配地位的根基。一个标榜民主与平等的社会和国家，却以宪法的形式确保了这种事实上的不平等，这给日后马来亚（马来西亚）民族国家建构埋下了隐患。新宪法公布后，按照事前的协商，1957 年 8 月 31 日，马来亚正式宣布独立，一个新的国家诞生了。

第三节　马来亚（马来西亚）民族国家的初步建构

国家的独立和领土范围的确定是任何一个民族国家建立的最为基本的条件。从 1957 年马来亚独立，到 1963 年马来亚、新加坡、沙捞越和沙巴组成马来西亚，再到新加坡脱离马来西亚自立门户，当今的马来西亚疆域才正式形成，从而铸就了马来亚（马来西亚）民族国家建构的舞台。建立一个国家不容易，建设一个国家也不容易，建构一个民族国家更加不容易。从 1957 年 8 月 31 日马来亚宣布独立到 1969 年 "五一三事件" 发生，这是马来亚（马来西亚）民族国家建构的初始阶段。早在独立之前，巫统就对独立后的民族国家建构有着自己的设想。就巫统来说，马来亚是马来人的国家，非马来人之所以能够被允许成为马来亚的公民，是因为马来人的慷慨，以及以此作为承认马来人特权的交换条件，也就是后来马来人经常提及的"契约"①。因此，在马来人心目中，马来亚民族国家建构归根结底就是建立一个马来人占支配地位的国家。在这个国家里，马来人的语文和语言将是唯一的官方语文和语言，其他族群的语文和语言将通过教育的"马来化"逐渐消亡。马来人民族国家建构的结局将是"一个国家、一种文化和一个民族"。相较于巫统的理念，华族和印度族则主张在承认多族群和多元文化的前提下，在既不否认各族群的特性，又寻求各族群间的共性基础上创建"一个政府、一个国家和一个民族"。这两种不同的关于民族国家建构的理念从一开始就发生了碰撞，并直接转化为政治、文教等方面的博弈。不过，在东姑·拉赫曼执政期间（1951~1969 年），由于其在保障马来人特权的前提下，能够采取较为温和的国家整合方式，民族国家建构进程缓慢向前推进。被认为是非马来人的华人和印度人对马来亚（马来西亚）国家的认同已经深深地扎根，他们也逐步适应了在族群政治的游戏规则下争取和维护自身权益。只是，一个"马来西亚人的马来西亚"最终还是不能够被巫统及其领导的马来人接受。而族群政治的博弈也最终引发了"五一三事件"。

---

① 关于马来人提及的所谓"社会契约"分析可见 Cheah Boon Kheng, "Malaysia: The Making of a Nation," *ISEAS-Yusof Ishak Institute Singapore*, 2002, pp. 7-9；诺拉妮·奥托曼、玛维斯·普都哲里、克勒夫·西斯勒《一个马来西亚，两种社会契约?》，李永杰译，策略资讯研究中心，2010，第 7~26 页。

一　从"马来亚"到"马来西亚"

第二次世界大战后，从"马来亚联盟"到英国统治下的"马来亚联邦"再到独立的马来亚联邦，英国都没有将新加坡放入其中，而后来马来西亚的沙捞越和沙巴州在当时也都由英国人继续控制。马来亚独立后，拉赫曼政府开始计划将新加坡、文莱、沙捞越和沙巴（合并前被称为北婆罗洲）与马来亚合并，统一为马来西亚。从 1961 年拉赫曼初次提及要与以上四地联合，到 1963 年马来亚、新加坡、沙捞越和北婆罗洲合并组成马来西亚联邦，再到 1965 年新加坡被逐出马来西亚联邦，现在的马来西亚版图最终得以确立。

早在 1948 年马来亚联邦成立的时候，英国人出于自身战略考虑不希望新加坡并入马来亚，而以巫统为首的马来人出于族群人口结构的考虑也不希望新加坡归并到马来亚。当时，希望新加坡归并到马来亚的反而是一批华族商人，他们这样做多半出于商业利益的考虑。而对于马来人来说，1948 年，马来亚的马来人相较于华族和印度族在人口总数上并没有绝对优势，如果华族人数占多数的新加坡也并入到马来亚，那么马来人将会处于少数族群的地位，这是声称马来亚是马来人的马来亚的马来人所不能容忍的。然而，到了 1961 年 5 月 27 日，拉赫曼却称，马来亚虽然现在独立了，但不可能独自和孤立地存在，迟早它将和英国人以及新加坡、文莱、沙捞越和北婆罗洲的人民取得理解。这些地区的领导人应顺着人民的意愿向前看，采取一定的步骤让马来亚、新加坡、沙捞越、文莱和北婆罗洲在政治和经济上联合起来。[①] 这是拉赫曼首次提出关于马来亚与新加坡、文莱、沙捞越和北婆罗洲联合的问题。此时，拉赫曼强调马来亚与新加坡等地的联合，自是当时客观环境发展的产物。战后，在英国的占领下，新加坡于1958年开始实行自治，并在不久的将来也将迈向独立。而此时新加坡的政治发展形势却让巫统领导人感到担忧。在巫统领导人看来，长期以来新加坡的政治都被左派或者跟马来亚共产党有关系的团体所左右。新加坡万一走向独立，很可能成为这些在英国人的打击下势力已经大衰的势力的新基地，这会使得他们有可能死灰复燃，进而对马来亚构成新的威胁。为防止这一局面的出现，拉赫曼认为最好的方法是抢先动手，与新加坡合并，控制新加坡的激进势力。同时，鉴于新加坡的通商口岸的地位，与之联合拉赫曼也有着经济利益上的考虑。[②] 至于巫统中的一些人依然担心的族群人口结构的问题，拉赫曼的解决之道就是同时将文莱、沙捞越和北婆罗洲与马来亚联合起来，用当地土著人口的增加来抵消华人人口的增加。

对于马来亚的建议，英国人表示赞同，并于1961年11月23日与马来亚政府发表联合声明，宣称马来西亚联邦的提议是可行的。为此，英国人决定成立一个委员会来研究沙捞越和北婆罗洲人民的意愿。而对联合最为积极的莫过于在当时执政新加坡的李光耀。李

---

① James P. Ongkill, "National Intergration in Malaysia," *Southeast Asian Affairs*, 1974, pp. 162-174.

② 〔美〕芭芭拉·沃森·安达娅、〔美〕伦纳德·安达娅：《马来西亚史》，黄秋迪译，中国大百科全书出版社，2010，第336~337页。

光耀主动帮助拉赫曼联络沙捞越和北婆罗洲的一些领导人，以便共同协商联合。1961 年 8 月，李光耀与拉赫曼草拟了合并的协议。协议规定新加坡的自由港地位得以维持，新加坡保有在教育和劳工方面的特别自治权，允许其将国民收入的相当一部分用于教育和劳工方面。同时，新加坡则同意其在联邦议院的代表席位仅限于15 个名额。这一具有妥协性的协议为新、马合并扫清了道路。①1962 年 8 月，在英国政府的推动下，马来亚、沙捞越和北婆罗洲的代表一起用 4 个月的时间制定了合并后的宪法保证条款。其中规定：①伊斯兰教不适宜作为沙捞越和北婆罗洲的国教。沙捞越和北婆罗洲不反对伊斯兰教为马来西亚的国教，但两地没有国教。马来亚现行宪法条款中关于伊斯兰教的条款不适用于沙捞越和北婆罗洲；②沙捞越和北婆罗洲的州政府有移民控制权，其管辖范围包括马来西亚其他各州进入两地的公民；③英国官员可以暂时留任，但应当尽快培养当地人接任；④没有经过沙捞越和北婆罗洲的允许，联邦政府不能对保障条款进行修改；⑤沙捞越和北婆罗洲无权脱离联邦；⑥沙捞越和北婆罗洲的"土著"和马来亚的"土著"一样享有特权；⑦在财政上，沙捞越和北婆罗洲有相当的自主权，并且联邦会做出财政安排，对两地的经济发展予以财政支持。② 这

---

① 〔美〕芭芭拉·沃森·安达娅、〔美〕伦纳德·安达娅：《马来西亚史》，黄秋迪译，中国大百科全书出版社，2010，第 337 页。

② 〔马来西亚〕林水檺等合编《马来西亚华人史新编》第二册，马来西亚中华大会堂总会，1998，第 131 页；〔美〕芭芭拉·沃森·安达娅、〔美〕伦纳德·安达娅：《马来西亚史》，黄秋迪译，中国大百科全书出版社，2010，第 338 页。

些被视为沙捞越和北婆罗洲同意合并的基础。至于文莱，其苏丹一直对与马来亚合并持谨慎态度，最终因为害怕与他人分享文莱丰厚的石油利益而拒绝加入联邦。这样，从拉赫曼提出建议，马来亚、新加坡、沙捞越和北婆罗洲用了两年的时间谈妥了条件，并于1963年9月16日正式建立马来西亚联邦。

马来西亚联邦成立后，维护联邦的统一就成了重要的任务。不过，1965年新加坡的退出说明完成这一任务是如何的不易。本来，新加坡是积极倡议与马来亚联合的，马来亚也觉得与之联合符合自己的政治和经济利益。但是，马来西亚联邦成立后双方的执政党——人民行动党和联盟，特别是与巫统之间的政治冲突却最终导致了新、马的分家。[①] 而新、马政治冲突则是由两者的执政党对民族国家建构的不同思路引发的。在新加坡，华人占多数，人民行动党在新、马合并后大有取代马华公会成为华人代表的趋势。对于马来亚联邦宪法中规定的马来人特权，人民行动党是不支持的。李光耀甚至提出了"马来西亚人的马来西亚"的主张，以获取更多民众的支持。李光耀的主张无疑对马来人的特权构成了挑战，而这是以代表马来人利益自重的巫统难以容忍的。在巫统看来，这无异于挑战马来人的特权，鼓动马来人和非马来人之间的冲突和对抗。而1963年和1964年新加坡发生的族群冲突事件更让巫统领导人觉得任由事态发展下去，必将造成马来西亚联邦的族群冲突，甚或导致社会的分裂。因此，拉赫曼政府决

---

① 新、马分家自然是由多重的因素导致的，但其中最重要的应该是两者间的政治冲突，具体的详细论述可见庞卫东《新加坡与马来西亚分离原因探析》，《史学月刊》2012年第9期。

定让新加坡退出马来西亚联邦。1965 年 8 月 9 日，新、马正式分家。新、马分家后，对于沙捞越和沙巴，马来西亚联邦政府通过各种措施加强了对两州的控制，并替换了两州自主倾向很强的领导人，以维护联邦的统一。

总体上，从 1963 年到 1965 年，马来西亚联邦虽经历了新加坡的加入与退出，但在面对印度尼西亚和菲律宾的外部压力时，保住了沙捞越和沙巴，从而确保了今日之马来西亚联邦的疆域。同时，在同印度尼西亚和菲律宾的对抗期间，不论是马来亚还是沙捞越，乃至沙巴的马来西亚国家认同得到了提升。

二 拉赫曼政府民族国家建构的努力

按照学者杨建成的说法，拉赫曼作为一位温和派的首相，秉承了马来亚独立期间族群和衷共济的精神。其施政纲领就是马来人掌握政权，华人继续建立商业信心，印度人则加强在劳工界的力量，从而使得马来亚（马来西亚）迈向和平繁荣的康庄大道，政府则可以用充足的财政收入促进乡村的发展。[1] 不过，作为巫统的领导人，马来人的代表，掌权之后的拉赫曼为了获取马来人的支持，很难不最大限度地满足马来人的要求，并以之作为执政的指向标。早在 1955 年马来亚联邦立法议会选举成功后，拉赫曼在组阁时就表明今后将着力于以下几项工作：①维系与英国的友好谅解关系；②以大赦马共的方式结束内乱；③改善马来人的生

---

① 杨建成：《马来西亚华人的困境》，文史哲出版社，1982，第 118 页。

活；④重新厘定教育制度；⑤加速促成公务员的马来亚化。① 马来亚独立以后，拉赫曼虽然注重通过维系巫统与马华公会和印度人国大党之间的联盟，塑造一种族群和谐的景象，但也没有放松按照马来人的观念建构马来亚（马来西亚）国家的努力。

政治上，巩固马、华、印三党政治联盟，并强化巫统的主导地位，保证巫统牢牢掌握政权。马来亚独立之前，巫统、马华公会和马来亚印度人国大党在结盟和合作过程中无疑都有所让步，但让步的幅度却不一样。以巫统和马华公会的关系为例，在1955年马来亚联邦立法议会选举前，华人社团（最重要的是"教总"和"董总"）坚持将华文和泰米尔文列为官方语文。但在马华公会的撮合下，"教总"领导人林连玉为了大选同意暂时搁置语文问题，而巫统所做的让步则仅是稍稍放宽了公民权的资格。应该说，自巫统和马华公会结盟以来，两者就没有真正平等过，而马华公会更是甘做巫统的附庸。马来亚的独立宪法规定马来亚联邦独立后的第一届大选应该在1959年举行，而此届大选更加证明了巫统在三党联盟中的主导地位。1958年，年轻的林苍佑击败了陈祯录，当选马华公会的总会长。不同于陈祯录对巫统多持追随的态度，林苍佑一上台就表现出了另立新章的态势。面对即将到来的大选，林苍佑通过私信的方式要求在联盟的竞选宣言中要明确宣布对联邦实施的教育政策进行全面检讨（华人此时对联邦教育的马来化极为愤慨），并要求在联盟选举中华人应分40个候选人

---

① 杨建成：《马来西亚华人的困境》，文史哲出版社，1982，第65页。

名额。① 然而，对于林苍佑的要求，拉赫曼公然表示将不惜排除林苍佑领导的一部分马华公会成员来参加竞选，并全权决定联盟三党的候选人名额。面对拉赫曼和巫统的强势，又由于马华公会内部林苍佑与陈修信之间的党争，林苍佑最终不得不做出让步，而马华公会最终在选举中只得到了 32 个候选人名额。对此，"教总"主席林连玉曾经感叹马华公会和作为会长的林苍佑不仅对联盟的政纲说不上一句话，就是对代表华人的候选人名额也没有插手的权力，真是可怜至极。② 马华公会尚且如此，马来亚印度人国大党就更不用说了。这足以说明从独立后的第一届大选开始，巫统就已经牢牢地掌控了联盟。此后，巫统还通过推动宪法修正案、重新划分选区等方法，降低华人选票的重要性。由此马华公会地位一再下降，甚至有时候马华公会成员要想在选举中获胜，还得依靠巫统选民的支持。

文教方面，推行教育的马来化，力图通过教育一体化来实现用马来文化、马来语同化其他族群，以形成一个新的马来亚（马来西亚）民族。第二次世界大战后，马来亚独立前英国在其统治时期就强调应当建立统一的教育制度。在英国人看来，这是为了培养公民统一的马来亚意识，塑造他们的效忠和认同。在这一点上，最早的例子就是 1951 年出台的《巴恩报告书》。报告书认为小学教育的目标是建立一个新的以多元族群为基础的共同的国家

---

① 杨建成：《马来西亚华人的困境》，文史哲出版社，1982，第 195 页。
② 〔马来西亚〕何国忠：《马来西亚华人：身份认同、文化与族群政治》，华社研究中心，2002，第 69 页。

体制，故应废除各语文源流学校，建立以英文和马来文为教学媒介的国民型学校。① 这一报告书的主旨被写进了1952年的马来亚联邦教育法令。该法令规定开办国民型学校，并以英语或者马来语为教学媒介。同时，在国民型学校里，华文或者泰米尔文只能作为课程中的一科，并且只有当至少15名同一年级的学生家长提出申请时才能开设。② 1955年马来亚联邦立法议会选举之后，联盟政府成立了以教育部长为首的委员会以检讨1952年教育法令。委员会在检讨后发布了《拉萨报告书》。报告书建议将联邦的小学分为以马来语为教学媒介的国民小学和以英文、华文和泰米尔文为教学媒介的国民型小学两种。③ 报告书同时指出马来亚联邦的教育目的在于建立一个以马来语为主要教学媒介的全国性的教育制度。④ 以该报告书为基础，马来亚联邦于1957年通过了相应的教育法令。1957年的教育法令明确规定教育的目的在于制定一种人民能普遍接受的国家制度，日后政府举办的公共考试只能用马来文或者英文。⑤ 1959年，马来亚联邦发布了《达立报告书》，

---

① 〔马来西亚〕柯嘉逊：《马来西亚华教奋斗史》，华社资料研究中心，1991，第52页。

② 曹淑瑶：《国家建构与民族认同：马来西亚华文大专院校之探讨（1965—2005）》，厦门大学出版社，2010，第23页。

③ 〔马来西亚〕林水檺等合编《马来西亚华人史新编》第二册，马来西亚中华大会堂总会，1998，第256~257页。

④ 曹淑瑶：《国家建构与民族认同：马来西亚华文大专院校之探讨（1965—2005）》，厦门大学出版社，2010，第27页。

⑤ 曹淑瑶：《国家建构与民族认同：马来西亚华文大专院校之探讨（1965—2005）》，厦门大学出版社，2010，第27~28页。

几乎重申了 1956 年的《拉萨报告书》的内容。同年，根据《达立报告书》制定的教育法令规定，联邦的小学分为以马来语为媒介的国民小学和以英语、华语和泰米尔语为媒介的国民型小学，这两类学校都可以享受政府补贴，但教育部长有权力在认为时机成熟之际，将国民型小学改为国民小学。以马来语为媒介的国民中学和以英语为媒介的国民型中学享受政府津贴，而以华语或者泰米尔语为媒介的中学则成为独立中学，不享受国家津贴。在这一政策下，华文中学备受打击，1961 年 70 所华文中学中有 54 所不得不改制，而仅有 16 所成为独立中学。① 到 1969 年"五一三事件"前，通过一系列的教育法令，拉赫曼政府力图推进教育制度改革，并意图通过教育来实现族群同化。只不过，拉赫曼政府在教育领域的同化政策的成效并不大，并且引起了非马来人，特别是小学和中学体系完备的华人的强烈反对。当联盟内部的马华公会不能在教育问题上代表华人要求，并积极推动华文中学改制的时候，马华公会在华人中的威信开始呈下降态势，而新兴的以华人为主体的民主行动党和民政党则成了大选过程中华人选民投票支持的对象，也算是华人选民对马华公会不作为的惩罚。

在经济方面，拉赫曼政府基本采取的还是自由放任的经济政策。拉赫曼政府并没有像"五一三事件"后的拉扎克政府那样通过经济杠杆来实现国家和民族的整合。在自由放任的经济政策下，华人依然在经济发展中扮演着重要的角色，而多数马来人则

---

① 〔马来西亚〕林水檺等合编《马来西亚华人史新编》第二册，马来西亚中华大会堂总会，1998，第 266 页。

依然从事着传统的职业。这一看似不作为的经济政策引起了马来人的不满。拥有宪法规定的特权的马来人原本期望在马来亚独立后也能够改善经济地位，赶超华人，至少也能够与之平起平坐，而事实是马来人在经济上依然被远远地抛在后面。因此，马来人本来就对华人抱有的忧惧开始慢慢凝聚，直到1969年大选将其引爆。

小　结

第二次世界大战后，经历了20年的时间，现今马来西亚的疆域、政治制度、国家体制等得以确立，从而开启了马来亚（马来西亚）民族国家建构的历程。二战结束后，英国殖民者就给日后的马来西亚民族国家建构留下了丰厚的遗产。其中，最为重要的是按照自己的模式，英国人为马来西亚创设了立宪民主制的政治体制和一部维护这一体制的宪法。作为一个战后新兴的多族群构成的国家，马来亚（马来西亚）将这些语言、文化、宗教和习俗完全不同的族群整合为一个民族，并在一个国家和一个政府下形成共同的国家认同，这无疑将是一个漫长的历史过程。而对于这样一个通过宪法规定其中一个族群拥有必然特权的多族群国家来说，这一过程必将更加艰难。事实也确实如此，从马来亚独立到1969年"五一三事件"发生，作为独立之父的拉赫曼执政12年（如果从1955年算起应该是15年）之久，而在这期间虽然拉赫曼政府采取了较为温和的同化方式进行民族整合，但收效甚微。在拉赫曼执政期间，虽然华族和印度族在战后已经实现了国家认同的转变，将马来西亚看作是自己的祖国，但在以宪法的形式规定马来人特权的现实面前，由于政治、经济、文化和教育等方面利益的碰撞，马来西亚各族群之间不是弱化了族群意识和族群认同，而是强化了这一意识和认同。族群认同的强化进而推动族群政治的发展。虽然拉赫曼政府能够使巫统在马华公会、马来亚印度人国大党和巫统组成的三党联盟中居于主导地位，让马华公会和马来亚印度人国大党甘做附庸，但在奉行民主制度、多党体制的现实面前，马华公会和马来亚印度人国大党并不能保证自己在同族群内的其他政党竞争时存在优势。以华人为主体的民政党和民主行动党就是很好的例子。进而，在马来西亚政党体制中形成了以巫统为首的执政党和反对党两个阵营，这为各族群民众通过合法的途径表达不满，争取权益提供了条件。不过，拉赫曼执政期间的族群关系却在族群政治的运作中日渐恶化，最终演变成了"五一三事件"。

第四章
马来族优势的强化与马来西亚民族国家建构

马来西亚民族国家建构始于 1957 年马来亚的独立。拉赫曼执政的 15 年是马来西亚民族国家建构的起步阶段。在这一阶段，虽然马来西亚民族国家建构在拉赫曼政府维系三大族群对国家认同的过程中有所收获，但在巫统政府同化政策下的民族建构不仅未见成效，反而酝酿着族群间的激烈冲突。巫统政府在独立后采取的文教同化政策引发了其他族群的不满和抗争，而对这些不满和抗争虽然巫统政府也做出了些许的调整和让步，但总体方向没有改变，这直接诱发了以华族为主要抗争者的不满。独立以后，以华族为首的非马来人对于国家的认同是没有问题的①，但让他们不满的是以巫统为首的政府采取的文化和教育政策。文化被认为是维系族群身份的纽带，教育则是文化传承的媒介，所以建国后华族不断要求除了马来文外，华文和泰米尔文也应该被列为官方语文。在华人等族群看来，马来语作为官方语言的地位可以维

---

① 〔马来西亚〕何国忠：《马来西亚华人：身份认同、文化与族群政治》，华社研究中心，2002，第 89 页。

持，但其他族群也可以保留和使用除马来语之外的其他语言。同时，针对巫统领导的政府力图以马来文化整合一个马来人在人口规模上并不占优势的，且文化、语言、宗教和风俗习惯等迥异的，由三大族群构成的多元社会的做法，其他族群也十分不满。在马来人看来，独立后的马来亚应该是一个以马来文化为主导，其他文化向马来文化归化的国家，并最终实现一种文化、一个民族、一种认同。按照这一模式，自然就产生了巫统主导的政府力图通过文教政策同化其他族群的行动。而就非马来人看来，要实现多族群国家的整合，多族群之间的和谐共处，并形成一种共同的文化，不一定要消灭其他族群的文化或者语言。在一个多元社会里，各族群应该尊重各自的文化和语言，在此基础上相互尊重，经过一段时间的磨合，最终也能实现"一个民族、一个国家"。很明显，在马来亚（马来西亚）独立后，随着巫统领导的政府推行同化政策，这两种理念产生了碰撞。这两种理念的碰撞又随着族群政治的运作逐步被渲染，进而导致马来西亚族群关系恶化，最终导致了"五一三事件"的发生。"五一三事件"是马来西亚民族国家建构的一个重要分水岭。"五一三事件"后，巫统领导的政府对事件发生的原因做了倾向马来人立场的解读，认为是马来人与其他族群特别是和华族经济关系不平等所致，进而以此事件为契机通过实施一系列的政治、经济、文化和教育等政策，强化了马来人的优势，使得马来人经过20年"新经济政策"的实施，不仅在政治上强化了优势，而且经济上也占尽优势。到1990年马哈蒂尔宣布"新经济政策"结束的时候，马来西亚实实在在地变成了一个马来人占优势的国家。

第一节 "五一三事件"及其影响

"五一三事件"虽不是马来西亚族群关系史上唯一的一次冲突，但却是一次最为严重的冲突。有国内学者在其著述中指出，1964~1969 年马来西亚发生过多起族群冲突事件，只是规模比较小而已。如 1964 年 7 月和 9 月的新加坡、1965 年初的吉隆坡、1967 年 11 月及 1969 年 4 月的槟城，都曾经发生过小型的族群冲突事件。[①] 这些事件都影响有限，很快被平息下去。然而，"五一三事件"却以强度更大、破坏力更强、影响更深远的姿态呈现在世人面前，使得对马来西亚族群关系感觉良好的人士很是惊讶。"五一三事件"是马来西亚民族国家建构历史的转折点，它使得拉赫曼时代多少带有协调色彩的建构方式趋于瓦解，也开启了"新经济政策"时代强化马来人优势，急速以马来人理念推进民族国家建构的大门。

一 "五一三事件"的背景

马来亚（马来西亚）独立以来，对于建构什么样的民族国家和如何建构，以拉赫曼为首的巫统是有自己的规划的。拉赫曼政府也在一定程度上将自己的规划付诸实施，并取得了一定成果。然而，在既定的经济、政治和社会结构下，拉赫曼政府所采取的

---

① 孙振玉：《马来西亚的马来人与华人及其关系研究》，甘肃民族出版社，2008，第 143 页。

一系列政策，虽然以族群间关系的稳定为目标，但在一个多族群构成的国家中，由于利益和诉求的多元化，众口难调，难免留下各种矛盾和隐患。随着时间的推移，以族群关系融洽、政党联盟政治地位稳固而自慰的拉赫曼政府，会突然发现不论是马来人，还是华人和印度人，都对政府有着很大的不满。而以巫统为首的执政联盟在经历了 1959 年和 1964 年两次大选后，在应对 1969 年大选时，未能及时觉察族群关系平和背后的不稳定因素，与反对党一样，不时利用族群关系话题拉选票，从而进一步强化了本来就已经暗流涌动的不满情绪。"五一三事件"就是一场在这一大背景下，由 1969 年马来西亚大选及其结果直接诱发的悲剧。

（一）"五一三事件"发生的经济诱因

英国在其殖民统治时期，按照分而治之的原则，在经济领域基本上将马来人、华人和印度人分割到不同的经济圈子里，从而使他们形成了相对独立的经济结构和就业范围。马来亚（马来西亚）独立前，马来人多数生活在农村，从事传统的农业，而华人则多居于城市，从事商业、制造业、采矿业等，印度族则多在种植园从事种植工作。这一相对独立的就业范围自然也影响到了三大族群的收入水平。总体上，马来人中居于贫困境况的人口多于华人和印度人。

建国以后，拉赫曼政府也认识到了上述问题，因此将经济增长和消除族群间经济差距作为自己的目标。然而，由于建国之初缺乏管理国家经济的人才，以及族群上层间的妥协，巫统政府在经济上不得不用有着经济管理经验的华人，也就是因为这样马华公会的陈修信才能够长时间担任财政部部长。同样基于以上原因，拉赫曼政府在经济上基本上执行的是英国殖民统治时期遗留下来的自由主义政策，注重市场的作用，国家控制的成分不是很大。当然，这并不是说拉赫曼政府没有为了促进马来人的经济发展采取必要的措施。拉赫曼时期，政府一直对马来人占多数的农村的发展比较关注。1956~1960年马来亚第一个五年计划期间，拉赫曼政府就注重发展农业和进行基础设施建设。其中，政府公共开支的一半用在了交通、通信和公共设施等基础设施建设上。1956年拉赫曼政府专门建立了联邦土地开发局，以负责土地的开发和农村马来人的安置工作。由政府开发的土地用于马来人种植橡胶等作物，以提高农民的收入和生活水平。1961~1965年马来亚第二个五年计划期间，拉赫曼政府继续加大了对农村发展的投入，投入金额比第一个五年计划增长了一倍，约占当时总支出的18%。其中，约有半数资金用在了土地开发和橡胶等的种植上，还有约25%的资金用在了建立农村合作社、给农民贷款，以及其他项目上。① 到1966~1970年马来西亚第一个五年计划期间，拉赫曼政府将马来亚两个计划中的以加强农村基础设施建设、土地开发和推进农村现代化为中心的农村工作转变为从社会经济和福利等方面向农村提供援助，其重点在于改善乡村马来人的生活和收入水平，增加马来人的就业机会。

除了农业外，在工商业方面拉赫曼政府也采取了一系列对马

① 林勇：《马来西亚华人与马来人经济地位变化比较研究（1957—2005）》，厦门大学出版社，2008，第85页。

来人的扶植和保护措施。就保护政策而言，拉赫曼政府主要基于
宪法规定的马来人特权，在商业执照的领取、就业等方面给予马
来人关照。如为了应对马来人对华人在农村运输业中的优势地位
的抱怨，立法会议通过了1958年的公路交通法，其中明确规定优
先向马来人发放新的运输执照，直到马来人在该行业所占的比重
与非马来人的比重一致。据此，1958~1961年，拉赫曼政府将
52%的出租汽车新执照发给了马来人。①

　　应该说，拉赫曼政府时期，马来人在城镇化和就业等方面是
有了一定的发展和进步的。

表4-1　1931~1970年西马来西亚三大族群城镇化比例

单位：%

	1931 年	1947 年	1957 年	1970 年
马来人	8.6	11.3	19.3	27.4
华人	38.8	43.1	73.0	58.7
印度人	25.9	33.8	41.1	12.8

　　资料来源：R. K. Vasil, *Ethnic Politics in Malaysia* (New Delhi: Radiant Publishers, 1980), p. 6. *Med-Term Review of the Second Malaysia Plan*, 1971-1975 (Kuala Lumpur: Government Printer, 1974), p. 25.

　　英国殖民统治时期，多数马来人居住在乡村。从表4-1我们
可以看出，建国后马来半岛的马来人的城镇化水平日渐提高，城
镇化率由建国时候的19.3%增加到了1970年的27.4%。

---

　　① 林马辉、方微：《马来人资本发展中的矛盾：国家、积累和公正性》，《南
　　　洋资料译丛》1986年第1期，第58~72页。

表 4-2 1957~1967 年三大族群就业人口增长情况

单位：万人

行业	马来人	华人	印度人	总计
专业技术人员	3.4	2.6	1.1	7.1
经营管理人员	0.6	1.5	0.1	2.2
办公室文员	1.7	3.2	0.5	5.4
销售人员	3.4	5.4	-7	8.1
农业	10.6	1.2	-5	11.3
矿业	0.4	1.7	0.2	2.3
交通运输业	1.4	1.7	0.2	3.3
手工艺	9.6	7.5	0.5	17.6
服务业	2.2	3.2	0.6	6.0
总计	33.3	28.0	20	63.3

资料来源：Donald R. Snodgrass, *Inequality and Economic Development in Malaysia: A Study Sponsored by the Harvard Institute for International Development* (Kuala Lumpur: Oxford University Press, 1980), p. 24.

从表 4-2 我们可以看出，就 10 年间马来人就业增长情况来看，马来人的就业人口数量虽然除专业技术人员、手工艺和农业从业人员外增幅都低于华人，但毕竟有了相当的增长。马来人的就业人数除了继续在公务人员等领域保持优势外，在其他行业如专业技术人员也在不断增长。

不过，由于建国后马来人获取了政治上的优势，他们必然希望在较短时间内实现经济上的突破，以摆脱他们自认为的华人控制了经济之境地。然而，建国后马来人在经济上虽然有所发展，但变化不大也是事实。以后来三大族群之间收入、贫困率和股权占有率为例，马来人的月均收入水平低于华人和印度人，其贫困人口绝对数高于华人和印度人，而股权占有率却远远低于华人和印度人，更不用说国外资本了。

表4-3　1957~1970年马来西亚三大族群月均收入情况

单位：零吉

	马来人	华人	印度人
1957 年	139	300	237
1967 年	163	349	260
1970 年	177	399	310

资料来源：Donald R. Snodgrass, *Inequality and Economic Development in Malaysia: A Study Sponsored by the Harvard Institute for International Development* (Kuala Lumpur: Oxford University Press, 1980), p. 79.

应该说，建国后马来人的日均收入水平有所增长，但增长速度不快，并且与华人和印度人向比较还存在着不小的差距（见表4-3）。这在马来人看来，之所以如此是因为自己主要从事农业和一些收入较低的行业。

表4-4　1970年西马来西亚贫困人口与三大族群分布情况

单位：千人，%

	户数	贫困户数	贫苦户数占族群户数的百分比	贫苦户数占三族群总贫困户数的百分比
马来人	901.5	584.2	64.8	74.6
华人	525.2	136.3	26.0	17.4
印度人	160.5	62.9	39.2	8.0

资料来源：〔马来西亚〕赛·胡先·阿里著《马来人的问题与未来》，赖顺吉译，策略资讯研究中心，2008，第163页。

就建国后的贫困率而言，由于马来人多居住在农村，从事收入较低的农业劳动，其贫困率一直比较高，这是不争的事实。在农村的贫困户中，从事稻米种植、渔业和小橡胶种植的贫困比例分别高达88%、73%和64%。① 同样，虽然拉赫曼政府也采取了相应的措施来提高马来人的收入水平和生活水平，但收效甚微也是不争的事实。也正是因为如此，到1970年马来西亚的马来人的贫困率下降不明显也就是意料之中的事了（见表4-4）。

表4-5　1969~1970年西马来西亚有限公司股权的族群占有率

单位：%

	马来人	华人	印度人	外资
1969年	1.5	22.8	0.9	62.1
1970年	2.4	27.2	1.1	63.3

资料来源：Government of Malaysia, *Second Malaysia Plan* 1971－1975（Kuala Lumpur：Government Press，1971），p.40.

从表4-5我们可以发现，从西马的马来人在公司的股权占有率来看，马来人明显处于劣势。对于这一点，马来人的不满溢于言表。在1965和1968年召开的两次土著经济代表会议上，马来人代表们就指出权衡政府关于增加土著在公司的股权的政策是否成功，应该以土著是否能够拥有自己的公司或者其在马来西亚的公司中拥有的股权作为评价标准。② 言外之意，参加会议的马来

① 林若雯：《马哈迪主政下的马来西亚：国家与社会关系（1981—2001）》，韦伯文化事业出版社，2001，第38页。

② 林马辉、方微：《马来人资本发展中的矛盾：国家、积累和公正性》，《南洋资料译丛》1986年第1期。

人代表对政府的政策不是很满意。

总之，由于马来亚独立后继承了殖民统治以来的经济结构，族群之间存在着一定的经济差距是可以理解的，而且差距的存在也不必然会导致族群间关系的恶化乃至冲突。然而，掌握了政治权力的马来人当然希望利用其特权迅速改善经济状况，只是到了1969 年大选前，理想与现实之间存在着相当大的差距。多数马来人看到的是华人依旧占据经济优势，而声称代表自己利益的政党和政府却无能为力。这样，马来人对巫统及其领导的政府也颇为不满。因此，在一部分马来文人故意宣扬马来人和华人经济不平等、丑化华人的作用下，普通马来人很容易受到影响，形成对华人不友好的认知。这一切为族群间的矛盾和冲突埋下了隐患。

（二）族群政治的发展是"五一三事件"的催化剂

族群政治也是英国殖民统治时期遗留的产物。第二次世界大战后，随着英国恢复对马来亚的殖民统治，在从"马来亚联盟计划"方案到马来亚联邦建立的过程中，巫统是英国人认可的代表马来人的政党，印度人国大党则是英国人认可的代表印度人的政党，马华公会则是在英国人赞许之下成立的代表华人利益的政党。英国人之所以认可巫统、马华公会和印度人国大党，在于它们都属于温和型政党，不同于以马来亚共产党为首的左翼政党，而后者往往要求推翻英国的殖民统治。并且，英国人可以利用它们来争取马来人、华人和印度人的支持。在英国人对以马来亚共产党为首的左翼政党进行镇压和取缔之时，巫统、马华公会和印度人国大党则因为其对英国殖民统治的顺从和配合而得以继续活动。也正因为如此，在争取马来亚自治乃至独立过程中，三党结成政治联盟，最终使得英国人允许马来亚独立。在允许巫统、马华公会和印度人国大党存在的同时，由于要按照自己的制度塑造未来独立的马来亚，英国殖民统治者也允许其他所谓合法政党的存在。独立前拿督翁领导的独立党（1951~1953）和国家党（1954~1962）就是典型的例子。马来亚（马来西亚）多元族群结构决定了所有政党的族群特色。巫统、马华公会和印度人国大党固然从不隐晦自己是族群政党，就是其他声称跨族群的政党也多以某个族群成员作为主导力量。在争取独立时期，巫统、马华公会和印度人国大党结成政治同盟，在英国人许可的各级选举中同其他政党竞争。独立之后，三党同盟得以维系，变成了执政同盟。而独立前存在的其他政党也因此变成了在野的反对党。由此，在确立了英国式的议会民主体制后，执政党和反对党的存在也成了马来亚（马来西亚）有限民主体制的重要特点。

独立之后，1959 年和 1964 年两次大选期间，以巫统为首的执政联盟面对的是 1957 年独立日时由劳工党（1952 年 6 月 26 日成立，1954 年 6 月改名马来亚劳工党，1966 年被政府取缔）和人民党（1955 年 11 月成立，1967 年改名为马来亚人民社会主义党）组成的马来亚人民社会主义阵线（简称"社阵"）①、人民进步党（成立于 1953 年，原名为霹雳进步党，1956 年改为人民进步党）、拿督翁领导的国家党、泛马伊斯兰教党、马来亚党

---

① Charles Gamba, "Labour and Labour Parties in Malaya," *Pacific Affairs*, Vol. 31, No. 2, 1958, pp. 117-130. 1964 年大选后，由于大选受挫，以及参加社阵的各政党之间的分歧，1966 年社阵解散。

（1964 年大选前解散）、民主联合党（1962 年 4 月 21 日成立）等反对党的挑战。这些反对党，除泛马伊斯兰教党和国家党外，都打着非族群政党的旗号，但"社阵"、人民进步党、马来亚党事实上主要依靠华人和印度人的支持，而其中华人更是占大多数。因此，在独立后的 1959 年和 1964 年的两次大选中，作为执政联盟成员党的马华公会就遇到了反对党的有力挑战，而巫统则面临着泛与伊斯兰教党和国家党的挑战。① 从独立后的第一次大选开始，不论是联盟党还是反对党，都不同程度地以族群问题作为争取支持的法宝。这为日后竞选中不论是执政党还是反对党大打族群问题牌开了先河。不过，1969 年大选前，反对党的势力处于分散状态，相较于联盟来说力量比较弱，而联盟因为领导广大民众取得独立，以及将新加坡、沙捞越和沙巴与马来亚合并组成马来西亚并经历了与印度尼西亚和菲律宾的对抗，在广大马来西亚民众心中还是值得依赖的，因此在 1959 和 1964 年两次大选中都能取得不错的战绩（见表 4-6）。

表 4-6　1959 年和 1964 年西马国会和州议会选举统计情况

单位：席次

政党	1959 年		1964 年	
	国会	州议会	国会	州议会
联盟	74	206	89	241
泛马伊斯兰教党	13	43	9	25

---

① 在 1959 年大选中挑战马华公会的是"社阵"，到了 1964 年马华公会的挑战者则变成了"社阵"和人民行动党。巫统的主要挑战者则在两次大选中一直是泛马伊斯兰教党，并且在两次大选中泛马伊斯兰教党的成绩都表现不俗。

续表

政党	1959 年		1964 年	
	国会	州议会	国会	州议会
"社阵"*	8	16	2	7
人民进步党	4	8	2	5
国家党	1	4	0	0
马来亚党	1	0	—	—
民族联合党	—	—	1	4
人民行动党	—	—	1	0
独立人士	3	5	0	0

　　* "社阵"在1959年大选时由两个政党组成，到1964年选举时，由于1963年成立的国民议会党的加入而变成了三党联盟。社阵可以说是较早的反对党联盟。

　　资料来源：杨建成著《马来西亚华人的困境》，文史哲出版社，1982，第197页。

　　1959和1964年两次大选显示民主政治观念开始深入人心。虽然民众的投票动机不一，但从联盟与反对党的支持者们的行动来看，他们都能遵守建国后的民主程序，希望通过议会民主制度来争取和实现自身的利益。虽然在两次大选中反对党斩获不多，未能动摇联盟的统治，但1964年大选后反对党的力量却因联盟在经济、政治和文教方面的政策让三大族群中的相当一部分民众不满而不断壮大，并最终产生了1969年对联盟冲击较大的选举结果。1964年大选后，反对党经历了一次新的分化和组合。"社阵"最终因为内部政党分歧而瓦解，民主联合党因为大选成果不佳而势衰，最终被民政党（1968年成立）取代，而源于新加坡的人民行动党则由于新、马分家而演变成民主行动党（1966年成立）。

民主行动党和民政党都主张非族群路线，声言自己是超族群政党。但事实是，不论是民主行动党，还是民政党，都是以华人为基础的政党。民主行动党继承了人民行动党的衣钵，主张"马来西亚人的马来西亚"，号召实现马来西亚政治、经济和社会的民主，追求族群间政治、经济和社会的平等。同时，民主行动党还主张华语和泰米尔语同马来语一样应被列为官方语言。民政党走的是温和型的社会主义路线，反对各种极端主义，主张马来西亚的各族群应当享受公平的待遇。在民族建构上，民政党主张消除各族群的文化界限，在现有族群的基础上基于共同的经历和命运融合为一个马来西亚族群。不过，民政党不主张通过宗教、文化的一体化来实现这一目标。① 一直延续下来的人民进步党的观点与民主行动党相似，主张"马来西亚是马来西亚人的"。作为巫统一直的竞争对手的泛马伊斯兰教党则一如往常，将巫统视为自己的竞争对手，不仅力图维持自己在以往两次大选中获取的成绩，而且急于扩张自己的势力。泛马伊斯兰教党为了吸引马来人的支持，直指巫统及其主导的政府对华人让步太多，没有尽力维护马来人的利益，主张维护马来人的特权，维护马来文的官方语文地位，坚持"马来西亚是马来人的马来西亚"。

而就在这些反对党不断分化和组合乃至积聚力量之际，经过两次大选之后的马来西亚的族群关系却在"和谐"的表象之下孕育着矛盾。华人和印度人等对于马来人的特权多有不满，对于政府实行的同化的文教政策，特别是国语和官方语文政策，以及小

---

① 韩方明：《华人与马来西亚现代化进程》，商务印书馆，2002，第 234 页。

学乃至中学教育方案等也多有不满。本来，建国之后各族群对于争取独立期间形成的以巫统、马华公会和印度人国大党构成的联盟是支持的，不同的族群也相应地将其视为自己利益的代言人，相信通过政党高层间协商和妥协能够实现利益间的协调。但是，事实却不是如此。建国后，巫统进一步巩固了其在政党联盟中的主导地位，而马华公会和印度人国大党则几乎沦为附庸，发言权有限。作为联盟党的成员，马华公会从自身利益考虑，宣扬"国家第一，政党第二，华人第三"的理念，与巫统步调一致，甚或为政府出台的一系列文教政策辩护。如在官方语文、中学改制、申办独立华文大学等方面，马华公会的作为就与华人社会的诉求不一致甚至相悖。这使得华人对于马华公会能否扮演自身代言人的角色产生了质疑。在以民主行动党和民政党等华人为基础的政党存在的情况下，很多华人要么是出于想打垮马华公会的考量，要么是出于警告的考虑，开始心属反对党。这无疑增强了反对党的信心。因此，1969年大选前，反对党已经积聚了相当的支持力量，具备了向联盟党发起挑战的资本。这一形势预示着1969年的大选必将是一场联盟党与反对党的大较量。为了获取民众的支持，联盟党和反对党再次把族群问题当成了批判的武器，激化了当时的氛围，使得族群间的冲突似乎到了不可避免的地步。①

---

① 孙振玉：《马来西亚的马来人与华人及其关系研究》，甘肃民族出版社，2008，第121页。

（三）1969 年大选是"五一三事件"的导火索

1969 年大选是马来西亚成立后的第二次大选。马来西亚是在族群问题暗流涌动、反对党悄然积蓄力量而联盟党自我感觉良好的状况下进行大选的。

面对即将到来的大选，以巫统为首的联盟党对选举的结果是比较乐观的。在联盟看来，自新加坡脱离马来西亚之后，以人民行动党为中心的反对力量遭到瓦解，自己失去了一个严重的威胁。同时，就反对党来说，由于 1964 年大选之后"社阵"瓦解，联盟又去除了一个较为强大的竞争对手。至于剩余的反对党，不论是新生的，还是以前存在的，联盟都倾向于忽视它们，认为它们力量有限，不足以与联盟相抗衡。并且，联盟也不认为指导思想不一的反对党能够形成联盟。它们各自为政，自然不是联盟的对手。然而，事实上以巫统为首的联盟也没有它们自认为的那样占尽优势。原因就在于上面本书提及的，1964 年大选后马来西亚的族群形势已经发生了很大的变化。联盟的各政党都不同程度地遇到了挑战。而这些挑战造成的影响都反映在 1969 年选举的结果中。就巫统来说，其一直的挑战就是泛马伊斯兰教党，其指责巫统忽视马来人的利益。不仅如此，就是非马来人对巫统及其领导的政府也颇为不满，认为其漠视非马来人的权益。马华公会遇到的挑战较之巫统则更为严峻。自 1964 年大选以来，在华文等被列为官方语文、华文教育和独立华文大学的创办等问题上，马华公会和以"董总""教总"为首的华人社团就存在巨大分歧，本希望能在联盟内部为自己争取利益的华人对于马华公会的不作为自是不满。而反观以华人为主的其他政党如民主行动党和民政党等则对华人社会的要求多表赞同。这使得形势的发展对马华公会很不利，而华基反对党则因马华公会的不作为获取了不少华人的支持。这使得他们能够正面挑战马华公会。

当联盟信心满满地迎战大选之际，反对党也在积极备选。虽然联盟关于反对党是不可能结成联盟的预计是正确的，但联盟想不到的是反对党会达成相当的默契，并根据自己的优势，选取对手和攻击点。作为华基政党的民主行动党、民政党等都将马华公会作为自己的竞选对手，集中力量与马华公会对垒。为了赢取支持，民主行动党和民政党还主动调整自己有着浓厚社会主义色彩的竞选口号，改为在族群问题上下功夫，特别是在官方语文和非马来人的政治权利问题等方面。民主行动党和民政党等在这些方面策略的调整与马华公会对这些问题的态度形成了鲜明的对比，使得其吸引了一批华人选民。泛马伊斯兰教党则集中力量争取马来人的支持，其竞选的口号是维护马来人的权益，谴责联盟政府在经济上没有为马来人的发展提供更多更大的空间。由于本书提及的族群间经济发展不平衡的事实存在，泛马伊斯兰教党的号召也为其争取了一些马来人的支持，使之成为巫统的劲敌。

1969 年 5 月 10 日，马来西亚大选如期进行。在此次大选的国会 104 个议席的争夺中，巫统派出 67 名候选人，马华公会派出 33 名候选人，印度人国大党则派出 3 名候选人。在州议席的争夺中，巫统派出 187 名候选人，马华公会派出 80 名候选人，印度人国大党派出 10 名候选人。相较于联盟，反对党也派出了阵营强大的候选人队伍。泛马伊斯兰教党派出 59 人冲击国会议席，179 人冲击州议席。民主行动党则派出 24 人竞选国会议席，57 人争取州议席。民政党派出 14 人冲击国会议席，37 人冲击州议席。人民进步党有 6 人冲击国会议席，16 人冲击州议席。此外，"社阵"瓦解后由人民党演变而来的马来亚人民社会主义党则派出 5 人竞选国会议员，7 人竞选州议员。① 从选举形势来看，反对党中的泛马伊斯兰教党和马来亚人民社会主义党主要将巫统视为对手，而民主行动党、民政党和人民进步党则将马华公会视为主要的争夺对手。按照华基反对政党达成的默契，它们除尽最大努力争取选民支持外，还希望能够在国会选举中取得成果，至少也要使得联盟不能获取 2/3 的多数，以阻止政府能够随意修改宪法。选举结果显示，联盟获得了国会 104 席位中的 66 席，超过组织政府所需席位 14 个，自然可以组织政府。不过，这次选举与 1959 和 1964 年两次大选相比，联盟的优势大打折扣，并且可以说是一次不小的挫折。在国会议席的争夺中，巫统 67 人中仅有 51 人获选。而马华公会更是不堪，33 名候选人中只有 13 人当选，不及半数。印度人国大党 3 名候选人只有 2 人当选。而反对党方面，泛马伊斯兰教党获得国会议席中的 12 席，民主行动党获得国会议席中的 13 席，民政党获得 8 席，人民进步党获得 4 席。② 在州议席方面，反对党也斩获不少。泛马伊斯兰教党获得 40 个州议会席位，除继续控制吉兰丹州外，在登嘉楼、吉打等州也有所收获，并对联盟构成威胁。民主行动党获得 31 个州议会席位。在槟榔屿州，民政

---

① 〔马来西亚〕谢诗坚：《马来西亚华人政治思潮演变》，友达企业有限公司，1984，第 151~152 页。

② 杨建成：《马来西亚华人的困境》，文史哲出版社，1982，第 197 页。

党获得 24 个州议会席位中的 16 席，足以组成州政府。而联盟在该州的议席只有 4 席，全是巫统成员，马华公会一无所获。在联盟一向掌握优势的雪兰莪和霹雳州，联盟也没有维持其优势。在雪兰莪州联盟赢得 28 个议席中的 14 个，刚够组成州政府所需席位的半数。在霹雳州的 44 个州议席中，联盟仅取得 19 席，不足半数，无法组织州政府。①

对于走西方议会民主道路的马来西亚来说，本来议会选举过程中执政党与反对党进行竞争自是无可厚非的。无论是执政党维持多数，还是反对党取得成绩，都应该被看作是正常的事情。然而，在当时马来西亚族群政治极化的形势下，大选的结果被打上了族群间竞争和对抗的印记。自建国以来就对巫统主导的政府所采取的文教政策不满的华人和印度人在马华公会和印度人国大党不能够与华人和印度人社会共进退之际，就通过投反对党的票的方式惩罚或者告诫马华公会和印度人国大党。从选举结果来看，以华人为主的三个反对党大选成绩表现不俗，总共获得 25 个国会议席，几乎是马华公会所得席位的两倍。这一成就在族群政治极化的氛围下，很容易被看作是华人的胜利，进而延伸为马来人的失利。以华人为主的三大反对党的选举成就无疑鼓舞了自建国以来就遵守议会民主制度的华族和印度族民众，他们自是欢欣鼓舞，对未来充满信心的。也就是说，从选举的结果看，华人和印度人认为自己有机会通过选票影响政治，进而改选政府，推进一

---

① 〔马来西亚〕谢诗坚：《马来西亚华人政治思潮演变》，友达企业有限公司，1984，第 152~153 页。

个多元化、多族群的马来西亚的建构。而对马来人及其巫统，特别是巫统内部边比较激进的派别来说，选举结果被认为是巫统的一大挫折。这证明巫统不仅在马来人内部受到了挑战，也在其外部受到了华人政党的挑战。这似乎预示着有一天其他族群也可以通过选票上台执政，进而危及马来人的政治特权。而没有了政治特权，在经济上不占优势的马来人将处于何地？这是马来人极为忧惧的事情。

选举结果公布后，民主行动党和民政党等反对派兴高采烈，他们的支持者也大肆庆祝，一吐多年来心中的压抑和不满，而马来人则忧心忡忡，将华人等的庆祝活动更视为挑衅，随时准备对他们难以容忍的挑衅进行回击。"五一三事件"就是在这样的氛围下发生的。

二　"五一三事件"的发生及其影响

正如本书上面所论述的，"五一三事件"是在马来西亚独立后 10 多年经济、政治和社会文化发展过程中产生的矛盾积聚的结果，而 1969 年大选及其结果则是引发"五一三事件"的导火索。选举后反对党的支持者与巫统的支持者之间的摩擦与碰撞最终酿成了"五一三事件"。这是马来西亚建国以来族群冲突的最高峰。"五一三事件"是马来西亚历史发展上的分水岭和转折点，对巫统主导的民族国家建构的策略、步伐和进程都产生了重大影响。

（一）"五一三事件"的发生

对于"五一三事件"发生的过程，韩方明先生在其《华人与马来西亚现代化进程》一书中列举了国内外学者的 8 种表述。[1]
从这些表述可以看出，学界对"五一三事件"过程的记述自是多
有不同且矛盾之处的，这使得我们确定究竟哪一种表述更为符合
当时事情的本来面目有着相当的难度。不过，通过众多著述，抽
丝剥茧，我们还是能够大体还原当时的情形的。

1969 年 5 月 10 日马来西亚举行大选，11 日大选结果公布。
虽然联盟以超过国会议席半数的席位依然能够组织政府，但反对
党特别是民主行动党、民进党和人民进步党以及泛马伊斯兰教党
也取得了不俗的战绩，这符合他们各自的心理期许。就华基反对
党而言，能够使得以巫统为代表的联盟获得的国会席位低于 2/3，
从而不能够随意修改宪法，就是想要取得的重要目标之一。而大
选结果显示联盟也确实未能取得国会议席 2/3 的多数。[2] 这自然
让反对党欢欣鼓舞。面对大选的战果，反对党特别是华基反对党
的支持者们大肆庆祝，通过游行的方式表达自己的情绪。5 月 11、
12 日两天，华基反对党的支持者们，主要是一些华人和印度人青
年连续在吉隆坡举行所谓的"胜利游行"。在所谓"胜利游行"
过程中，华基反对党的支持者们情绪高涨，难免把族群情绪表现
出来，将民主行动党和民政党等取得的成绩视为巫统，乃至马来
人的失败。因此，在游行过程中，他们的言行很少被节制，他们
也没有意识到族群间的矛盾正在升温，随时可能被引爆。正如有
著述记录的那样，一部分华基反对党的华人和印度人青年支持者

---

① 韩方明：《华人与马来西亚现代化进程》，商务印书馆，2002，第 237~241 页。

② Peter Wicks, "The New Realism: Malaysia Since 13 May, 1969," *The Australian Quarterly*, Vol. 43, No. 4, 1971, pp. 17-27.

在游行中，涌向雪兰莪州州长哈伦的官邸，竟然喊出了让其搬离的不恰当口号。当游行队伍行至马来人居住区时，华基政党的华人和印度人青年也同样使用了刺激性的口号和动作。① 对于反对党支持者的这些行为，我们很难说都是有意识的挑衅行为，而更多的可能只是单纯的情绪上的表达。但是，在经各政党在大选期间渲染族群问题而诱发的族群情绪高涨的环境下，本来就对大选结果感到震惊的巫统及其支持者很自然地将反对党支持者的行为认定是故意地羞辱和挑衅。因此，也就有了学者的相关记述，即针对反对党的庆祝游行，巫统党内一部分人也号召组织"反游行"。随后，巫统一部分人从外地召集了千余人的党员和巫统青年团团员在雪兰莪州州长哈伦的官邸前集合，以针对华基反对党的支持者们进行游行。② 而马来人反游行活动的组织者们又有意或无意地向聚集在哈伦官邸的人们表示如果遇到反对党支持者们的阻挠可以采取强力的反击措施，这无疑对暴力的使用起到了鼓吹作用。这样，从情势上来看，双方已经具备了冲突激化的条件并有演变为暴力冲突的可能。可是，5 月 13 日，华基反对党的支持者们并没有能够体察到已经逼近的危机，继续举行游行，并再次来到哈伦官邸示威。而这时早已蓄势待发的马来人则上前与之对峙，并最终引发了冲突。这就是我们现在所说的"五一三事件"。

冲突爆发后，5 月 13 日晚上 7 点 45 分拉赫曼政府宣布实施

---

① 〔马来西亚〕谢诗坚：《马来西亚华人政治思潮演变》，友达企业有限公司，1984，第 154 页。

② 杨建成：《马来西亚华人的困境》，文史哲出版社，1982，第 239 页。

24 小时戒严，并派军警处置冲突。但是，最初的处置很明显成效不大，这使得冲突得以蔓延，吉隆坡各地出现了冲突以及打砸抢事件。面对不断扩大的冲突，政府于 5 月 15 日宣布全国进入紧急状态。到 17 日大规模的冲突基本上被军警压制下去，但吉隆坡以外的地方还有零星的冲突，有的一直延续到两三个月后。

（二）"五一三事件"的影响

这场马来西亚历史上最大的族群冲突对当时乃至日后都造成了重大影响。

"五一三事件"最为直接的影响就是造成了当时大量的人员伤亡和财产损失。从 1969 年 5 月 13 日到 7 月 31 日，"五一三事件"共导致 196 人死亡，其中华人有 143 名，马来人有 25 名，印度人有 13 名，其他人士有 15 名。冲突共导致 367 人受伤，其中华人有 270 名，马来人有 117 名，印度人有 25 名，其他人士有 26 名。因事件失踪人数为 39 人，其中华人有 25 名，马来人有 7 名，印度人有 7 名。冲突期间因参与此事而被捕者共 9143 人，其中华人有 5126 名，马来人有 2077 名，印度人有 1874 名，其他人士有 66 名。[①] 除此之外，在族群冲突期间，大量的房屋被焚烧和破坏，一些华人商店遭到打砸和抢劫。其中，至少 753 间房屋被烧毁，211 辆汽车被毁，6000 余人无家可归。[②]

---

① 〔马来西亚〕谢诗坚：《马来西亚华人政治思潮演变》，友达企业有限公司，1984，第 156 页。

② 孙振玉：《马来西亚的马来人与华人及其关系研究》，甘肃民族出版社，2008，第 143 页。

　　"五一三事件"最为深远的影响则是巫统主导的政府对民族
国家建构的策略发生了改变。拉赫曼时期，巫统无疑也希望构建
一个马来人主导的国家，注重维护马来人的特权，但相对来说采
用的方式比较和缓。政治上，拉赫曼注重通过联盟的形式，推动
三大族群上层的合作，在马来人主导优势不受挑战的形势下，通
过私下的讨价还价来维系族群间的共处。然而，"五一三事件"
的发生充分暴露了拉赫曼时期的联盟政治在应对国内政治形势发
展时存在的不足。以前，三大族群的民众把巫统、马华公会和印
度人国大党视为自己利益当然的代表，并希望在他们的合作能够
维护自身利益的同时，联盟政治也能够有效运作。但是，随着时
间的推移，不论是马来人、华人还是印度人，都有了对巫统、马
华公会和印度人国大党能否代表自己或者为自己的利益服务的质
疑。部分华人对马华公会的代表性就提出了质疑。因为在华文成
为官方语文和创办华文大学等问题上，作为执政党的马华公会不
仅未能与华人社会的要求保持一致，还大唱反调，这自然引发华
人对之不满。因此，一部分华人不再视马华公会为自己当然的利
益代表，转而投向反对党中的民主行动党和民政党等。1969 年大
选中马华公会失利就是民众对其表示不满的结果。

　　同样，巫统本身也面临着这样的困境。1969 年大选前，经过
建国以来 10 多年的发展，虽然马来西亚每年的经济增长都表现不
俗，但多数马来人的经济和社会状况却改变不多。这使得一些马
来人期望凭借自身的政治优势迅速改变经济和社会状况的想法落
空，并把不满发泄到巫统身上，认为巫统不顾及马来人的利益，
偏袒非马来人。而这也使得一些马来人投向泛马伊斯兰教党。至

于印度人国民大会党，一部分印度人也对之不满意，这也就是部分印度人转而支持声称自己是非族群政党的民主行动党和民政党的原因。

"五一三事件"的发生给巫统调整联盟政治提供了契机。经济上，按照建国前所谓的"协议"，马来人掌握政治优势，而华人和印度人则可以在经济领域保持自己的优势。各族群上层间无论是达成的协议也好，还是形成的默契也罢，都使得殖民时代形成的经济结构得以延续。这样，马来人、华人和印度人依然固守在自己的经济圈子里，马来人多从事农业，华人在商业、制造业和采矿业占有优势，而印度人作为种植园劳工有优势。随着时代的发展，特别是在马来人的特权得到不断宣扬的情势下，马来人不再甘心于这样的经济结构，他们也希望自己能够在经济方面有所作为，使得经济地位与政治地位相匹配。这使得一部分马来人希望政府通过较为积极的干预来提升马来人的经济地位。不过，虽然拉赫曼政府做了改善马来人经济状况，特别是农村马来人经济状况的一系列努力，但这远远跟不上一些人的希望。"五一三事件"后，巫统内部反思认为事件发生的根本原因就是马来人经济地位相对低下而由此产生了不满情绪，进而产生了族群情绪和敌意。

因此，从巫统的角度看，为了维护国家的安定和族群之间的共处，政府有必要对原来的经济结构进行改造，以顺应马来人的要求，这也就是"新经济政策"出台的原因。在文教方面，拉赫曼时代政府已经制定了一系列的同化政策，如将马来文固定为官方语文，马来语为国语，伊斯兰教为国教，以及规范中小学教育，迫使华文中学改制，等等。不过在具体的实践中由于遇到了华族和印度族的抵制，拉赫曼政府为了维持族群间的和平，往往采取"从严规定从宽处理"的策略，以避免采取更激烈的方式。这在一定程度上对于缓和族群矛盾大有裨益，可是由于最终目标没有变化，也使得一系列问题一直悬而未决，并时不时地成为争议问题。"五一三事件"后，巫统主导的政府在文化和教育等方面更强化了马来化的趋势，期望塑造统一的国家文化和思想，规划教育，以维护国家的稳定。

第二节　"五一三事件"后马来西亚民族国家的建构

"五一三事件"是马来西亚民族国家建构历史进程中的一幕悲剧。自建国以来，对马来西亚人来说，至少对拉赫曼政府来说，族群关系的相对和谐是他们引以为自豪的事情。早在1959年，当时的马来亚外长在联合国大会期间曾经很自豪地说，在马来亚独立建国过程中，马来人、华人和印度人三大族群之间没有流过一滴血，没有发生过一次冲突。马来亚以最理性的自制态度和手段，从英国手中和平而有序地获得了独立。马来亚外长还宣称自己可以向其他多族群国家提供这方面的经验。① 可是，在马来亚外长自豪发言的10年后，马来西亚却发生了"五一三事件"。正如本书所提及的，对于任何一个多族群的国家来说，民

---

① 杨建成：《马来西亚华人的困境》，文史哲出版社，1982，第235页。

族国家的建构都不能完全确定是一条按照既定构想前行并准确实现目标的直线。民族国家建构的历程受诸多因素的制约，其间随着各种条件的变换，难免会遭遇挫折。"五一三事件"就是马来西亚在民族国家建构过程中遭遇的一次挫折，也是民族国家建构道路上的一次偏移。"五一三事件"告诉世人，族群关系依然是影响马来西亚民族国家建构的不能忽视的因素之一。如何确保"五一三事件"后马来西亚各族群之间关系如果说不能保持和谐和和睦，那至少也能够和平共处，这是以巫统为首的马来西亚政府不得不面对的难题。基于对"五一三事件"原因的解读，以拉扎克为首的巫统政府开始对拉赫曼执政时期的政治、经济和文教措施进行调整，进一步强化了马来人的政治优势，同时推动马来人经济实力的增强，力图使马来人在政治和经济上具备同样的优势，进而朝着马来人主导的民族国家建构的方向推进。

一 拉赫曼政府应对危机的举措
与拉赫曼时代的终结

"五一三事件"是对拉赫曼政府的一大打击，更是对拉赫曼本人威信的一次重大冲击。"五一三事件"之后，拉赫曼本人虽然尚无退意，但却遭到了巫统内部较为激进派别的挑战，并最终于1970年9月宣布退休，将自己的权位留给了拉扎克。因此，从"五一三事件"发生，到拉赫曼宣布退休，其剩余的时间已经不是很多。在这段时间里，在拉赫曼主导下，马来西亚政府采取了相应的措施应对冲突，并在冲突基本上被控制住之后采取了一系列的政治、法律措施缓和族群矛盾，防止族群关系的进一步恶化，恢复国家秩序，维护社会的稳定。总体上，在拉赫曼最后执政的这段时间里，其领导的政府基本上稳定了"五一三事件"以来动荡的形势，并实现了权力的和平转移，为拉扎克调整马来西亚民族国家建构策略打下了基础。

（一）成立各种机构，展现族群亲善和团结

1969 年 5 月 13 日下午 5 点左右反对党的支持者和巫统的支持者之间发生冲突，并最终演化成流血械斗，随后冲突范围日渐扩大。面对突然爆发的大规模冲突，晚 10 点 30 分拉赫曼宣布雪兰莪州进入紧急状态，吉隆坡实行戒严。14 日，拉赫曼在冲突蔓延的情势下又宣布全国进入紧急状态，并中止国会，暂停在沙捞越和沙巴的国会选举。15 日，拉赫曼宣布成立以拉扎克为首的全国行动理事会，并在中央以下设立州和县级行动理事会。为了体现族群间的协调，该理事会成员包含 1 名华人（马华公会会长陈修信），1 名印度人和 7 名马来人。[1] 同时，拉赫曼还宣布组建新的内阁。"五一三事件"发生前马华公会竟然宣布不参加政府组阁，所以在新的内阁中未能获得职位，只是到了 5 月 20 日才重新回到内阁中，由其成员担任特别任务部部长。在局势基本被控制住之后，为了缓和矛盾，推动族群间的协调，拉赫曼于 1969 年 7 月宣布成立以自己为主席的国民亲善委员会，其目的是弥补因为冲突而造成的族群关系的裂痕。1970 年 1 月，马来西亚政府又成立了由 65 名成员构成的全国亲善理事会。该理事会成员覆盖范围

---

[1]　杨建成：《马来西亚华人的困境》，文史哲出版社，1982，第 239 页。

较为广泛，包括中央政府、各州政府、各政党、宗教人士、专业机构、公共服务机构、教师工会等方面的代表，其目的在于对国内的族群问题寻求解决方案，确保"五一三事件"不再重演。①

（二）压制巫统内部的激进势力

早在"五一三事件"爆发前，随着时间的推移，巫统内部就因为在民族国家建构问题上的分歧而产生了以拉赫曼为首的元老派和建国后崛起的激进派。以拉赫曼为首的一派承认马来西亚多族群社会的现实，认为可以通过实行多族群政治，来建构马来人主导的国家。而激进派则认为应该强化马来人的主导地位，建构马来人的马来西亚。"五一三事件"发生后，激进派利用此事件向拉赫曼的权威发起挑战。其中，后来当选为马来西亚总理的马哈蒂尔是激进派的代表人物之一。马哈蒂尔当时可以说是向拉赫曼权威发起挑战的急先锋。1969 年 6 月 17 日，马哈蒂尔就以公开信的形式要求拉赫曼下台。马哈蒂尔指责拉赫曼依照华人的要求行事，过于软弱可欺，引发马来人的不满。② 很明显，马哈蒂尔的言论无疑是在煽动族群情绪，迫使拉赫曼下台。面对激进派的挑战，巫统迅速做出反应，将马哈蒂尔开除出巫统，并宣布马哈蒂尔的信件和其他文件为非法文件，予以查禁。同时，对于同属激进派的拉扎克手下的副部长幕沙希淡也给予了解职处分。这样，通过对部分激进分子的处置，巫统希望警告其他激进分子，

① 〔马来西亚〕谢诗坚：《马来西亚华人政治思潮演变》，友达企业有限公司，1984，第 168 页。

② 杨建成：《马来西亚华人的困境》，文史哲出版社，1982，第 235 页。

以防止激进分子再次煽动族群情绪，激化矛盾。采取强力措施开除或者惩罚一部分巫统内部的激进分子，无疑有助于防止其他人继续采取激化形势的行动，也有助于冲突后缓和矛盾。同时，清除巫统内部的激进分子，也有助于巫统内部最高权力的和平转移。

（三）出台"敏感问题"的相关法令

不可否认的是，"五一三事件"的发生与各政党在大选期间大肆渲染族群问题有很大的关系。"五一三事件"基本被控制住之后，通过反思事件的原因，拉赫曼政府也认识到了利用族群问题鼓动民众情绪的危害。因此，拉赫曼政府在1969年11月底对1948年颁布的煽动法令进行了修改。修改后的法令规定马来语的国语地位、马来人的特权、马来统治者的地位等均不能被质询或者批评。如果有人违反此煽动法令，将会受到相应的惩罚。如果是议员违反该法令，将会受到超过两千元的罚款或者一年以上的监禁，并将失去议员资格，五年内不能参加竞选。同时，政府对1966年的社团法令也进行了修改，条款包括如果社团会员经常违反修改的煽动法令，那么该社团的注册证就有可能被注销。① 修订后的1948年煽动法令，在1971年国会恢复后，经拉扎克政府提出的宪法修正案，变成了宪法修正条文的一部分。修正后的宪法将马来语为国语、马来人的特权、马来统治者的地位与主权，

---

① 〔马来西亚〕谢诗坚：《马来西亚华人政治思潮演变》，友达企业有限公司，1984，第156页。

以及公民权等全部列为"敏感问题"，不得讨论。[①] 无论是对1948年煽动法令的修改，还是通过宪法修正案将之变为宪法的一部分，对于限制各政党利用族群问题刺激族群情绪都有着相当重要的作用。

（四）颁布"国家原则"

"五一三事件"后，拉赫曼政府希望通过努力塑造一种统一的思想观念为各族群的民众所认可和接受并加以遵守。在经过一段时间的酝酿后，在拉赫曼即将宣布辞职的时候，1970年8月31日，马来西亚最高元首颁布了"国家原则"。"国家原则"包含五项信仰和五个原则，信仰是目标，而原则是用来实现这五个目标的。五个目标是致力于达成全民更大的团结，维护民主生活方式，创建一个公平分享国家财富的合理社会，确保以自由的方式处理国家丰富多彩的多元文化传统和建立一个朝向现代科学和工艺的进步社会。而相应的五项指导原则是信奉上苍，忠于最高元首和国家，维护宪法，遵守法律和培养德行。[②] 很明显，"国家原则"的颁布是"五一三事件"后拉赫曼政府为促进马来西亚各族群间的亲善和减少族群敏感问题上的摩擦，并致力于培养公民忠君和爱国的情感所付出的努力。

---

① 〔马来西亚〕谢诗坚：《马来西亚华人政治思潮演变》，友达企业有限公司，1984，第167页。

② 〔马来西亚〕谢诗坚：《马来西亚华人政治思潮演变》，友达企业有限公司，1984，第168页；杨建成：《马来西亚华人的困境》，文史哲出版社，1982，第242~243页。

总体上，拉赫曼政府采取的这些措施都是对"五一三事件"的应急反应。这些措施也确实起到了稳定局势的作用。因此，1970 年 8 月 30 日拉赫曼宣布完全解除戒严，并将在 1971 年恢复国会。与此同时，拉赫曼也宣布将于 9 月 21 日正式辞职，并向最高国家元首推荐拉扎克为继承人。9 月 22 日，拉扎克正式就任总理，拉赫曼执政的时代就此画上了句号。

二　"新经济政策"背景下的马来西亚民族国家建构

拉赫曼的辞职标志着马来西亚独立以来的一个时代的结束。在拉赫曼执政的 15 年里，马来西亚民族国家建构在政治上，通过维系巫统、马华公会和印度人国大党三个族群政党联盟来维护和强化马来人的优势；在经济上，在对马来人的发展给予相当程度的关注的情况下维持英国殖民统治时期的经济结构，实行自由主义的经济政策，给予华族和印度族较大的经济自由活动空间，以换取两个族群民众对马来人政治特权和优势的认可和服从；在文教上，坚持马来文化和马来语的主导地位，力图用马来文化同化和吸纳其他族群文化，最终达致文化一体化的目标。不过，在具体的实践过程中又能从严规定从宽执行，使得其他族群的文化和教育得以延续，从而有助于减少他们的不满，维护社会的稳定，避免族群间的冲突。拉赫曼时代政治、经济和文教方面的妥协性使得马来西亚在多数时间里能够实现族群间的和平相处，各族群对国家的认同也不断强化。拉赫曼政府虽然在民族国家建构过程中坚持马来人主导的同化模式，但在各种具体政策的实施过程中还有很大的回旋余地，并没有采用疾风劲雨式的同化措施。这也使得华族和印度族等虽然对其政策不满，不断地进行各种形式的申诉和抗议，但总体上愿意在议会民主制框架下，通过政党政治来实现自己的目标。在争取独立过程中结成的巫统、马华公会和印度人国大党三党联盟，在独立过程中和建国后很长一部分时间内也确实能够起到包容与协调的作用，至少能够将各族群的精英人士纳入其中，通过他们对民众的诉求进行协商，在坚持一定底线的条件下达成妥协，维护族群间关系的稳定。然而，"五一三事件"的爆发打破了拉赫曼政府关于族群关系和谐的认知，也对马来西亚独立后民族国家建构的策略提出了挑战。随着拉赫曼的辞职，"五一三事件"后民族国家建构的重任就落到了拉扎克身上。基于对"五一三事件"原因的总结，拉扎克政府将维护族群团结和国家安定作为主要目标，在政治、经济和文教政策上做出了新的调整，以适应形势的发展，开启了马来西亚民族国家建构的"新经济政策时代"。

（一）整合政治：从联盟到"国阵"

"五一三事件"爆发后，马来西亚将走向何方备受关注。1969年10月9日全国行动理事会发表了《五一三悲剧》报告。该报告对于马来西亚未来走向提出了三种选择：一是消极不作为，任由族群关系恶化，直至国家瓦解；二是恢复1948年的宪制地位；三是寻求积极的解决方案，在族群和谐和亲善的情况下实现人民的愿望。无疑，第一种和第二种选择都不是现实的选择，而巫统选择执行第三种方案。对于巫统来说，实现第三种选择就意味着，应该在维护马来人的地位和特权的基础上，维持马来西亚的议会民主制度。当然，基于对"五一三事件"的反思，巫统认为现存的联盟体制有待调整。其原因在于，联盟在建立时就是为了能够包容较为广泛代表各族群的政党，实现在高层就相关问题的协商和讨价还价，用之缓和乃至消弭各种矛盾，实现族群关系的融洽。然而，在独立后的议会民主制度下，除了巫统、马华公会和印度人国大党外，一批新兴的族群政党开始崛起，使得执政的联盟政党很难再说自己是唯一代表马来人、华人或者印度人的政党。面对这一形势，拉赫曼政府本应该防患于未然，及时地调整联盟策略，将具有代表性的其他族群政党整合进执政联盟，使得联盟更有包容性，更加体现广泛的代表性。然而，拉赫曼政府并没有这样做，这使得众多的反对党得以存在，并与联盟抗衡，进而双方都诉诸族群问题来吸引民众，最终造成悲剧。而拉扎克政府所要做的，就是在不同层面与反对党组成联合政府，将具有代表性的各族群的政党纳入共同磋商决策的制度框架内，将宪法修正案中的不容公开讨论的"敏感问题"放到由具有代表性的人士参加的"私下会议"中协商解决。基于这一考虑，拉扎克虽然较晚才提出国民阵线（以下简称"国阵"）的概念，但从1970年6月马来西亚恢复东马的沙捞越和沙巴的选举开始，拉扎克就开始了收编其他反对政党的试验。

拉扎克对"国阵"的缔造是从1970年6月沙捞越和沙巴选举开始的。"五一三事件"爆发后，拉赫曼政府暂停了沙捞越和沙巴即将举行的国会和州议会选举。1970年6月，沙捞越和沙巴

的选举得以恢复。在沙捞越的选举中，共有沙捞越人民联合党
（1959 年 6 月成立，简称人联党）、沙捞越国民党（1960 年 3 月
成立）、沙捞越土著党（1961 年 2 月成立）、沙华公会（1962 年 7
月）和沙捞越保守党（1962 年 7 月成立）等五个政党参加 48 个
州议席的竞争。选举结果是人联党获得 12 席，国民党获得 12 席，
土著党获得 12 席，保守党获得 8 席，沙华公会获得 3 席，故没有
一个政党的席位超半数以达到自己可以单独组织州政府①的标准。
利用这一时机，拉扎克积极推动马来人主导的土著党与华人主导
的人联党组成联合政府。而最终，人联党同意在沙捞越与土著党
组织联合政府，并在不久后被拉入联盟，进入执政党行列，其标
志就是人联党的领导人获得了内阁部长的职位。② 当时，联盟允
许人联党参加联合政府，并逐步将其拉入联盟，拉扎克在其中发
挥了重要的作用。这说明，与拉赫曼不同，拉扎克不固执于以意
识形态划线，将具有温和社会主义色彩的人联党收编，是其日后
组织"国阵"的第一次尝试。

在沙捞越试验成功后，已经正式继任总理的拉扎克进行了其
收编工作的第二步，即在槟榔屿州与民政党组织联合政府，进而
将民政党拉进联盟。民政党是 1969 年大选过程中以华人为基础的
反对党中重要的一个。民政党是于 1968 年 3 月 4 日在非族群主
义、民主主义和温和社会主义三大建党原则指导下组建的。1969

---

① 〔马来西亚〕谢诗坚：《马来西亚华人政治思潮演变》，友达企业有限公司，
1984，第 200 页。

② 〔马来西亚〕何国忠编《百年回眸：马华社会与政治》，华社研究中心，
2005，第 171 页。

年大选过程中，民政党在国会取得 8 个席位，在州议会选举中取得 26 个席位，而在槟榔屿州更是夺得 16 席，并组成了州政府，由前马华公会会长、现任民政党领导人林苍佑出任首席部长。1969 年大选后民政党准备组织槟榔屿州政府，但是其内部发生了党争，这为林苍佑领导的民政党与巫统组成联合政府提供了条件。而在有了沙捞越的先例后，基于槟榔屿州议会巫统只有 4 名议员，无论如何无力单独组织州政府，拉扎克决定与林苍佑联手。在经过 1971 年双方的协商和磨合之后，1972 年拉扎克和林苍佑正式宣布由巫统和民政党组成州联合政府。随后，民政党也被拉入联盟。而在与民政党组成联合政府之前，巫统已经于 1971 年 5 月与人民进步党在霹雳州组成联合政府。这样，联盟进一步扩大，华基反对党中有两个进入了联盟，只余下民主行动党。至于拉扎克为何不把民主行动党也收编进联盟，最主要的原因应该是联盟一直把民主行动党看作是新加坡人民行动党的继承者，两者在民族国家建构理念上差距颇大。

　　也就在几乎完成与人民进步党和民政党结盟期间，拉扎克于 1972 年 8 月正式提出了"国民阵线"的概念。按照拉扎克的说法，它希望通过这一国民阵线，尽可能多地容纳相关政党，从而共同就国家面对的问题进行讨论并寻求解决之道。在收编人民进步党和民政党后，拉扎克加紧了与泛马伊斯兰教党的谈判，意图通过收编泛马伊斯兰教党来达成马来人的更大团结。泛马伊斯兰教党是巫统之外的另一个马来人政党。自成立以来，该党一直坚持维护马来人的权益，主张建立一个马来人的马来西亚国家，而对巫统大加批判，并在独立后的历次大选有着不俗的表现。1969年"五一三事件"后，1970年12月巫统曾提议与泛马伊斯兰教党在登嘉楼组织联合政府，但不为其接受。到1972年4月，当巫统再次发出呼吁时得到了泛马伊斯兰教党的积极响应，后经4次正式谈判，于12月28日由拉扎克签署协议，双方于1973年正式组成联合政府。这样，拉扎克又收编了泛马伊斯兰教党。在收编泛马伊斯兰教党之后，拉扎克对外表示，马来西亚现在更加接近"国民阵线"的概念，不久之后将以此为永久的基石，建立一个强大且团结的多元族群的马来西亚。[①]

对于拉扎克的"国民阵线"概念本来不是十分情愿的马华公会最终也不得不低头，乖乖地待在"国阵"之内。进入1974年，在大选即将来临之际，拉扎克更是宣布将弃用联盟的标志，改用"国阵"的标志。1974年6月1日，国民阵线正式注册，取代了联盟，这意味着自1955年就存在的联盟寿终正寝。1974年的"国阵"由巫统、马华公会、印度人国大党、民政党、人民进步党、沙捞越联盟、沙捞越人联党、沙捞越土著党和沙巴联盟等9个政党组成。"国阵"的宗旨被表述为：①促进马来西亚的团结与和谐；②致力于物质和精神上的发展，维护伊斯兰教的国教地位，国内也可以有其他宗教存在，同时履行国家原则；③建设一个公平合理的社会；④促进成员党之间密切的关系。[②]

通过组成"国阵"，拉扎克将众多的政党拉入其中，这既能

---

① 〔马来西亚〕谢诗坚：《马来西亚华人政治思潮演变》，友达企业有限公司，1984，第236页。

② 韩方明：《华人与马来西亚现代化进程》，商务印书馆，2002，第252页。

够减少政党纷争，也能够利用各党在"国阵"之内的相互竞争而加强巫统的地位。这样，拉扎克虽然抛弃了拉赫曼时代的联盟政策，但却收获了比联盟时期更大的成果。马哈蒂尔宣布终结"新经济政策"之前的历次大选也证明了拉扎克组成"国阵"的成功。在巫统的主导下，1974 年大选国会 154 席中有 135 席为"国阵"所获，1978 年国会 155 席中，"国阵"收获 132 席；1982 年国会 155 席，"国阵"同样得到 132 席；1986 年国会席位增加到 177 席，"国阵"获得 148 席。[①]"国阵"这几次大选都获得了超过 2/3 的多数席位，故很容易以之修改宪法，服务于自己的统治。1958～1985 年，马来西亚共修宪 29 次，其中 1969 年后就有 18 次。[②] 这样，巫统的地位更加巩固，以后其他政党很难撼动。"国阵"以巫统为主导，"国阵"力量的增强也就意味着巫统的地位的提升。同样，以代表马来人利益自诩的巫统地位的提升，自然也预示着马来人整体权势的增强。拉扎克通过"国阵"组织，不仅能够居于各政党之间，不时地利用各党之间的竞争推进自己的利益，而且能够消减政党之间的竞争，维持较为安定的政治环境，以推进与"国阵"概念几乎同时提出的"新经济政策"。

自"五一三事件"后，从民族国家建构的视角来说，拉扎克塑造"国阵"，收编各族群的政党，自然是将众多的精英和知识

①　孙振玉：《马来西亚的马来人与华人及其关系研究》，甘肃民族出版社，2008，第 153 页。

②　孙振玉：《马来西亚的马来人与华人及其关系研究》，甘肃民族出版社，2008，第 154 页。

分子收拢进政府。这可以让他们就族群"敏感问题"在坚持马来人特权、马来语国语地位、马来文为官方语文、统治者的特权以及伊斯兰教为国教等马来人必争的底线的前提下，进行协商和相应的妥协让步，不同程度地满足各族群的要求，以此缓和各个族群对政府的不满，防止族群间矛盾的蔓延，这对于实现国家的稳定大有裨益。

（二）作为民族国家建构手段的"新经济政策"

作为对"五一三事件"原因的总结，巫统认为事件发生的主要原因在于马来人对于族群间经济发展的不平衡和自己长期处于比华人和印度人更落后的经济状态的不满。这导致了族群矛盾的激化，并最终演变成流血冲突。事实正如本书上面提到的，早在"五一三事件"之前，随着建国后马来人中产阶级的不断成长，他们希望自己也能够在工商业站稳脚跟，但在和实力强大的国外资本和较强的华人资本竞争过程中显得力不从心。因此，他们希望政府能够采取强有力的措施来扶植马来人工商业的发展。但是，自建国以来拉赫曼政府基本上奉行较为保守的自由主义政策，其所采取的措施力度明显不能满足成长中的马来人中产阶级的要求。这些人的要求也通过巫统党内较为激进势力得到了一定的反映。马哈蒂尔就是主张通过政府干预来推进马来人经济发展的典型代表之一。"五一三事件"后，面对巫统内部激进派的要求，拉赫曼政府虽然通过强力措施处置了敢于冒犯的马哈蒂尔等人，但对于他们扩大政府干预，推进原有经济结构调整，改善马来人经济地位的要求还是不得不做出积极回应。为此，早在1969

年 7 月初，拉扎克领导的全国行动理事会就提出了发展马来西亚经济的"新经济政策"初步方案。1971 年拉扎克继任首相后正式提出了"新经济政策"。

1. "新经济政策"的目标

由拉扎克政府提出的"新经济政策"，从 1971 年开始实施一直持续到 1990 年马哈蒂尔政府宣布"新经济政策"的终结。从民族国家建构的角度看，"新经济政策"的目标就是力图通过马来西亚政府的强力介入，打破殖民地时期形成的按照族群划分的经济结构，让马来人能够在经济领域立足甚或超过华人和印度人，使得马来人取得与其政治权势相当的经济权势。这样，马来人对于经济上处于相对优势地位的华人的忧惧感将会减轻，将有可能采取更加包容的姿态看待马来人与华人乃至与印度人的关系。总的来说，拉扎克政府提出的"新经济政策"包含两层目标，一是消灭贫困，二是社会重组，这两项目标都是为了实现国民的团结这一最终目标。

关于消灭贫困，这一目标强调在经济发展的基础上，用 20 年的时间消灭全体马来西亚人的贫困状况，建立一个公平的社会。具体来说，其目标包括马来西亚人均国内生产总值从 1970 年的 1142 马元增加到 1990 年的 3129 马元，马来西亚的失业率从 7.8% 下降到 3.2%，马来西亚的贫困户数在总户数中的比重由 49.3% 降至 16.7%，其中农村贫困户的比重从 58.7% 下降到 23%。[①] 至于重

---

① 林若雩：《马哈迪主政下的马来西亚：国家与社会关系（1981—2001）》，韦伯文化事业出版社，2001，第 39~40 页。

组社会，就是要重组社会经济结构。通过政府对经济的大力干预，彻底改变沦为殖民地以来的社会经济结构和社会财富占有与分配不均的状态，使得经济地位不再成为区分马来人和非马来人的标志。具体而言主要包括三方面的目标。首先是改变沦为殖民地以来的经济模式。这是指对国外占支配地位的各行业和各部门的资本结构进行根本改造，用20年的时间使得马来人在农工商业各部门及股份公司中拥有的股权占有率从1.5%增加到30%，华人和印度人等的占有率则从22.3%增加到40%。[①] 其次是重组就业结构。这一目标在于使得马来人在马来西亚所有产业部门的就业情况以及各种职业技能的就业情况反映各族群人口比例，以及各种就业结构的比例。最后是将马来西亚由传统的农业国家变为工业国。具体的目标就是希望将马来西亚的国民生产总值从1970年的123亿800万马元增加到1990年567亿6000万马元，其中农业在国民生产总值中的比重由30.8%减少到14.4%，制造业的比重则由13.4%增加到26.6%。[②]

不过，上文提及的不论是消灭贫困，还是重组社会，由于马来人在三大族群中的贫困率比较高，而且在传统的经济和就业结构中处于相对不利的地位，拉扎克政府、奥恩政府以及马哈蒂尔政府在推动"新经济政策"时，主要是将其作为一种"马来人优先"的政策，而把辅助马来人脱贫和发展经济当作了第一要务。

---

① 林若雪：《马哈迪主政下的马来西亚：国家与社会关系（1981—2001）》，韦伯文化事业出版社，2001，第40页。

② 林若雪：《马哈迪主政下的马来西亚：国家与社会关系（1981—2001）》，韦伯文化事业出版社，2001，第40页。

2. "新经济政策"的实施及其成效

为了实现"新经济政策"的目标，从拉扎克政府到马哈蒂尔政府，在反对贫困和社会重组等方面都采取了一系列的措施。经过 20 年的实施，在消灭贫困、经济结构调整、就业结构以及资产股权重组等方面马来人都有了长足的进步，并逐步取得了不小的经济优势。

消除贫困是"新经济政策"的第一目标。为了消除贫困，特别是马来人的贫困，马来西亚政府采取了一系列的措施。首先，通过增加投资的方式，提高贫困人口的收入水平。针对农村马来人的贫困问题，继续加大对农村基础设施建设的投入，为马来人的发展提供资金、技术等方面的支持。其次，扩大马来人农村土地的开发，为马来人提供相应的土地。到马哈蒂尔时期，为了进一步加大消灭农村贫困的力度，1984 年政府制定了国家农业政策，大力进行土地开发，并对众多的农业人口进行安置。最后，通过城市化来提升农业人口的生活水平，鼓励广大农村民众到城市打工，拓宽就业门路。

通过 20 年的反贫困举措，马来西亚取得了明显的成效。马来人的贫困率有了大幅的下降，并超额完成计划所设定的目标。同时，其他族群的贫困率也有了相应的下降，虽然下降幅度不如马来人的大。到 1990 年，马来西亚的贫困人口总量已经下降为总人口数量的 15%，其中，农村贫困人口数量下降至 19.3%，城市贫困人口数量则下降到 7.3%。1970～1990 年马来人的贫困率由 65%下降到 20.8%，华人的贫困率由 26%下降到 5.7%，印度人的贫困率则由 39% 下降到 8%。[①]

在社会重组方面，提升马来人的股权占有率主要是通过两条途径来实现的。第一，巫统主导的马来西亚政府通过收购、合并和参与等方式，减少外国资本对本国公司的控制权，使马来人拥有的企业控股权有显著增加。马来人的企业控股权虽然到 1990 年时未能达到 30%，但也达到了 20.5%，与 20 世纪 60 年代末 70 年代初相比已经取得了很大的进步。其中，在银行业和金融部门马来人的控股权已经上升至 70%。第二，马来西亚政府兴办大量国营企业，并在适当时机进行私有化。在推行"新经济政策"阶段，马来西亚巫统主导的政府投入大量资金建立了许多国营企业。这些企业由政府委派的马来族官员或马来族资本家进行管理。到马哈蒂尔时期，巫统主导的政府实行私有化政策，政府将国营企业低价出售或转让给马来族官员或资本家。

对于推动马来西亚各族群，特别是马来人就业结构的重组，巫统主导的政府具体采取了以下相关政策。首先，通过相应的行政和法律措施推动马来人由收入较低的行业部门向收入中等或高等的行业部门流动。通过推进马来人劳动力在不同行业部门之间流动，鼓励更多的马来人从传统的农业领域向工商业领域进军。例如，1971 年修订完善的《投资激励法案》为了让企业雇用一定数量的马来人而做出延长相应企业免税期的规定。1975 年，拉扎克政府颁布的工业调整法令则直接要求资金规模和就业人数达到

① 林勇：《马来西亚华人与马来人经济地位变化比较研究（1957—2005）》，厦门大学出版社，2008，第 150 页。

一定规模的企业必须雇用不少于 50% 的马来人。其次，提高马来人的受教育水平，为他们提供各种训练机会，使之有条件从事各种技术工作和熟练劳动。推行"新经济政策"期间，为了提升马来人的受教育水平，让更多的马来人接受高等教育，政府除了维持既有的"固打制"外，还在奖学金等方面给予马来人照顾。最后，推进农村的城市化，创设各种的工业区和贸易区，吸引农村马来人劳动力向城市转移，改善就业结构。通过 20 年"新经济政策"的实施，马来人在第一、第二和第三产业的就业人口分布状况有了明显的改进，其就业人口除了在农业继续保持较大比例外，在第二产业的就业比例已经提升到占该产业总就业人口的 49.8%，在第三产业的就业比例也已经提升到占该产业总就业人口的 50.9%。[1] 总之，通过"新经济政策"时期的社会重组，殖民地时期遗留下来的经济结构基本上被打破，马来西亚三大族群的经济结构不再是马来人局限于农业，华人局限于商业、制造业和采矿业，而印度人局限于种植业。

3. 新经济政策的总体评价

"新经济政策"是巫统主导下的政府基于对"五一三事件"的反思而采取的经济发展政策。按照官方声明，其目标在于通过经济发展、消灭贫困，以及社会重组来达到国民的团结。对于实施了 20 年的"新经济政策"，学界对之褒贬不一。认同"新经济政策"者认为作为一项发展政策，其固然包含马来人优先的不足，但毕竟在 20 年里实现了马来西亚经济结构的大调整，使得经

---

① 韩方明：《华人与马来西亚现代化进程》，商务印书馆，2002，第 252 页。

济上较为落后的马来人能不断成长。在缩小贫富差距、提升就业率、提高收入水平以及提高股权占有率等方面，马来人都取得了可喜的成绩，这无疑有助于缓和因经济结构不合理、收入差距较大等带来的族群间的矛盾与摩擦。而对"新经济政策"持反对态度的人则认为，"新经济政策"由于执行的是"马来人优先"的原则，只是让马来人的经济实力大增，并且培育出了一批马来人上层富翁。而华人和印度人则在"新经济政策"的实施中受到排挤，如此等等。

学界对于马来西亚"新经济政策"评价的争论一直存在，并可能还将继续下去。但从民族国家建构的视角看，自"五一三事件"以来，巫统主导的政府实际上已经将国民团结和国家稳定视为当前的重大任务。在这一目标指引下，通过对事件的反思，出台"新经济政策"也是理所当然的了。巫统毕竟是代表马来人利益的政党，坚持"马来人优先"的政策也是应有之义。但是，作为现实主义者，拉扎克和马哈蒂尔都具有很高的政治敏感度。他们认识到马来西亚是一个多族群的国家，在一个多元社会里，推行任何政策忽视这一现实是行不通的。因此，在"新经济政策"的实施过程中，马来西亚政府虽然会出台一些保障马来人的举措，但也会在华人和其他族群的抗议下做出适当的调整，并且巫统主导的政府不是通过剥夺其他族群的财富或者就业机会分配给马来人，而是通过创造更多的机会来满足马来人的需求。这一点，无疑也有助于缓和华人和印度人等其他族群的不满。总体上，从民族国家建构的角度看，"新经济政策"的实施基本上实现了推进马来人经济地位的提升和维护社会稳定的目标。

（三）同化企图下的"国家文化"

在多族群国家中，各族群之间文化的交融需要一个漫长的过程，而文化又被视为一个族群存在的"根"，因此文化问题很容易触发族群间的矛盾和冲突。"五一三事件"后，各族群间的文化差异也被视为族群间发生冲突的原因之一。因此，文化上的整合也被视为维护各族群和谐和国民团结的重要出路。从1971年马来西亚国家文化大会召开并提出"国家文化"的概念，到1976年首相奥恩正式提及国家文化的三原则，巫统主导下的政府力图打造一种以马来文化为核心的国家文化，来实现对其他族群文化的整合，进而实现民族建构。

"五一三事件"后，巫统主导的政府打造马来西亚国家文化和出台相关政策是1971年8月16~20日在马来西亚大学召开的国家文化大会的推动下开始的。鉴于马来西亚作为一个多族群国家，其内部各族群间文化差异巨大，而又容易引发矛盾与冲突，为了对各族群文化进行整合，1000多位学者和作家（其中，马来人占绝对多数）在马来西亚大学召开了一次国家文化大会。大会以提交论文的形式讨论了国家文化的内涵与构成，并最终通过了一项对国家文化的构成做了三条阐释的决议。该决议认为，第一，马来西亚的国家文化必须以本地区原住民的文化为核心；第二，其他适合及恰当的文化元素可以被接受为国家文化的元素，但是必须在符合第一及第三项概念的前提下才会被考虑；第三，伊斯兰教是塑造国家文化的重要元素。这一对马来西亚国家文化的内涵和构成的阐释无疑在告诉世人，所谓的"国家文化"就是马来文化。在华人和其他族群看来，这分明是忽视马来西亚多元文化共存的事实，力图以马来文化同化其他族群文化。这与马来人经常提及的"一种语文、一种文化和一个民族"的说法是一脉相承的。

在此次大会的推动下，巫统主导的政府出台了一系列举措来促进国家文化的发展，而事实上只能是推动马来文化的发展。政府出台的新的文化政策致力于本土文化的研究、提高艺术演出水平和成立文化发展机构。不过，由于在马来西亚大学召开的国家文化大会的决议并非国家的政策，而只是一种学术性的界定，巫统主导的政府最初并没有对之全盘接受。1974年1月，当文化、青年和体育部长在国会会议中阐释国家文化的相关问题时，他们只提及国家文化是以国内原有人民的文化为基础，其他族群的传统文化中被接受的部分可以称为国家文化的一部分，而没有强调伊斯兰教是塑造国家文化的重要元素。直到1976年2月首相奥恩才在一次演说中提及国家文化三项原则，并强调有价值的外来文化可以被整合进国家文化。① 此后，国家文化大会的三点决议才成为官方文化政策的指导原则。

这一国家文化指导原则一经确立，就引发了华族为主的其他族群的忧惧。在华人看来，马来西亚是一个多族群、多元文化社会，确立马来文化主导的国家文化原则，势必将华族文化和印度族文化排挤出国家文化之外。这样，不作为国家文化一部分的华

---

① 〔马来西亚〕何国忠：《马来西亚华人：身份认同、文化与族群政治》，华社研究中心，2002，第104页。

人文化和印度人文化等就处于不受保护的地位。这是与宪法规定的华族和印度族等可以自由发展自己的文化相背离的。而巫统主导的政府出台的一些文化政策，及其对华族等文化现象的排斥，更增强了华族等对马来文化同化的担忧。例如，1979年的内政部部长加沙里曾经称华人的舞狮表演不具有本地色彩，除非改成舞虎，否则不可能被接受为国家文化。面对政府出台的国家文化的原则，华人表示了强烈的不满，并于1983年由华人社团组织草拟了国家文化备忘录，以阐明华人对国家文化的立场。该备忘录认为，第一，马来西亚国家文化的基本特征是多元的文化形式，共同的价值观念和本地色彩；第二，马来西亚各族群文化的优秀因素是国家文化的基础；第三，科学、民主、法治精神与爱国主义思想，是建立共同文化价值观的指导思想；第四，国家文化应该基于族群平等原则，通过民主协商来建设，在建设过程中应重视文化发展的自然规律，而不应该人为干预；第五，建设国家文化的过程，也就是各族群文化相互交流、去粗存精，并吸收外来文化的优秀因素，建立共同价值观的过程；第六，政府应当一视同仁、平等对待，同样辅助各族群文化，并大力促进它们之间的交流。① 很明显，华人认为国家文化应当具有包容性，而不是人为以某一族群的文化为主导，同化其他族群文化。

同华族一样，在马来族主导的政府在国家文化原则指导下推行一系列马来化政策的情势下，印度族也表现出了极大的忧惧和

---

① 〔马来西亚〕何国忠：《马来西亚华人：身份认同、文化与族群政治》，华社研究中心，2002，第106页。

不满。马来西亚的印度族同华族一样，也将语言、文化、教育和宗教等视为保存族群特征的重要手段。然而，在国家文化原则指导下，马来西亚政府推行的伊斯兰化运动首先对印度族一部分人的宗教信仰构成了冲击。在"新经济政策"的背景下，马来西亚国内掀起了一股伊斯兰复兴运动。这一运动使得一部分马来人对其他族群的宗教产生了敌视情绪，而这影响到了宗教信仰浓厚的印度族。马来西亚的印度族中，不少人信仰印度教，自移民马来西亚后，他们建立了不少的宗教场所和设施。然而，在伊斯兰复兴运动的浪潮下，一部分伊斯兰教极端分子竟然对印度族的宗教设施和场所进行冲击和破坏。1977年，马来西亚印度族的28个宗教活动场所遭到极端分子的打砸，很多设施遭到破坏。同年，马来西亚还发生了穆斯林和印度教徒之间的"苏巴马廉王寺庙冲突事件"，险些酿成重大的宗教冲突。事件虽然最终在政府偏袒性的压制下得以平息，但自然引发了印度族，特别是信奉印度教的印度族部分民众的不满。面对政府推行的同化政策，由于在人口规模上较小，内部又呈现多元分化的状态，印度族的抗争就显得不如华族那样有声势，但他们也还是通过加入华族的反对阵营，强化泰米尔教育等，来展现印度族维护自身文化特色的决心和信念。

很显然，以华族和印度族为首的少数族群的国家文化观念与巫统主导的政府意欲推行的国家文化概念是有差别的。在"新经济政策"实施的20年里，政府固然急于通过对国家文化的塑造来实现以马来人为主导的各族群的整合，但事实上却没有政治上和"新经济政策"实行上的成绩突出。

小　结

　　"五一三事件"是马来西亚民族国家建构历史上的一个重要分水岭。"五一三事件"的发生结束了拉赫曼执政时代，也开启了一个民族国家建构的新时代。在总结事件发生原因的基础上，拉扎克政府以国民团结和国家稳定作为首要目标，并通过建立"国阵"，实施"新经济政策"等，推行马来人优先原则，强化马来人的政治优势，着力打造马来人经济的强势。经过 20 年的努力，当马哈蒂尔宣告"新经济政策"结束之际，马来人已经取得了政治和经济上的双重优势，马来西亚已经真正变成了一个马来人主导的国家。不过，在"新经济政策"实施期间，巫统主导的马来西亚政府采取的文化同化政策没有能够取得实质性进步。究其原因，主要在于现实主义的巫统领导人都认识到马来西亚并不仅是马来人的马来西亚，它还是一个多族群的马来西亚。在"五一三事件"的教训面前，他们认识到强制的同化带来的只能是矛盾的激化，而这是巫统打造"国阵"和实行"新经济政策"所要极力避免的。因此，当文化同化政策遇到华族等的抵制的时候，巫统主导的政府多会做出有限的让步，进而使得同化之目标在短期内很难实现。同时，"五一三事件"后华族和印度族也认识到在巫统强有力地控制着政府，掌握军队和警察的情势下，自己通过强力迫使巫统做出很大的让步，并且如果采取激烈的行动的话，其结果将和"五一三事件"一样，必将遭受较大的损失。因此，华族和印度族在整个"新经济政策"实施期间也尽量避免激化矛盾。这也有助于维系各族群间的"和平"共处。而自身强势地位的确立使得马来人更加自信，以前对华族和印度族忧惧的心理有所缓解，这也为日后马哈蒂尔采取"小开放政策"打下了基础。

第五章
"小开放"环境下的马来西亚民族国家建构

"五一三事件"后，巫统主导的政府通过塑造国民阵线，推行"新经济政策"和实践国家文化政策，力图在维持马来人强势地位的基础上，依靠经济的持续增长和社会进步，来缓和族群间的矛盾，实现国民的团结和国家的稳定。到 1990 年马哈蒂尔宣布"新经济政策"结束，经过 20 年在政治、经济和文化方面的整合和运作，巫统主导的政府基本上或者很大程度上实现了"扶助马来人"的目标。通过对国民阵线的塑造，巫统的政治优势更加明显。而巫统又充分利用自己的优势，通过一系列政治和法律措施，推进马来人经济利益的提升和强势地位的打造。这使得马来人在"新经济政策"结束之际，事实上已经能够在经济领域的众多行业中站稳脚跟，超过或者至少可以与华人和印度人在相关领域平起平坐。或许，唯一不能令巫统主导的政府和马来人激进分子满意的是其力图通过国家文化政策达到排挤和同化其他族群文化的构想未能如愿。华族和印度族等少数族群虽然在"五一三事件"的后遗症作用之下，对巫统主导的文化同化政策的反应较为温和，但是对于族群教育体系的维持和发展，以及族群语言的使用等方面却坚守阵线，表现出了顽强的抵抗精神。这样，经过20年的发展，马来西亚三大族群依然泾渭分明，族群之间矛盾与分歧的根源依然存在。在这一大背景下，在宣告"新经济政策"结束的同时，马哈蒂尔政府就开始在坚持马来人特权的原则下，针对华人和印度人等其他族群的要求，在政治、经济、文教等方面做出一定的调整，从而形成了一个在华人和印度人等少数族群看来建国以来少有的开放局面。华人和印度人等少数族群自"五一三事件"以来形成的低迷、沉闷和"二等公民"的心理和心态在一定程度上得到了舒展。不过，直到现今，虽然马来西亚政局几经变幻，2003年下台的马哈蒂尔也在2018年重执权柄（2020年2月，马哈蒂尔辞职），巫统也自建国以来首次失去主导政府的权力，但马来西亚政府所做的努力还是与华人和印度人等少数族群的要求有很大的差距。这也就是马来西亚华族知识分子一般将1990~2003年马哈蒂尔执政期间巫统的开放政策及其形成的局面称之为"小开放"的原因。①

第一节　"小开放"政策出台与"小开放"局面形成的背景

1990年，在"新经济政策"实施了20年之后，马哈蒂尔宣

---

① 丘光耀：《马来西亚华人政策日愈开放化的导因》，《华侨华人历史研究》1995年第2期；〔马来西亚〕何启良等主编《马来西亚、新加坡社会变迁四十年（1965—2005）》，南方学院出版社，2006，第124页。

布了其终结。1991 年 2 月 28 日，在马来西亚工商委员会成立大会上，马哈蒂尔提出了"2020 年愿景"。此后，马哈蒂尔主导下的马来西亚政府为了推动"2020 年愿景"的实现，开始对"五一三事件"以来实行的一系列政治、经济、族群和文教政策进行相应的调整，并由此出台了一系列较为开放和包容性的政策，进而在马哈蒂尔剩余的执政时间里，乃至今日的马来西亚形成了一种"小开放"的局面。"国家发展政策""马来西亚民族"等口号的提出和更具包容性、能够体现多元文化色彩的文教政策（如准许设立华文高等教育学院等）的出台就是"小开放政策"的具体体现。虽然由这些政策的实施塑造的"小开放"局面未能够从根本上改变马来人的主导地位和实现真正的族群间的平等，维系马来人特权地位的宪法和相关法律体系也未能受到多大的触动，但"小开放"局面下的族群关系确实是"五一三事件"以来最为和缓的。而实施"小开放政策"这段时间也是各族群国家认同最强的时期。20 世纪 90 年代以来，马哈蒂尔领导下的巫统政府何以会采取"小开放政策"，并塑造出"小开放"的局面，这一直是备受争议的问题。在马来西亚华人中，对此有着两种不同甚或直接对立的阐释。一种是以马华公会为代表的"协商决定论"。按照这一说法，"小开放政策"的出台和"小开放"局面的形成，固然是马哈蒂尔及其领导的巫统审时度势的结果，但也得益于马华公会领导人积极主动地与巫统协商，影响巫统的决策。另一种则是以一贯以反对党形象示人的民主行动党为代表的"压力决定论"。此种观点认为，马哈蒂尔认真检讨建国政策的主要原因在于马来西亚人民通过实际行动（选票）向之施压。不过，在丘光耀看来，这两种多少都有些为自己脸上贴金的论调是站不住脚的。在批驳这两种观点的同时，丘光耀提出了"历史合力论"。在此基础上，丘光耀突出强调了马来西亚民主进步力量不断抵制巫统的同化政策的行为为马哈蒂尔调整政策创造了客观条件。① 自然，在以上三种观点中，丘光耀的"历史合力论"比其他两种观点高明了不少。不过，要真正了解1990年后马哈蒂尔领导的巫统缘何会对政策进行调整，还需从当时的政治、经济和文教状况以及马哈蒂尔和巫统对它们的认知着手。

一　应对族群政治运作新状况的需要

政党明显以族群划分是马来西亚政党政治鲜明的特征。任何一个宣称自己代表某一族群利益的政党，为了获取民众的支持，不管是执政党还是反对党，都极力宣扬族群问题，这很容易诱发族群间情绪的大爆发。"五一三事件"就是典型的例子。基于对"五一三事件"教训的总结，拉扎克将原来的巫统、马华公会和印度人国大党组成的政党联盟，通过尽最大努力收编不同族群的反对党转变成国民阵线，以扩大其合法性的基础，也尽量塑造所有政党协商的印象，缓和族群间的矛盾。通过组成"国阵"，巫统主导的执政党能在历次大选中保持控制国会超过2/3议席的态势，而巫统也一直能在"国阵"中处于主导地位，这进一步强化

---

① 具体的论述可见〔马来西亚〕丘光耀《第三条道路——马来西亚华人政治选择批判》，地球村网络有限公司，1997，第82～94页。

了巫统的权势。对于巫统来说,其他政党几乎沦为了它的附庸,真正的决策权少之又少。巫统主导下的"国阵"固然扩大了其合法性的基础,但随着时间的推移,特别是当巫统在文教方面执着于推行同化政策之时,声言代表华人和印度人利益的马华公会、印度人国大党因为在多数情况下站在政府一边,自然引发了华族和印度族民众对其代表合法性的质疑,它们在政府和民众之间桥梁的作用也日渐降低。也就是这个时候,华人政治新形势的出现和巫统内部权力斗争,都使得马哈蒂尔及其领导的巫统认为有必要采取开放政策。

华人社团是马来西亚华人社会的一支重要的领导力量(如"董总""教总"以及其他华人社团)。以"董总"和"教总"为代表的华团,一直是马来西亚华人抵制政府文教同化政策的中坚力量。"五一三事件"后,面对巫统主导下的政府以"国家文化原则"来排挤华族文化,挤压华教生存空间的情况,"董总"和"教总"为首的华团曾积极与马华公会协调分歧,共同应对《1972年教育修正法案》《1979年教育报告书》和"3M"制之争(3M指的是阅读、书写和算术)给华文教育带来的冲击。然而,在此过程中"董总""教总"与马华公会的分歧越来越大,直到最后分道扬镳。为此,"董总"和"教总"认识到自身仅仅作为压力集团,依靠马华公会这样的代表性政党,并没有多大作为。要阻止政府不断出台不利于华教的措施,有必要在国会拥有自己的代表。因此,"董总"和"教总"先是积极推动在朝(马华公会和民政党)、在野政党(民主行动党)和民间力量(华团)"三结合"的政治路线,寻求政治上的突破。1982年大选前夕,

"董总"和"教总"就呼吁通过"三结合"改变政府的行为，并提出了"打入国阵，纠正国阵"的口号。① 不仅如此，"董总"和"教总"还因为与民政党在文教政策上的主张相近，在1982年大选前支持一些华教人士参加民政党，参与大选。只不过，"董总"和"教总""三结合"的政治路线收效甚微。可是，"董总"和"教总"并不气馁，反而以更强的姿态投身政治。1990年大选前夕，包括当时"董总"主席在内的27名华团人士集体参加民主行动党，积极推动"两线制"，通过加强反对党力量，形成一个可以与"国阵"角力的反对阵线，以阻止"国阵"继续获得国会2/3席位，使之不可随意修改宪法。而1990年大选的结果也似乎印证了"董总"和"教总"的理念。这次大选中，民主行动党与泛马伊斯兰教党和从巫统分裂出来的"四六精神"党组成统一阵线（"反阵"），虽未能阻止"国阵"获得国会2/3的议席，但也使得"国阵"的国会议席有所减少，而反对党则有所收获（在国会议席方面，"国阵"获得180个议席中的127个，而"反阵"则获得了49个席位；在州议席方面，"国阵"获得351个席位中的253个，"反阵"获得98个）。② 这时马华公会和民政党的成绩则乏善可陈，特别是自诩是华人第一大党的马华公会，在选举之际其不少党员只得依靠支持巫统的马来人的选票过关。受1990年大选的刺激，马哈蒂尔认识到有必要针对华人社会

---

① 胡春艳：《抗争与妥协：马来西亚华社对华族母语教育政策制定的影响》，暨南大学出版社，2012，第150页。

② 〔马来西亚〕孙和声、〔马来西亚〕唐南发编《风云五十年：马来西亚政党政治》，燧人氏出版社，2007，第72页。

的要求在不触动马来人特权的前提下，给予适当的满足，使得巫统主导的政府可以直接从华人选民中获取支持，这一考虑是催生"小开放政策"的因素之一。

在华团开始强势介入政治之际，巫统内部的分裂，"四六精神"党的建立，以及其与泛马伊斯兰教党结成统一阵线，也是马哈蒂尔实行"小开放政策"，争取少数族群，特别是华人选民支持的动机之一。巫统历史上的第二次大分化起因于首相奥恩辞职前后巫统内部的权力争斗。首相奥恩辞职前后，巫统内部涌现出以马哈蒂尔、幕沙希淡和东姑·拉沙里三人为首的三派力量。1981年奥恩辞职后，马哈蒂尔继任首相，而幕沙希淡则担任副首相，东姑·拉沙里居于两人之下。1982年，通过继任后的首次大选，马哈蒂尔进一步巩固了自己在巫统内的地位，而与幕沙希淡和东姑·拉沙里的矛盾也在不断加剧。1986年大选前后，马哈蒂尔与幕沙希淡和东姑·拉沙里的矛盾公开化。在大选前，幕沙希淡辞去副首相职务，公开向马哈蒂尔发起挑战。大选过后，1987年幕沙希淡与东姑·拉沙里联合对抗马哈蒂尔，争夺巫统最高领导人职位。然而，幕沙希淡和东姑·拉沙里不敌马哈蒂尔。由于不满巫统内部选举结果，东姑·拉沙里派系的人竟然转向最高法院求助，要求最高法院判决巫统内部选举结果无效。虽然最高法院最终宣布巫统为非法组织，但马哈蒂尔利用政府权力，稳住阵脚，带领巫统的大部分人宣布成立"新巫统"。在马哈蒂尔和东姑·拉沙里两派的争斗中，东姑·拉沙里的支持者日渐减少，迫使其出走巫统，另立"四六精神"党，以示与马哈蒂尔领导的"新巫统"一较高下。为了能在1990年即将到来的大选中有所成就，1989年"四六精神"党先与泛马伊斯兰教党和哈民党组成了伊斯兰教徒团结阵线，继而又与民主行动党、人民党等组建人民阵线。这样，基本上形成了一个以"四六精神"党为中心的反对阵线。1990年大选的结果是马哈蒂尔领导的"新巫统"虽然保住了国会议席三分之二的多数，但不再声称自己是唯一代表马来人利益的政党。此时马来人政党可谓是三分天下（"新巫统""四六精神"党和泛马伊斯兰教党），这也确实分散了不少新巫统的选票。在东姑·拉沙阿里宣告"四六精神"党解散，并重归巫统之前，面对马来人内部政党的挑战，马哈蒂尔及其领导的新巫统认为有必要获取其他族群的政党和民众的支持，而"小开放政策"的出台则是实现这一目标的手段。

二　化解族群关系潜在性危机的需要

"五一三事件"后，巫统主导的马来西亚政府在民族国家建构的过程中，提出了国民团结和国家稳定的重要目标，并通过出台一系列政治、经济和文教政策来推动这一目标的实现。固然，通过"新经济政策"的推行，族群之间自殖民地以来就存在的经济结构不协调和发展不平衡的矛盾，得到了相当的缓和，但"马来人优先"政策的推行和不断强化使得华族和印度族等少数族群产生了一种潜在的"二等公民"的心理。再加上巫统主导的政府极力推行的国家文化政策，对华族和其他族群文化生存空间的挤压，以及对华文和其他语文教育的限制，使得族群关系虽能"共处"但真正的和谐从未出现。以马来族和华族关系为例，华族认为"五一三事件"是华人在马来西亚历史上最大的"悲剧"。它既是"政治权力争夺上的悲剧，也是文化、教育上巨大阴影铺天盖地的启点，亦是经济上大挫折的起端，更大的悲剧则是开始了漫长的苦闷压抑期"[①]。就自身感受而言，很多华人认为自己受到了不公正的待遇，"华人在政治、经济、文化与教育各方面都面对了前所未有的压抑与限制，尤其是在经商、就业、升职、升学与母语的使用方面。"在这整个过程中，华人与马来人的族群关系是充满了猜疑、忌妒与害怕的。在 20 世纪 90 年代到来之前，马来人和华人之间的关系已绷得很紧。[②]

在困境面前，华人有过迷茫、彷徨、无奈和失落，但他们从没有放弃过抗争。如果说华人对在经济上辅助马来人发展的做法还能够容忍的话，那么对于"五一三事件"后巫统主导的政府推行的同化式的文教政策则进行了不间断的抗拒和抗争。《1972 年教育修正法》通过后，巫统主导的政府力图废除所有接受津贴的学校的董事部，并由政府教育主管部门决定全津贴学校和教育机构的董事部关闭的时间和方式。当政府成为学校的唯一管理者时，华人社会予以了抗议。随后，《1979 年内阁教育报告书》的出笼和政府"3M"制的出台，也引发了华人的抗议和不满。只是，华人的抗议并没有能够改变巫统主导的政府的初衷。而 1987 年的"华小高职事件"及政府随后开展的"茅草行动"似乎给人一种"五一三事件"重演的感觉。"华小高职事件"是由政府在

① 廖小健：《战后马来西亚族群关系研究》，博士学位论文，暨南大学，2007，第 133 页。

② 廖小健：《战后马来西亚族群关系研究》，博士学位论文，暨南大学，2007，第 133~134 页。

1987年9月开学前突击任命一些不懂华语的人到华校重要行政岗位上工作引起的。这一系列的突击任命被华人视为政府意图改变华校的性质，这将威胁到华校的生存。因此，在"董总"和"教总"的带动下，华人社会包括马华公会和民政党，以及在野的民主行动党等，都积极参与了抗议运动，要求政府收回成命。面对华人的强烈不满，急于稳定局面的政府本打算改弦易辙，但却遭到了马来人激进分子的阻挠。他们也组织针对性的抗议活动，要求政府绝对不能向华人让步，并指斥华人的要求是种族主义。华人和马来人的抗议行动使得局势骤然紧张起来，最终导致马哈蒂尔政府以族群关系紧张为由展开了"茅草行动"，进行了大规模抓捕行动，并对一些报纸进行了查封。"茅草行动"中共有119位在朝、在野政党的领袖、华教人士等被逮捕，英文的《星报》、华文的《星洲日报》和马来文的《祖国日报》被勒令关闭。①

"华小高职事件"虽然因为马哈蒂尔政府断然采取"茅草行动"而未能酿成大规模的族群冲突，但也向人们表明马来西亚族群关系的脆弱。这也促使马哈蒂尔主导的巫统政府在20世纪90年代实现由"新经济政策"向"国家发展政策"转变的情势下，觉得有必要采取一定的措施来消弭族群冲突的根源。这也是20世纪90年代以来马哈蒂尔政府实行"小开放政策"的考虑之一。

三 国际政治、经济环境的大变动使然

20世纪80年代末90年代初，马来西亚所处的经济和政治大

---

① 胡春艳：《抗争与妥协：马来西亚华社对华族母语教育政策制定的影响》，暨南大学出版社，2012，第160页。

环境发生了重大转变,这也为马哈蒂尔政府实施"小开放政策"创造了客观条件。随着东欧剧变和苏联解体,延续了50多年的冷战格局瞬间崩塌,冷战与对峙的局面逐步为和平与发展的大趋势所代替。这时,意识形态的对抗已经开始让位于经济全球化和区域一体化。与此同时,东亚地区经济持续发展,正在成为新兴的经济发展中心。而中国也在改革开放后实现了迅猛发展,成为世界上最活跃的经济体之一。

面对东亚乃至国际环境的变化,以经济发展来助推族群关系缓和及维护社会稳定的马哈蒂尔政府,无疑希望抓住这一历史契机,让马来西亚的发展上一个新台阶。1991年"2020年愿景"的出台无疑就是很好地证明。要真正想利用好国际环境,内部的变革及与之相配套的措施就显得十分必要。采取"小开放政策",不仅有助于缓和族群关系,也有助于调动在经济上依然发挥重要作用的华人的积极性,克服他们的"二等公民"心理,让他们积极投身到马来西亚经济发展中来,为国家的发展做出自己的贡献。20世纪90年代以来马哈蒂尔政府积极推动中马关系发展,鼓励马来西亚华族商人和企业家到中国投资,就是对其理念最好的诠释。

第二节 "小开放" 政策与马来西亚民族国家的建构

1991年2月28日,马哈蒂尔提出了"2020年愿景"这一"新经济政策"结束以来指导性的纲领。按照马哈蒂尔"2020年愿景"的规划，政府将用 30 年（2020 年正好是"2020 年愿景"
提出的第 30 个年头，马来西亚离"愿景"所展示的目标似乎还
有很长的路要走）的时间把马来西亚打造成为一个工业化国家，
而在这一过程中具体的应该实现以下 9 大目标：①建立一个团结、
具有共同目标的马来西亚，国家和平、领土完整、族群融合、生
活和谐、充分合作，塑造一个忠于君国和为国献身的马来西亚民
族；②建立一个自由、稳固、有自信以及勇于挑战困难的马来西
亚，民众对国家有信心，并对它的成就、克服厄运的毅力感到自
豪；③塑造一个成熟的民主社会，以及通过协商达致协议，以社
群为取向的马来西亚民主模式，并以此能够作为许多发展中国家
的楷模；④建立一个拥有高度道德意识的社会，人民具有高度的
宗教意识及道德水平；⑤建立一个成熟、自由及宽容的社会；
⑥创造一个科技发达与进步的社会，一个具有创造力和远见的社
会；⑦建立一个充满爱心的社会及塑造爱心文化，摒弃自私自利
的心态，建立一个懂得回馈家庭的制度；⑧确立一个经济公正的
社会；⑨建立一个繁荣的社会，在经济上具备高度竞争力，稳
健、弹性和适应力。[①] 可以说，马哈蒂尔的"2020 年愿景"为马
来西亚民族国家建构勾画了一幅以自由、民主、和平、繁荣、族
群和谐为手段，以"马来西亚民族"为归宿的宏伟蓝图。这一蓝
图相较于"新经济政策"时期突出马来人至上、马来人优先的
"土著主义"而言，对华族和印度族等其他少数族群更有吸引力，

---

① 林若雯：《马哈迪主政下的马来西亚：国家与社会关系（1981—2001）》，
韦伯文化事业出版社，2001，第 103~104 页。

为本来已经饱受"二等公民"心理困扰的少数族群带来了一丝丝的希望。以"2020年愿景"的提出为转折点，马来西亚民族国家建构的策略和手段进入了一个微调的时代。

总体上，20世纪90年代，实施20年的"新经济政策"到了需要重新检讨的时候，在马来西亚内外环境发展和变化的情势下，作为一位具有忧患意识和对现实有着强烈体察的领导人，马哈蒂尔为了巩固自己和巫统的权势，顺应形势的发展，比较及时地对马来西亚的政治、经济、族群关系和文教等方面的政策进行了不同程度的调整，进而促成了"小开放"局面的形成。

一　塑造"马来西亚民族"目标的提出与族群政策的微调

正如本书在前几章不时提及的，自建国以来对于马来西亚民族国家建构就有着两种不同理念的碰撞。一种是主张用马来人的文化同化其他族群的文化，实现"一种语言、一种文化、一种宗教、一个国家、一个民族"。这一理念的目标实则就是要建立一个马来人的国家，这与部分马来人持有的自己才是这个国家的主人，华人和印度人等是外来移民的认知是相契合的。[1] 而以华族和印度族为主的其他少数族群，自20世纪50年代彻底完成国家认同转变（由母国认同到马来亚/马来西亚认同的转变）以来，就认为作为马来西亚的公民，自己应该有与马来人同等的权利，

----

[1] Cheah Boon Kheng, "Malaysia: The Making of a Nation," *ISEAS-Yusof Ishak Institute Singapore*, 2002, p. 4.

在未来马来西亚的民族国家建构中，应该尊重语言、文化、宗教等多元化的事实，在保留各族群文化的基础上塑造未来的民族国家。在华族和印度族等看来，族群认同与国家认同两者并不存在不可逾越的鸿沟。事实上，自独立以来，马来西亚民族国家建构走的就是一条马来人主导的道路。马来人通过政治、经济、文化和教育等各种举措来极力打造一个马来人的国家。马哈蒂尔在1992年的一次演说中曾提到，为了巩固一个团结一致的"马来西亚民族"，政府在已经过去的30年里，除了实施"新经济政策"与"国家发展政策"外，还采用了其他如国家教育政策、国家语文政策和国家文化政策，等等。[①] 这无疑是一份马来人主导的同化政策的自白书。然而，这些被冠以维护国民团结标签的政策所带来的并不是一条康庄大道，"五一三事件"就是典型例子。并且，在20世纪90年代前，巫统主导的马来西亚政府推行了30多年的同化政策，不仅未能真正打造出一个为各族群认可的"马来西亚民族"，因华人和印度人对同化政策的不满，还使得他们的族群意识和族群认同感更加强化。

马来西亚是一个多族群的国家，到目前为止马来人是最大的族群，华族和印度族等是相对较小的族群。但是，从人口结构上来看，华族和印度族，特别是华族，自立国以来就不是处于绝对少数的族群。近年来华人的总体人口数量虽然呈不断下降的趋势，但还是占马来西亚全国总人口的20%以上。而印度族也保持

---

① 〔马来西亚〕丘光耀：《第三条道路——马来西亚华人政治选择批判》，地球村网络有限公司，1997，第82~94页。

在 6% 以上。同时，华族和印度族都有着自己悠久的历史文化，并保持了比较完善的文化传承机制。在这样的族群结构下，推行强制的同化政策只会适得其反。正是认识到了这一点，马哈蒂尔政府开始公开承认马来西亚是一个多族群、多宗教、多文化和多语言的多元社会的事实，并在民族建构的策略上做出了一定的调整。

因此，1991 年马哈蒂尔在"2020 年愿景"中提出了"马来西亚民族"的概念。马哈蒂尔承认，在"新经济政策"实施期间，乃至实施前，巫统主导的马来西亚政府试图塑造一个单一的、以马来人为中心的民族。但这样的行动所带来的后果则是各族群之间关系的紧张，不同族群民众之间存在着紧张情绪和相互的猜疑。对于华族和印度族等少数族群民众来说，他们担心自己必须放弃自己的原有文化、风俗习惯、价值和信仰体系。马哈蒂尔认识到，以往的同化政策是不可行的（虽然这并不表示马哈蒂尔准备彻底放弃同化政策，但至少他承认这是问题的症结所在）。因此马哈蒂尔将"马来西亚民族"看作是问题的解决之道。[1] 而在马哈蒂尔看来，作为一个"马来西亚民族"，应该是指："华人可以在家中讲华语，马来人可以在家中讲马来语，各自的语言文化、宗教信仰不会改变。不同的只是大家要想到这是同一个国家，不要再分彼此，而要互相容忍和接纳。"[2]

在提出要建构一个"马来西亚民族"这一口号后，马哈蒂尔

---

[1] 曾营：《马哈蒂尔政府对华族的政策研究（1981—2003）》，硕士学位论文，广西师范大学，2008，第 25 页。

[2] 韦红：《东南亚五国民族问题研究》，民族出版社，2003，第 134 页。

政府就积极向人们传递一种信息，即在实现"马来西亚民族"建构的过程中，各族群的马来西亚人，不管其肤色和信仰，都可以保留自身的语言、文化、宗教和风俗习惯，并最终融合为一个民族。马哈蒂尔强调，现在的"马来西亚民族概念"与以往强调同化不同，"以前，马来西亚民族这个概念是要人们变成百分百的马来人，才能成为马来西亚人。现在我们接受的这个概念是，这是一个多族群的国家。我们要的是修桥，而不是彻底拆除阻隔我们的障碍。我们不打算让所有的华人改信伊斯兰教。我们告诉我们的穆斯林人民——你们不要试图迫使他们改信"①。也就是说，至少从字面意义上看，强制同化将不再是政府主导性的手段。既然如此，推进族群间的交流与互动就成了建议中的"马来西亚民族"形成的不可或缺的体验。

为了向世人证明自己承认马来西亚是多族群和多元文化社会的事实，以及建构多族群和谐的"马来西亚民族"的决心，马哈蒂尔及巫统的其他高级成员不时地采取一些姿态，表示对华族或印度族文化的赞赏，以及推动马来族和华族等少数族群在文化上的交流与互动。例如，为了表示对华族文化的亲善，巫统的高层在华人举行庆祝活动或者集会的公开场合会用华语向人们表示问候或祝福。比如，"您好吗""谢谢您"等。而曾经的巫统二号人物安华更是凭借其用华语高呼"我们是一家人"而受到华人的青睐。其他的，如巫统各州州务大臣也会在华人春节期间，通过挥

---

① 孙振玉：《马来西亚的马来人与华人及其关系研究》，甘肃民族出版社，2008，第185页。

动毛笔书写汉字送祝福的形式表示对华人文化的尊重和认可。不仅如此，马哈蒂尔政府还通过提供平台的方式促进和推动华族和马来族的交流与对话，促进双方的沟通与了解。如 1995 年安华就曾在吉隆坡举办了"伊斯兰和儒教交融"大型国际学术研讨会。此外，安华还鼓励马来学者研究儒家思想，鼓励在马来西亚出版《孟子》和《论语》等儒家经典，如此等等。①

当然，这一切只是一些较为浅显的工夫，要真正实现族群间的沟通与了解要下的功夫还很多。但是，在经历了建国后一次次的挤压与抗争，特别是"新经济政策"时期的压抑之后，马哈蒂尔政府的姿态无疑迎合了华人的需要。这也就是华人对"马来西亚民族"概念表示拥护的原因。正如有国内学者分析的那样，在马来西亚这样一个多族群的国家里，"各族群间的冲突并不可能是完全出于经济不平衡或者政治上的敌视，也是与保存和加强族群身份之间的斗争有关"。马来人想把自己的文化和价值强加于马来西亚整个国家和其他族群，而华族、印度族等非马来族则希望保存自己的文化身份。② 这样，国家忽视多元文化背景推行同化政策，要求华人和印度人向马来人看齐，以马来人文化作为认同对象，进而整合为一个马来人的马来西亚，是华人和印度人不能接受的。这无疑是消灭自己的文化身份和特征。马哈蒂尔此时提出"马来西亚民族"的概念可以说是恰

① 〔马来西亚〕何国忠：《马来西亚华人：身份认同、文化与族群政治》，华社研究中心，2002，第 106 页。

② 孙振玉：《马来西亚的马来人与华人及其关系研究》，甘肃民族出版社，2008，第 186 页。

逢其时，对于一扫华族和印度族心中的压抑与不快自是起到了不小的作用。不过，也应当承认，与华族和印度族等少数族群对马哈蒂尔提出的"马来西亚民族"概念满怀喜悦和充满期待之情的情形不同，不少马来人特别是马来人中的激进分子都对这一概念并不看好，甚至持怀疑态度。在他们看来，"马来西亚民族"如果形成，那么马来人在其中处于何地？马来人的特权又将何去何从？是否会消失于无形？对于马来人的种种疑虑，马哈蒂尔政府提出了与"马来西亚民族"概念相配套的"新马来人"这一概念。马哈蒂尔政府将"新马来人"界定为具有务实、进取、竞争力、敏锐和创新五项特质①的人，并将其置于"马来西亚民族"的中心地位，也就是说"新马来人"是"马来西亚民族"的主体（这实质上否认了在"马来西亚民族"中各族群的平等地位）。② 由此可见，马哈蒂尔政府提出的"马来西亚民族"口号与现实存在较大差距。③

二 适度温和的"国家发展政策"

"国家发展政策"是 1981 年马哈蒂尔继任首相后对继续执行的"新经济政策"进行反思和总结的结果。1989 年，马哈蒂尔政

① 〔马来西亚〕陈丁辉：《想象还是事实？独立后马来亚国族建构的再思考》，载〔马来西亚〕何国忠编《百年回眸：马华社会与政治》，华社研究中心，2005，第 251~273 页。

② 〔马来西亚〕丘光耀：《第三条道路——马来西亚华人政治选择批判》，地球村网络有限公司，1997，第 44 页。

③ T. N. Harper, "New Malays, New Malaysians: Nationalism, Society and History," *Southeast Asian Affairs*, 1996, pp. 238-255.

府宣布成立国家经济咨询委员会，就"新经济政策"的执行进行检讨，并探索新的经济发展政策。该咨询委员会的代表性比较广泛，由 150 名代表组成，包含大批官员、专家、政党人士和利益集团等。该委员会的成立，预示着马哈蒂尔调整乃至改变"新经济政策"的意图。不过，这个委员会的形式大于内容，并不负责制定经济政策，而仅被看作是一个论坛。所以，其最终提交的报告也并没有被马哈蒂尔政府使用。真正决定用"国家发展政策"代替"新经济政策"的，是内阁经济委员会。1990 年 7 月 30 日国会通过马来西亚第二个远景规划和第六个大马计划，标志着"国家发展政策"的出台。①

就实际而言，"国家发展政策"是对"新经济政策"的扬弃，而不是彻底的"抛弃"。"国家发展政策"继承了"新经济政策"中消除贫困和社会重组两大目标，并且还将重点放到了马来人身上。不过，就推进的策略和手段而言，"国家发展政策"更加温和，并且能够就"新经济政策"时期的一些被华族和印度族等视为限制性和排斥性的政策和立法进行修订，并注重推进马来族和其他族群的经济合作，也注重发挥华族等在国家经济发展中的作用。例如，调整《工业调整法》。1975 年实施的《工业调整法》对马来西亚的制造业进行了许可限制，这一法令及相关政策则主要被视为针对华人的。出台这一法令的目的一方面在于实现股权的重组，另一方面也是强制性地给马来人就业留下岗位。法令规

---

① R. S. Milne, "The Politics of Malaysia's New Economic Policy," *Pacific Affairs*, Vol. 49, No. 2, 1976, pp. 235-262.

定凡是资本超过 10 万马元、就业人数超过 25 人的制造业企业就需要在贸易和工业部申请制造业许可证,并且必须给予"土著"至少 30% 的股份,同时留下不少于 50% 的就业岗位给马来人。①这一法令自 1975 年出台以来到 1985 年得到了较为严格的执行,因此也引起了华族企业相当的不满,并以各种形式进行了抵制。因此,1985~1990 年"新经济政策"实施期间国家对这一法令也有过相应的调整,只是力度不大,不能很好地满足华族企业的要求而已。"国家发展政策"实施期间,国家对该法令又做了进一步的调整,规定资本少于 250 万元、雇员不多于 75 人的企业可以不遵守该法令。这无疑是很大的调整,就华人企业而言,这样就有 95% 以上的中小企业不必遵守该法,有利于扩大自主发展空间。② 同时,1993 年马哈蒂尔政府还对"土著企业"进行了重新界定,将原来占股权的标准从 51% 下降到 35%。这样,对于扩大族群间的经济合作,特别是华人与马来人的合作有很大的推动作用。不仅如此,如果说"新经济政策"期间华族与马来族间的经济合作,也就是合伙开办公司或者企业,是华人出于借助马来人出面来争取自己享受不到的利益的话,那"国家发展政策"期间政府则主动牵线搭桥,推进马、华经济的合作。此外,就华人而言,马哈蒂尔政府还着力推动中马关系发展,并鼓励马来西亚华人到中国投资。以往,马来西亚华人到海外特别是到中国投资,都会被视为不爱国的表现,故会受到很大的限制。而这时,马哈

---

① Nobuyuki, "Malaysia's New Economic Policy and the Industrial Coordination Act," *The Developing Economies*, Vol. 29, No. 4, 1991, p. 340.

② 韩方明:《华人与马来西亚现代化进程》,商务印书馆,2002,第 308 页。

蒂尔政府则由巫统的领导人出面为华人说项，以避免其遭受马来人激进分子的攻击。

总体上，"国家发展政策"从 1991 年提出，一直延续到马哈蒂尔下台，其成效还是比较突出的。就消灭贫困而言，"国家发展政策"的目标是将贫困率由 1990 年的 16.5% 减少到 2000 年的 7.2%。在政策实施过程中，1997 年马来西亚的贫困率就降到了 6.1%，提前完成了目标。其中，马来人的贫困率由 1990 年的 23% 减少到了 2002 年的 7.3%。华人的贫困率由 5.7% 减少到 1.5%，印度人贫困率由 7.6% 减少到 1.9%。[①] 在就业结构重组方面，马来人除在农业领域依然占优势外，其他行业都获得了很大的提升（见表 5-1）。至于马来人的职业变化也很明显，在以往华人占优势的职业里，马来人也得到了相当大的增长。如在专业技术领域，马来人的就业人数占比就从 1990 年的 60.5% 增加到 2000 年的 64.3%。在教育和卫生领域，马来人就业人数比例由 1990 年的 68.5% 增加到 2000 年的 72.3%。在华人一直占优势的经营管理领域，马来人也从 1990 年的 28.7% 上升为 36.1%。[②] 在股权重组方面，马来人的股权占比在 2000 年为 19.1%，虽有所下降，但这主要是马哈蒂尔政府大规模引进外资的结果。

---

① 林勇：《马来西亚华人与马来人经济地位变化比较研究（1957—2005）》，厦门大学出版社，2008，第 249 页。

② 林勇：《马来西亚华人与马来人经济地位变化比较研究（1957—2005）》，厦门大学出版社，2008，第 221 页。

表 5-1　1990 年、1995 年、2000 年三大族群就业行业人数比率

单位：%

行业	1990 年			1995 年			2000 年		
	马来人	华人	印度人	马来人	华人	印度人	马来人	华人	印度人
农林牧渔业	67.9	14.5	7.6	62.1	12.3	6.5	61.6	11.1	6.1
矿业	51.9	32.7	9.2	58.4	20.9	11.5	57.5	20.9	10.2
制造业	46.4	37.9	11.0	50.6	30.9	11.8	49.1	30.1	11.4
建筑业	34.9	51.4	5.8	38.3	42.7	5.0	37.9	38.5	4.7
供电、供气、供水	70.2	10.0	17.0	73.9	9.4	11.3	71.2	11.6	11.5
运输、储藏和通信	49.0	30.8	14.9	53.3	29.9	12.2	55.8	28.5	12.0
批发、零售、宾馆和饭店	34.5	53.5	6.8	36.8	50.8	6.4	38.3	48.7	6.7
金融、保险、房地产和商业服务	41.1	46.8	9.9	45.3	42.5	9.6	45.3	41.2	9.9
其他服务业	64.7	23.9	7.7	65.3	21.7	7.2	63.6	21.6	7.1

资料来源：Government of Malaysia, *Seventh Malaysia Plan*, 1996–2000（Kuala Lumpur：The Government Press, 1996）, pp. 78–79. Government of Malaysia, *Eighth Malaysia Plan*, 2001–2005（Kuala Lumpur：The Government Press, 2001）, Chapter 3.

可以说，"国家发展政策"的实施，从目前看来，很好地实现了马哈蒂尔政府设立的目标，并且与"新经济政策"时期不同，是在对华族和印度族的经济政策相对宽松的条件下实现的。华族等企业家和商人的被伤害程度大大降低，所以对政府的看法相对更加正面，族群关系也就更平静。

三　相对宽容的文教政策

一直以来，保持文化特性和享受母语教育，并建立比较完善

的教育体系是非马来人的奋斗目标。对非马来人来说，文化是族群的"根"，而教育是传承文化的媒介。一旦教育发展受到限制，那么文化之根也会枯萎。因此，针对马来西亚建国以来巫统主导的政府力图在文化和教育方面推行同化政策，以华族为主的少数族群都进行了不同程度的抗争。也正是由于华族的不断抗争，华人教育才得以保存，并得以发展下来。但自"五一三事件"以来，随着国家文化政策的出台及其相关文教政策的实施，虽然非马来人继续抗争，但效果并不明显。巫统主导的政府在文教方面推行的同化政策使得非马来人，特别是华人很受伤害，特别是1987年的"茅草行动"。这无疑影响到华人等非马来人对马哈蒂尔政府的好感。在经历了"茅草行动"以后，随着"2020年愿景"的提出，马哈蒂尔政府开始在一定限度上对自己的文教政策进行调整，在承认马来西亚是一个多族群、多文化的多元社会的现实下，制定更具包容性的政策，以此获取非马来人的支持。马哈蒂尔政府实施的文教政策中最具包容性的具体事例莫过于1996年调整《1961年教育法令》的部分内容及其允许开设华文私立学院。

早在殖民地时期，由于英国分而治之的政策，马来亚在进入20世纪后分别存在着马来文教育、华文教育和泰米尔文教育三种不同的教育体系。1957年马来亚独立后，三种教育体系得以保存，并且得到宪法的保证（马来西亚宪法虽然规定国语是马来语，官方语文为马来文，但强调各族群有享受自己母语教育的权利）。[1] 但是，

---

① *Federal Constitution* (The Commissioner of Law Revision, Malaysia, 2010), Part XII, p. 152.

在"一种语言、一种文化、一个国家、一个民族"的理念支配下，巫统主导的政府力图通过教育政策的同化来逐步取消华文和泰米尔文教育，形成一个完全以马来文和马来语为教学媒介的同一源流的学校教育体系。基于这一考虑，巫统主导的政府自立国后先后通过了一系列的法令，试图限制华语和泰米尔语学校的发展。其中，一直被华文教育和泰米尔文教育视为心腹大患的就是《1961年教育法令》。因为，该法令中的第21条B款规定教育部长可以在认为适当的时候将国民型小学改为国民小学。而这被华人视为莫大的隐患，是政府力图消灭华文教育而做的长远打算。因此，"董总"和"教总"为首的华教社团一直建议政府修改相关法令，并将这一条款去掉。不过，这一条款却存在了35年。"2020年愿景"公布后，随着巫统主导的政府的政策的开放性日渐显现，"董总"和"教总"也在20世纪90年代的政府教育法令修订过程中再次建议去掉这一条款。最终，《1996年教育法令》删除了这一条款。这一条款的删除自是让华教工作者大大松了一口气，也被视为"小开放政策"中的重要一环。

允许私人兴办私立学院也是"小开放政策"的一个重要体现。对于非马来人，特别是华人来说，创办自己的大学是他们不懈追求的梦想。马来西亚独立后，华人一直致力于完善的教育体系的创建。1955年，新加坡建立了南洋大学。这是一所华文大学。但是，随着1965年的新、马分家，南洋大学对于马来西亚华人来说就变成了外国人的大学。鉴于马来西亚华文中学的大量存在，以及华人继续深造的困难，华人社会极其希望有自己的华文大学。1967年底，"董总"和"教总"开始呼吁成立一所大学，并得到了华人社会的热烈响应。1968 年，经过一番讨论和思考后，拟议中的大学被命名为"独立大学"。不过，随后的大学创办过程却遇到了重重阻力。不仅巫统主导的政府不认可，就是作为华人执政党的马华公会也不支持。不仅如此，马华公会还另起炉灶，在政府的支持下开办了拉曼学院。此后，"董总"和"教总"发起了轰轰烈烈的"独大运动"，但因遭遇"五一三事件"而沉沦下来。更有甚者，1971 年马来西亚政府通过法令规定申办高等教育机构必须征得最高元首的同意。此后，"董总"和"教总"虽一再争取，甚至为了能够申办大学，不惜采取法律程序，但最终也是败下阵来。然而，随着"小开放"时代的到来，"华社"趁机提出申办大学的问题。1990 年南方学院获得批准，1997年新世纪学院获得批准，1998 年韩江国际学院获得批准。至此，华人拥有了三所真正的华文教育学院。而原来由马华公会兴办的拉曼学院也升格为大学，即拉曼大学。这样，到 20 世纪 90 年代末，马来西亚华人已经拥有了从小学到高中再到大学的比较完备的教育体系。

应该说，不论是废除《1961 年教育法令》中的第 21 条 B 款，还是华人能成立独立学院，都离不开以"董总"和"教总"为首的"华社"的努力。这与巫统主导的政府采取较有包容性的政策也有很大的关系。

四　些许变化的政治氛围

在 1990 年马哈蒂尔宣布"新经济政策"结束之后，正如上文所提到的，马来西亚政府已经在族群关系、经济和文教等方面采取了一些调整措施，对于缓解"新经济政策"实施以来的族群关系大有裨益。马哈蒂尔政府在推行族群关系、经济和文教等方面的政策调整的同时，也在政治方面采取了一些调整措施，但是这些调整相较于马来西亚各族群民众要求开放式民主来说自然存在很大的差距。但为了推进马来西亚的现代化和巩固马哈蒂尔及巫统的权势，马来西亚政府还是采取了一些行动的。在马哈蒂尔采取的行动中，以削弱马来西亚王室的特权和整合华人社团的例子最为突出。

马来西亚实行的是仿照英国的君主立宪制度。马来西亚的君主虽然名义上和英国的君主一样都是"虚君"，但是实际上却有着一系列由1948年联邦宪法规定的权力和特权。比如说，除了宪法赋予的立法、行政和司法权力外，还具有任命总理等军政大员的权力。如果说这些都还可以看作是"纸面文章"的话，那么宪法规定的最高元首处于国内所有人之上，并不受任何法院的诉讼，乃至其配偶除了最高元首外，也居于国内所有人之上，进而其他苏丹及其王室也享有不少豁免权就明显有违法律面前人人平等的原则。而随着社会的进步，不仅马来西亚的华族和印度族对苏丹们的特权早就看不惯，就是一直将忠君视为重要规范的马来人也在现代教育发展的情势下，越来越不能容忍苏丹们的各类特权。马哈蒂尔是一个集马来主义、现代化追求者和现实政客于一身的人物，为了维护自身的权势，其不可能认识不到民众的情绪，进而随时准备利用这一情绪，来削弱苏丹们的权势。

早在20世纪80年代初期，马哈蒂尔刚刚继任首相不久，他就曾经推动过一次针对最高元首和苏丹们的宪法修正运动。根据马来西亚宪法规定,马来西亚政府提出的一系列议案需要经最高元首,或者由苏丹们组成的统治者会议的认可和签署才能有效。但到1983年6月,马哈蒂尔认为下一届选出的最高元首很可能不是一位很容易打交道的人,他极有可能不是很顺从内阁的意愿。为此,马哈蒂尔向议会提交了一份宪法修正案,希望不论什么原因,只要议案已经提交给了最高元首而即使15天内未得到答复,也将被看作是赞成这一议案,该议案就应当成为法律。也就是说,最高元首和苏丹们应该在15天内批准马来西亚联邦议会或者马来西亚联邦各州议会通过的议案。同时,马哈蒂尔政府还希望通过法令明确规定原来由最高元首拥有的宣布国家进入紧急状态的权力交由总理行使。① 这无疑是在向苏丹们的权力提出挑战。这自然受到了当时马来西亚最高元首和苏丹们的反对。由于当时时机并不成熟,响应马哈蒂尔的人并不多,缺乏响应的群众基础,最终以马哈蒂尔做出较大让步而收场(经过较量,最高元首批准议会提交议案的期限由15天延长到30天,宣布全国进入紧急状态的权力依然掌握在最高元首手中)。②

到了20世纪90年代,随着两起偶然事件的发生,马哈蒂尔政府再次掀起了一次针对王室和苏丹们的宪法修订活动。第一个事件的大体经过是1992年11月柔佛苏丹的儿子作为一名曲棍球比赛的队员,在柔佛队和霹雳队的比赛中,由于柔佛队失败而迁怒于人,将霹雳队的守门员痛打一顿,从而引发民众的愤怒。第

---

① 韩方明:《华人与马来西亚现代化进程》,商务印书馆,2002,第282页。
② 韩方明:《华人与马来西亚现代化进程》,商务印书馆,2002,第283页。

二个事件的大体情况是同月 30 日，一名批评柔佛队的教练被招进柔佛王宫，受到苏丹的怒斥和扇耳光的待遇，经新闻报道后更引发了民众的愤怒。进入 20 世纪 90 年代以来，马来西亚民众对于苏丹们的态度已经发生了相当大的改变。利用这两次事件，马哈蒂尔趁机向议会提出了宪法修正案，意图取消苏丹的豁免权和部分特赦权。该修正案认为，苏丹们如果违法，也应当受到审判，但可以在特别法庭进行。苏丹如果被判处 1 天以上的刑期，则不能获得赦免，必须退位。同时，允许联邦议会和各州议会的议员公开讨论有关苏丹们的问题（"五一三事件"后，有关统治者的问题曾经被列为敏感问题）。在这次修宪运动中马哈蒂尔充分利用了传媒的力量，从而获取了民众的支持，并最终在 1993 年 2 月修宪成功。这次修宪的成功，其意义不仅是限制了苏丹们的权力，更重要的是向马来西亚民众，特别是华族等向来主张争取民主、平等和自由的少数族群民众展示了一幅马来人特权也可能被改变的图景，这无疑有助于提升马哈蒂尔政府的凝聚力。

整合华人社团也是马哈蒂尔政府政治调整的步骤之一。这一举措不仅在于让一部分为了能够让社团获取注册的华人感到马哈蒂尔政府态度的变化，更重要的是无形中分化了整个华团的团结。"新经济政策"以来，面对巫统主导的马来西亚政府在文教方面的排挤和同化政策，作为执政党的马华公会和民政党已经很难让民众满意，而作为在野党的民主行动党的表现也不尽如人意，所以 13 个州的中华大会堂和"董总""教总"就成了团结华人、争取权益的领导团体，统称"十五华团"。早在"新经济政策"实施期间，13 州中华大会堂就希望能够联合起来，向政府申请注册一个统一的名称，以便统一行动。但是，早在1981年巫统主导的马来西亚政府就提出《社团（修正）法案》，意图将华人社团分为"政治社团"和"联谊社团"两类，以期对华人社团分而治之。但这遭到了华人社团的强烈反对而使得法案未能实施。不过，13州中华大会堂统一注册的行动也遭到了政府的拒绝。然而，进入20世纪90年代不久，为了显示自己的开明，获取华人的认可，1991年10月马哈蒂尔政府最终同意已经申请了9年之久的"马来西亚中华大会堂联合会"（简称"堂联"，后改为"华总"）的注册申请。① 这样，通过允许"堂联"的注册，政府无形中分化了十五华团。不仅如此，巫统主导的"国阵"政府还着力在"堂联"扶植在马哈蒂尔等人看来属于温和派的领导人，以便让"堂联"跟政府的"小开放政策"的步调一致。正如拉扎克收编其他在野党一样，马哈蒂尔政府比较成功地收编了一些重要的华人社团。

小　结

自1991年马哈蒂尔提出"2020年愿景"以来，到2020年为止已经过去了30年的时间。在过去的30年里，马哈蒂尔政府及其随后的几任政府，在一个多族群、多文化、多宗教的多元社会中，能够基于调整族群关系、维护国民团结和国家安定的考虑，

---

① 〔马来西亚〕丘光耀：《第三条道路——马来西亚华人政治选择批判》，地球村网络有限公司，1997，第69页。

调整"新经济政策"时期的相关政策，采取了一系列相对更具包容性的方针和政策，从而形成了一个"小开放"时代。在"2020年愿景"提出后的30年里，马来西亚的族群关系是比较和缓的，政府能够以较为包容的心态对待少数族群，允许他们维系和发展自己的文化与教育，这是值得肯定的。就目前的形势来看，一种"开放（包容）式"的民族国家建构路径正在呈现。这种路径如果日后能够维持下去，并最终真正成为马来西亚民族国家建构路径，那么必将对于维护国家的稳定、整合族群关系起着十分重要的作用。但是，"小开放政策"的实施和"小开放"局面的形成并不标志着巫统主导的政府已经放弃了其民族国家建构的理念，即一种语言、一种语文、一个国家和一个民族，这依然是其追求的目标。在"小开放"的局面下，马来人的特权及其赖以存在的宪法都没有受到触及。现有的"小开放"局面是在马来亚政府推动经济持续增长，不同族群都能分享到经济增长"红利"的条件下，非马来人承认马来人特权的结果。可是，当非马来人要求一个更加民主、开放和多元的政府和国家的时候，就会跟马来人的特权发生冲突，就会涉及"敏感问题"，这也是"小开放"局面下依然存在族群冲突隐患的原因。所以，现在看来对于"小开放政策"及其促成的"小开放"局面我们不应给予过高的评价。毕竟，2003年马哈蒂尔下台后，巫统主导的马来西亚政府并没有走上一条"多元文化主义"理论所描绘的民族国家建构的路线。实质上，当2018年马哈蒂尔再次执政时，马来西亚政府所奉行的依然是一种同化一体化的民族国家建构路径。

余　论

　　民族国家建构作为一个历史过程，并不完全是"一条直线"，它可能经历挫折和"走弯路"。在一个多族群国家里，要将语言、文化、宗教和社会习俗差异性极大的各个族群整合为一个民族，需要花费很大的力气，并且一定是一个漫长的历程，也是一个考验政府执政能力的过程。在一个多族群国家之内，要实现民族建构之目标，形成一个"民族"，不同的政府会有不同的选择。自近代民族国家诞生以来，在很长一段时间里，由占优势的族群以自己的文化、语言、宗教或者习俗同化其他族群，从而形成一种文化、一种语言、一个民族的同化路径一直占主导地位。第二次世界大战后，同化路径依然是新兴的多族群国家进行民族国家建构的主导选择。正如同其他多族群国家的政府一样，马来人主导的马来西亚政府也一直心怀同化其他族群的理想和目标。笔者通过研究发现，独立后的马来西亚在多数时间里所实行的就是一种同化政策。然而，也应当指出，与其他一些亚非拉多族群国家推行完全强制式的同化政策不同，在具体路径的选择上马来西亚有着自己的特征。从马来西亚民族国家建构的历程来看，马来西亚走的既不是疾风暴雨式的同化路径，也不是多元主义的路线，其民族国家建构的路径大体上经历了从"妥协式同化"到"威权主导下的同化"再到具有"开放和包容特征的同化"的转变。也正是因为马来西亚立国以来在民族国家建构路径的选择上在坚持同化政策的同时，能够在一定程度上考虑马来西亚多族群结构的现实，在华族等其他族群的抗争下，可以不断调整路径，从而实现了安抚其他族群、缓和族群矛盾的目的。

自1957年8月31日独立以来，马来西亚民族国家建构已经走过了60多个年头。这60多年的民族国家建构历程的两个重要组成部分即国家建构和民族建构虽然同时起步，但是进程并不一致，步调也不一致。对于国家建构的核心即国家认同来说，经过马来西亚各族群60多年的磨合，马来西亚已经取得了不小的成就。根据相关学者的著述，在2006年的一次抽样调查中，对马来族、华族和印度族三个族群相应民众的调查显示，虽然各族群民众对于马来西亚国家认同的程度有所不同，但总体上在三族所有的受调查对象中有90%的人认为自己作为马来西亚人感到自豪。对于这一自豪感的产生，众多接受调查者认为，这源于自己生于这个国家。[1]也就是说，出生地归属意识是国家认同形成的重要力量源泉。然而，国家的认同不仅是归属地认同，还包含对所在国的政府、社会制度、政治制度和体制等多方面的认同。自立国以来，相较于其他东南亚国家，特别是印度尼西亚而言，马来西亚除1969年发生过"五一三事件"外，基本上能够维持社会的

---

[1]　孔建勋等：《多民族国家的民族政策与族群态度——新加坡、马来西亚和泰国实证研究》，中国社会科学出版社，2010，第179页。

稳定，并且保持经济不断增长，社会持续进步，这也有利于马来西亚各族群人民对国家、政府及其相关体制的认同。

不过，与在国家认同方面取得的成绩相比，在民族建构乃至形成民族认同方面，马来西亚还处于理想阶段。民族建构和国家建构是民族国家建构的"两翼"，两者互为表里，相互依存。在民族国家建构的征程中，民族建构或者国家建构如果任何一个出现问题，都会影响彼此，甚至会阻碍整个民族国家建构的进程。当今乃至以后很长一段时间，马来西亚民族国家建构，特别是民族建构的成效，主要受三个方面问题的困扰。

首先，两种不同的马来西亚民族国家建构理念的冲突。马来西亚是一个以马来族、华族和印度族三大族群为主导的多族群国家。自独立以来，在民族国家建构的过程中，一直存在着两种不同且互为冲突的建构理念。自第二次世界大战后，伴随着马来人意识的觉醒，在争取自治乃至独立的过程中，马来人就国家未来的建构有着强烈的自我中心意识。马来人认为马来西亚是马来人的马来西亚，马来人是国家的当然主人，而其他族群是移民、外来人，他们之所以被允许居留在马来西亚并获得公民权，完全是因为马来人的宽容和恩惠。因此，在未来民族国家的建构中，马来人应该居于中心位置，马来人的文化、语言、文字，乃至宗教应该成为日后民族国家建构的主流，而其他族群的语言、文字和宗教等都应该归化于马来文化。马来人认为应该以马来文化为主，统一语言和文字，形成一种语言、一种文字、一种文化，进而达到一个国家、一个政府和一个民族。而要实现这一目标，马来人认为政府应该采取同化式的文化和教育政策，逐渐地使得其他族群的语言、文字，乃至文化皈依于马来文化。建国后巫统主导的马来西亚政府对民族国家建构路径的选择和目标的设定，正是按照马来人的这一理念进行的。

马来人的这一理念在具体实践中与华族和印度族的理念发生了抵触乃至冲突。对于华族和印度族而言，自20世纪40年代末50年代初实现认同转变以来，他们就自觉地视马来西亚为祖国。在独立过程中，他们认为自己也做出了贡献。因此，华族和印度族对马来西亚国家的认同是不容置疑的，但是在他们看来国家的认同和族群身份的认同两者并不矛盾。他们想要的是既保持马来西亚的国民身份，又保持各自的族群身份。而要想保持自己的族群身份，就需要延续自己族群的语言、文字和文化，而这又需要维持以族群语言和文字为媒介的教育，建立从小学到中学乃至大学的相对完备的现代教育体系。而巫统主导的政府的同化式文教政策，意图用教育的马来化来削弱其他族群的教育，无异于在消灭其他族群的文化，推行马来文化霸权。故此，华族和印度族主张应该承认多族群、多元社会的现实，在保存各族群文化的基础上追求民族融合。同时，华族和印度族反对任何族群的特权，要求各族群平等。1964年李光耀提出的"马来西亚人的马来西亚"就是这一要求的代表。到目前为止，马来人主导的同化政策依然大行其道，而以民主和公民权为基调的多元一体主张在政治上没有得到实践证明。在现在和可预见的将来，这两种理念的冲突还必将长期存在，也将深刻影响着马来西亚民族国家建构的历程。

其次，族群政治的流弊与不稳定的族群关系，是影响马来西亚民族国家建构的另一重要因素。族群政治是马来西亚政治史上的一道独特的"风景线"。在马来西亚，族群政治无处不在，马来族、华族和印度族都有自己的政党，它们都声称代表自己族群的利益，并从自己族群的民众中获取支持力量。马来西亚的族群政治发端于争取独立时期，如果说巫统、泛马伊斯兰教党等马来人政党毫不掩饰自己的马来特色，坚定地声称自己是马来人政党，代表马来人的利益，为马来人的利益而奋斗的话，那么其他族群的政党则大多把自己描述成跨族群政党，但实质上也难以摆脱以一个族群成员作为主要支柱的族群政党色彩。如以华族为主体的民主行动党和民政党等，虽都打着跨族群政党的旗号，其成员也有来自印度族等族群的精英，但总体上还是以华人为主体，故被视为华基政党。在独立前，除去以马来西亚共产党为首的一些不被英国殖民者容忍的左翼政党外，马来族、华族和印度族分别有巫统、马华公会和印度人国大党作为自己族群利益的发言人和代表。在独立期间，三大族群政党通过协商，在马华公会和印度人国大党做出较大妥协和让步的情况下，结成政治联盟，并最终取得了争取独立的胜利。在独立后的拉赫曼执政阶段，巫统为首的三党联盟得以维系，并被视为马来西亚族群间协作与和谐的象征。然而，在族群政治运作过程中，在独立后的有限民主体制下，族群政治的弊端也是显而易见的。独立前巫统、马华公会和印度人国大党相互之间能够做到妥协和包容，虽暂时将未来国家建构和民族建构的分歧放到了一边，但并没有能力解决问题。所以，当独立后巫统主导的政府极力推行同化政策时，华族和印度族自然希望自己的族群政党为自己争取权益。但事实是，马华公会和印度国大党作为执政党，往往把与巫统的合作、政党利益和能够继续作为执政党看的比族群利益更重要，这使得它们很难完全按照族群成员的构想行动。这自然使得华族和印度族的成员不满，也催生了其他政党的诞生，如民主行动党和民政党，等等。代表马来人利益的巫统，也不是马来人唯一的政党，泛马伊斯兰教党也是重要的反对党。这样，为了掌握政权，特别是在大选之年，不论是执政党还是反对党，无不极力利用族群议题（语言、语文、马来人特权、民主等）来动员民众，获取支持。这使得本来就很情绪化的族群问题更加严重，不利于族群间稳定关系的维持。其中，"五一三事件"的发生，就与1969年大选前各政党极力渲染族群议题，刺激族群情绪难脱干系。此后，虽然巫统用"国阵"代替了联盟，但族群政治的实质并没有发生改变，一直延续到现在。所以说，在整体上族群关系谈不上和谐，只能算是一种共处的状态下，族群政治的弊端也不可忽视。

最后，宪法保证下的马来人特权的存在，既是影响马来西亚民族国家建构最重要、最根本的障碍，也是马来西亚民族国家建构制度性设计中的结构性弊病。宪法是一个国家的根本大法，是其他法律的依据，并保障公民的基本权利，规范政府的行为。然而，不管是1957年的马来亚联邦宪法还是现在的马来西亚联邦宪法，虽经多次修订，但依然是一部以维护马来人特权为主旨的宪法。马来西亚联邦宪法对于马来人的地位、维护特权的方式和手段、宪法的修订程序，乃至禁止"敏感问题"的讨论等都有着明确的规定。这与其同时规定的自由、民主和平等等内容在无形之中产生了背离。马来西亚作为一个以马来族、华族和印度族三大族群为主的多族群国家，其内部各个族群之间在文化、宗教和习俗方面有着十分明显的差异。要将这些差异大的族群整合为一个民族，自立国以来的同化政策收效甚微。同化之路行不通，多元路线又不被巫统主导的政府认可，这无形中为日后的马来西亚民族国家建构设置了障碍。不过，以公民身份为基础的整合倒不失为可供选择的"第三条道路"。也就是说，不管民众的族群类别，以宪法规定的公民身份作为族群整合的纽带，在共同的公民身份认同的基础上实现民族国家建构。然而，要真正让不同族群身份的人团结在公民身份的旗帜下，需要的是真正的宪法意义上的平等，而不是宪法规定的形式上的平等，实质上形成一个土著与非土著有明显分界的二元社会。当今马来西亚联邦宪法的不平等性是公民身份认同的最大障碍。

总之，在马来人主导的民族国家建构理念和路径，乃至宪法没有真正体现平等的条件下，政府可以通过实现经济和社会的进步来获取各族群民众对国家的依赖和认同，但这不会塑造出一个真正的"马来西亚民族"。这也就是自马哈蒂尔提出打造"马来西亚民族"构想以来，虽然华族和印度族等都对之表示赞赏，但实践中却前行艰难的原因。基于这样的认识，在日后的民族国家建构中，马来族坚持的同化主义必然让华族等其他族群感到忧惧，而在马来人主导优势的现实面前，多元主义又显得理想性太强，虽有了马哈蒂尔的"小开放政策"的推行和"小开放"局面的出现作为铺垫，但要真正完全按照多元主义的理想来进行民族国家建构也显得十分困难。因此，笔者认为，在未来马来西亚民族国家建构的征程中，马来西亚政府和各族群精英们可以尝试跳出"同化主义"和"多元主义"的圈子，在追求马来西亚不分族群，以公民平等为立足点，真正实现权利全面平等上找出路。也就是说，作为马来西亚民族国家建构的一种路径，要以现代公民权为核心，在公民意识的基础上建立共同的精神纽带。简而言之，就是在民族建构的过程中，不分族群，不再以血缘、宗教等作为认同的根基，而是强调马来西亚疆域范围内所有的公民享有平等的权利和地位，不再区分原住民和非原住民，而是用公民的身份作为相互认同的基础。不过，这需要马来西亚政府不论是在宪法上，还是具体政治操作中，对上面提及的民族国家建构的制约性因素进行相应的规制，切实坚持立宪政府、分权制衡和政教分离等原则，保障私有财产和尊重市场经济，切实保障公民平等之权利。但是，知易行难，在现阶段要让马来人放弃其所拥有的特权，也并非易事。以公民权为核心的民族国家建构路径的实施必将是一个艰巨的任务，也必将是一个很漫长的过程。

参考文献

一　中文著作

白振声、杨建新主编《民族、国家与边界——"跨国民族文化发展研究"研论会论文集》，中央民族大学出版社，2010。

曹淑瑶：《国家建构与民族认同：马来西亚华文大专院校之探讨（1965—2005）》，厦门大学出版社，2010。

曾少聪：《漂泊与根植：当代东南亚华人族群关系研究》，中国社会科学出版社，2004。

陈建樾、周竞红主编《族际政治在多民族国家的理论与实践》，社会科学文献出版社，2010。

陈晓律等：《马来西亚——多元文化中的民主与权威》，四川人民出版社，2000。

陈衍德等：《全球化进程中的东南亚民族问题研究——以少数民族的边缘化和分离主义运动为中心》，厦门大学出版社，2008。

冯承钧：《中国南洋交通史》，上海古籍出版社，2012。

顾长永：《马来西亚：独立五十年》，台湾商务印书馆，2009。

韩方明：《华人与马来西亚现代化进程》，商务印书馆，2002。

彭伟步：《新马华文报文化、族群和国家认同比较研究》，暨南大学出版社，2009。

何平：《东南亚民族史》，云南大学出版社，2012。

胡春艳：《抗争与妥协：马来西亚华社对华族母语教育政策制定的影响》，暨南大学出版社，2012。

暨南大学华侨华人研究所：《华侨华人研究》第6辑，中国华侨出版社，2003。

贾英健：《全球化背景下的民族国家研究》，中国社会科学出版社，2005。

昝涛：《现代国家与民族建构：20世纪前期土耳其民族主义研究》，生活·读书·新知三联书店，2011。

孔建勋等：《多民族国家的民族政策与族群态度——新加坡、马来西亚和泰国实证研究》，中国社会科学出版社，2010。

李韦：《宗教改革与英国民族国家建构》，人民出版社，2015。

梁英明：《战后东南亚华人社会变化研究》，昆仑出版社，2001。

廖小健：《世纪之交马来西亚》，世界知识出版社，2002。

林若雩：《马哈迪主政下的马来西亚：国家与社会关系（1981—2001）》，韦伯文化事业出版社，2001。

林远辉、张应龙：《新加坡马来西亚华侨史》，广东高等教育出版社，2008。

刘务：《1988年以来缅甸民族国家构建》，社会科学文献出版社，2014。

罗圣荣：《马来西亚的印度人及其历史变迁》，中国社会科学出版社，2015。

宁骚：《民族与国家——民族关系与民族政策的国际比较》，北京大学出版社，1995。

钱平桃、陈显泗主编《东南亚历史舞台上的华人与华侨》，山西教育出版社，2001。

饶尚东：《马来西亚华族人口问题研究》，砂拉越华族文化协会，2005。

宋燕鹏：《马来西亚华人史：权威、社群与信仰》，上海交通大学出版社，2015。

孙振玉：《马来西亚的马来人与华人及其关系研究》，甘肃民族出版社，2008。

王付兵：《马来亚华人的方言群分布和职业结构（1800～1911）》，云南美术出版社，2012。

王建娥、陈建樾等：《族际政治与现代民族国家》，社会科学文献出版社，2004。

王建娥：《族际政治：20世纪的理论与实践》，社会科学文献出版社，2011。

王联主编《世界民族主义论》，北京大学出版社，2002。

王天玺：《民族·社会·国家》，民族出版社，1998。

王希恩：《民族过程与国家》，甘肃人民出版社，1998。

韦红：《东南亚五国民族问题研究》，民族出版社，2003。

许章润主编《历史法学》第一卷《民族主义与国家建构》，

法律出版社，2008。

徐迅：《民族主义》，东方出版社，2015。

杨建成：《马来西亚华人的困境》，文史哲出版社，1982。

余定邦、黄重言等编《中国古籍中有关新加坡马来西亚资料汇编》，中华书局，2002。

张坚：《东南亚华侨民族主义发展研究（1912—1928）》，广西师范大学出版社，2008。

郑凡、刘薇琳、向跃平：《传统民族与现代民族国家——民族社会学论纲》，云南大学出版社，1997。

周平：《多民族国家的族际政治整合》，中央编译出版社，2012。

朱杰勤：《东南亚华侨史》，中华书局，2008。

朱伦、陈玉瑶编《民族主义：当代西方学者的观点》，社会科学文献出版社，2013。

朱伦：《民族共治——民族政治学的新命题》，中国社会科学出版社，2012。

王柯：《民族与国家——中国多民族统一国家思想的系谱》，中国社会科学出版社，2001。

林勇：《马来西亚华人与马来人经济地位变化比较研究（1957—2005）》，厦门大学出版社，2008。

崔贵强：《新马华人国家认同的转向 1945—1959》，厦门大学出版社，1989。

〔马来西亚〕文平强编《马来西亚华人与国族建构——从独立前到独立后 50 年》上册，华社研究中心，2009。

〔马来西亚〕文平强编《马来西亚华人与国族建构——从独立前到独立后 50 年》下册，华社研究中心，2010。

〔马来西亚〕谢诗坚：《马来西亚华人政治思潮演变》，友达企业有限公司，1984。

〔马来西亚〕柯嘉逊：《513 解密——1969 年大马种族暴乱》，杨培根译，人民之声出版社，2019。

〔马来西亚〕柯嘉逊：《马来西亚华教奋斗史》，华社资料研究中心，1991。

〔马来西亚〕郑良树：《马来西亚华文教育发展史》第一、二、三、四分册，马来西亚华校教师会总会，1998。

〔马来西亚〕丘光耀：《超越教条与务实：马来西亚民主行动党研究》，大将出版社，2007。

〔马来西亚〕何国忠：《马来西亚华人：身份认同、文化与族群政治》，华社研究中心，2002。

〔马来西亚〕何启良等主编《马来西亚、新加坡社会变迁四十年（1965—2005）》，南方学院出版社，2006。

〔马来西亚〕李灵窗：《马来西亚华人延伸、独有及融合的中华文化》，海峡文艺出版社，2004。

〔马来西亚〕林水檺等合编《马来西亚华人史新编》第一、二、三册，马来西亚中华大会堂总会，1998。

二　中文译著

〔新加坡〕王赓武：《南海贸易与南洋华人》，姚楠编译，香港，中华书局，1988。

〔马来西亚〕柯嘉逊：《马来西亚种族两极化之根源》，姚楠编译，华社资料研究中心，1985。

〔马来西亚〕马哈蒂尔·穆罕默德：《马来人的困境》，叶钟铃译，皇冠出版社，1970。

〔马来西亚〕赛·胡先·阿里：《马来人的问题与未来》，赖顺吉译，策略资讯研究中心，2010。

〔澳大利亚〕罗·霍尔顿：《全球化与民族国家》，倪峰译，世界知识出版社，2006。

〔法〕吉尔·德拉诺瓦：《民族与民族主义》，郑文彬、洪晖译，生活·读书·新知三联书店，2005。

〔英〕埃里·凯杜里：《民族主义》，张明明译，中央编译出版社，2002。

〔英〕埃里克·霍布斯鲍姆：《民族与民族主义》，李金梅译，上海人民出版社，2000。

〔英〕爱德华·莫迪默、〔英〕罗伯特·法恩：《人民·民族·国家——族性与民族主义的含义》，刘泓、黄海慧译，中央民族大学出版社，2009。

〔英〕安东尼·史密斯：《全球化时代的民族与民族主义》，龚维斌、良警宇译，中央编译出版社，2002。

〔英〕安东尼·史密斯：《民族主义：理论，意识形态，历史》，叶江译，上海人民出版社，2006。

〔英〕安东尼·吉登斯：《民族—国家与暴力》，胡宗泽等译，生活·读书·新知三联书店，1998。

〔美〕芭芭拉·沃森·安达娅、〔美〕伦纳德·安达娅：《马来西亚史》，黄秋迪译，中国大百科全书出版社，2010。

〔美〕本尼迪克特·安德森：《想象的共同体：民族主义的起源与散布》，吴叡人译，上海人民出版社，2005。

〔英〕厄内斯特·盖尔纳：《民族与民族主义》，韩红译，中央编译出版社，2002。

〔德〕汉斯－乌尔里希·维勒：《民族主义：历史、形式、后果》，赵宏译，中国法制出版社，2013。

〔以色列〕耶尔·塔米尔：《自由主义的民族主义》，陶东风译，上海译文出版社，2005。

三　中文论文

陈建樾：《多民族国家和谐社会的构建与民族问题的解决——评民族问题的"去政治化"与"文化化"》，《世界民族》2005 年第 5 期。

陈建樾：《种族与殖民——西方族际政治观念的一个思想史考察》，《民族研究》2008 年第 1 期。

陈茂荣：《论"民族认同"与"国家认同"》，《学术界》2011 年第 4 期。

陈晓律、王成：《马来人特权与马来西亚社会》，《历史教学》（下半月刊）2014 年第 4 期。

陈衍德、任娜：《马来西亚华人与马来人族际关系演变新探》，《暨南学报》（哲学社会科学版）2002 年第 1 期。

陈志明：《华裔族群：语言、国籍与认同》，《广西民族学院学报》（哲学社会科学版）1999 年第 4 期。

陈志明、李远龙：《马来西亚华人的认同》，《广西民族学院学报》（哲学社会科学版）1998 年第 4 期。

陈志明、罗左毅：《族群认同与国家认同：以马来西亚为例（上）》，《广西民族学院学报》（哲学社会科学版）2002 年第 5 期。

陈玉屏：《对"民族国家"和"国族"问题的理论思考》，《西南民族大学学报》（人文社科版）2016 年第 1 期。

陈心林：《族群理论与中国的族群研究》，《青海民族研究》2006 年第 1 期。

陈纪：《族群概念界定评析及其类型化认知初探》，《云南民族大学学报》（哲学社会科学版）2016 年第 1 期。

成小明：《马克思的民族国家概念辨析》，《西南科技大学学报》（哲学社会科学版）2011 年第 3 期。

蔡文成：《论多民族国家视域中公民文化的成长与政治认同的建构》，《云南民族大学学报》（哲学社会科学版）2013 年第 4 期。

董小川：《美国人的人种和种族概念与观念》，《东北师大学报》2004 年第 3 期。

戴辉礼：《现代国家构建与民主化浅析——欧洲经验及其启示》，《华中科技大学学报》（社会科学版）2010 年第 2 期。

邱永君：《"民族"一词见于〈南齐书〉》，《民族研究》2004 年第 3 期。

范可：《中西文语境的"族群"与"民族"》，《广西民族学院学报》（哲学社会科学版）2003 年第 4 期。

郭强:《马克思"现代国家"概念的三维辩证》,《长白学刊》2011 年第 5 期。

高永久、秦伟江:《"民族"概念的演变》,《南开学报》(哲学社会科学版) 2009 年第 6 期。

高永久、朱军:《论多民族国家中的民族认同与国家认同》,《民族研究》2010 年第 2 期。

韩献栋:《民族、民族国家的构建与中亚国际体系的变迁》,《俄罗斯中亚东欧研究》2011 年第 2 期。

韩震:《论国家认同、民族认同及文化认同——一种基于历史哲学的分析与思考》,《北京师范大学学报》(社会科学版) 2010 年第 1 期。

郝时远:《中文"民族"一词源流考辨》,《民族研究》2004 年第 6 期。

郝时远:《答"问难'族群'"——兼谈"马克思主义族群理论"说》,《广西民族学院学报》(哲学社会科学版) 2003 年第 2 期。

郝时远:《Ethnos(民族)和 Ethnic group(族群)的早期含义与应用》,《民族研究》2002 年第 4 期。

郝时远:《对西方学界有关族群(ethnic group)释义的辨析》,《广西民族学院学报》(哲学社会科学版) 2002 年第 4 期。

郝时远:《美国等西方国家应用 ethnic group 的实证分析》,《中南民族学院学报》(人文社会科学版) 2002 年第 4 期。

郝时远:《美国等西方国家社会裂变中的"认同群体"与 ethnic group》,《世界民族》2002 年第 4 期。

郝时远：《中文语境中的"族群"及其应用泛化的检讨》，《思想战线》2002 年第 5 期。

郝时远：《重读斯大林民族（нация）定义——读书笔记之一：斯大林民族定义及其理论来源》，《世界民族》2003 年第 4 期。

郝时远：《重读斯大林民族（нация）定义——读书笔记之二：苏联民族国家体系的构建与斯大林对民族定义的再阐发》，《世界民族》2003 年第 5 期。

郝时远：《重读斯大林民族（нация）定义——读书笔记之三：苏联多民族国家模式中的国家与民族（нация）》，《世界民族》2003 年第 6 期。

郝瑞：《再谈"民族"与"族群"——回应李绍明教授》，《民族研究》2002 年第 6 期。

郝瑞：《论一些人类学专门术语的历史和翻译》，《世界民族》2001 年第 4 期。

何平：《东南亚的印度人及其历史变迁》，《东南亚南亚研究》2011 年第 2 期。

何西湖：《马来西亚华人政策的演变和发展》，《广西民族学院学报》（哲学社会科学版）2004 年第 S2 期。

何跃：《论战后英国放弃马来亚的动机与策略》，《河南师范大学学报》（哲学社会科学版）2006 第 1 期。

何跃：《试析二战后初期英国的马来亚联邦计划的出笼与夭折》，《江西师范大学学报》2003 年第 6 期。

贺金瑞、燕继荣：《论从民族认同到国家认同》，《中央民族大学学报》（哲学社会科学版）2008 年第 3 期。

黄家定：《马来西亚多元族群的政治——在厦门大学的演讲》，《南洋问题研究》2006 年第 2 期。

黄民兴：《从民族国家构建的视角析当代中东国家的社会整合》，《西亚非洲》2013 年第 4 期。

黄兴涛：《"民族"一词究竟何时在中文里出现?》，《浙江学刊》2002 年第 1 期。

黄瑾：《关于族群与族群认同的讨论》，《贵州民族学院学报》（哲学社会科学版）2009 年第 2 期。

金志远：《论国家认同与民族（族群）认同的共生性》，《前沿》2010 年第 19 期。

金太军、姚虎：《国家认同：全球化视野下的结构性分析》，《中国社会科学》2014 年第 6 期。

姜鹏：《民族主义与民族、民族国家——对欧洲现代民族主义的考察》，《欧洲》2000 年第 3 期。

姜德顺：《"民族"一词的意译及音译》，《世界民族》2002 年第 5 期。

李景铭：《民族国家的类型划分》，《民族研究》2004 年第 2 期。

李义天：《构建认同意识下的多民族国家》，《社会科学报》2009 年第 5 期。

李元书：《国家的特征、本质、定义》，《理论探讨》1990 年第 2 期。

李崇富：《马克思主义国家观和国家认同问题》，《中国社会科学》2013年第9期。

梁英明：《马来西亚种族政治下的华人与印度人社会》，《华侨华人历史研究》1992年第1期。

廖小健：《华人政治地位与马来西亚的政治分层》，《东南亚研究》2007年第5期。

廖小健：《马来西亚华人政策的特点》，《华侨华人历史研究》1998年第2期。

廖小健：《马来西亚华人政治的突破与困惑》，《东南亚纵横》2002年第6期。

廖小健：《马来西亚马华两族关系的几个发展阶段》，《东南亚研究》2003年第3期。

廖小健：《英国战后马来亚政策的演变及其影响》，《世界历史》2009年第3期。

廖小健：《影响马来西亚马华两族关系的文化与政治因素》，《华侨华人历史研究》2007年第4期。

廖小健：《战后马来亚华人政治浅析》，《东南亚研究》1987年第Z1期。

林尚立：《现代国家认同建构的政治逻辑》，《中国社会科学》2013年第8期。

林震：《论台湾民主化进程中的国家认同问题》，《台湾研究集刊》2001年第2期。

林耀华：《关于"民族"一词的使用和译名的问题》，《历史研究》1963年第2期。

刘海涛：《论"族群"建构与"民族国家"认同》，《贵州民族研究》2006 年第 4 期。

刘义强、管宇浩：《国家建构：为什么建构、建构什么与如何建构——兼论国内研究之不足》，《学习与探索》2015 年第 6 期。

梁永佳、阿嘎佐诗：《在种族与国族之间：新加坡多元种族主义政策》，《西北民族研究》2013 年第 2 期。

罗圣荣、汪爱平：《马来亚现代马来民族形成初探》，《广西师范大学学报》（哲学社会科学版）2009 年第 1 期。

罗圣荣、赵鹏：《1957～1980 年的马来西亚民族关系》，《东南亚纵横》2008 年第 3 期。

罗柳宁：《族群研究综述》，《西南民族大学学报》（人文社科版）2004 年第 4 期。

兰林友：《论族群与族群认同理论》，《广西民族学院学报》（哲学社会科学版）2003 年第 3 期。

马俊毅：《论现代多民族国家建构中民族身份的形成》，《民族研究》2014 年第 4 期。

马戎：《关于"民族"定义》，《云南民族学院学报》（哲学社会科学版）2000 年第 1 期。

马戎：《理解民族关系的新思路——少数族群问题的"去政治化"》，《北京大学学报》（哲学社会科学版）2004 年第 6 期。

马戎：《评安东尼·史密斯关于"nation"（民族）的论述》，《中国社会科学》2001 年第 1 期。

马戎：《社会学的族群关系研究》，《中南民族大学学报》（人文社会科学版）2004 年第 3 期。

马戎：《试论"族群"意识》，《西北民族研究》2003年第3期。

马戎：《现代国家观念的出现和国家形态的演进》，《西南民族大学学报》（人文社会科学版）2012年第2期。

马戎：《族群关系变迁影响因素的分析（民族社会学连载之二）》，《西北民族研究》2003年第4期。

马得勇：《国家认同、爱国主义与民族主义——国外近期实证研究综述》，《世界民族》2012年第3期。

高原：《关于族群性的三种概念》，《世界民族》1996年第4期。

尼科·基尔斯特拉、翟胜德：《社会经济政策与族群性概念》，《世界民族》1997年第1期。

纳日碧力戈：《问难"族群"，》《广西民族学院学报》（哲学社会科学版）2003年第1期。

纳日碧力戈：《族群形式与族群内容返观》，《广西民族学院学报》（哲学社会科学版）2000年第2期。

纳日碧力戈：《民族与民族概念再辨正》，《民族研究》1995年第3期。

纳日碧力戈：《"民族"百年回眸》，《广西民族研究》2000年第2期。

潘蛟：《"族群"与民族概念的互补还是颠覆》，《云南民族大学学报》（哲学社会科学版）2009年第1期。

潘蛟：《"族群"及其相关概念在西方的流变》，《广西民族学院学报》（哲学社会科学版）2003年第5）。

潘永强：《马来西亚华裔的社会运动（1957—2007）》，《东南亚研究》2009 年第 3 期。

庞中英：《族群、种族和民族》，《欧洲》1996 年第 6 期。

彭卫民、赵春香：《现代民族国家认同的冲突与重构》，《云南民族大学学报》（哲学社会科学版）2015 年第 4 期。

丘光耀：《从"民族认同"到"国族认同"——一九九五年马来西亚大选华人心态的分析》，《八桂侨史》1995 年第 3 期。

丘光耀：《马来西亚华人政策日愈开放化的导因》，《华侨华人历史研究》1995 年第 2 期。

钱雪梅：《从认同的基本特性看族群认同与国家认同的关系》，《民族研究》2006 年第 6 期。

饶志华、于春洋：《论民族建设与国家建设》，《西南民族大学学报》（人文社会科学版）2013 年第 11 期。

阮金之：《民主转型环境下的当代马来西亚印度人族群抗争运动》，《东南亚研究》2010 年第 2 期。

阮西湖：《关于术语"族群"》，《世界民族》1998 年第 2 期。

阮西湖：《Ethnicity：民族抑或族群？》，《华侨华人历史研究》2008 年第 2 期。

茹莹：《汉语"民族"一词在我国的最早出现》，《世界民族》2001 年第 6 期。

孙振玉：《西方民族理论范畴辨义》，《中南民族大学学报》（人文社会科学版）2013 年第 1 期。

孙九霞：《试论族群与族群认同》，《中山大学学报》（社会科学版）1998 年第 2 期。

沈桂萍：《民族国家构建的涵义及其现实需要》，《上海市社会主义学院学报》2015 年第 3 期。

沈桂萍：《对多民族国家一体化建构若干问题的思考》，《中央社会主义学院学报》2004 年第 3 期。

石沧金：《二战后马来西亚华人社团的政治参与》，《世界民族》2004 年第 4 期。

石奕龙：《Ethnic Group 不能作为"民族"的英文对译——与阮西湖先生商榷》，《世界民族》1999 年第 4 期。

宋效峰：《历史合力作用下的马来西亚政党制度》，《东南亚南亚研究》2010 年第 3 期。

宋效峰：《马来西亚的发展政策与政治稳定》，《东南亚南亚研究》2009 年第 2 期。

宋效峰：《马来西亚政党制度的制度化与政治稳定功能》，《东南亚研究》2009 年第 3 期。

唐建兵：《民族构建与国家建设》，《西北民族研究》2012 年第 4 期。

童宁：《族际关系与政治发展：以马来西亚为个案的民族政治学考察》，《经济与社会发展》2007 年第 3 期。

万明钢、王舟：《族群认同、族群认同的发展及测定与研究方法》《世界民族》2007 年第 3 期。

王刚：《国家概念的演进轨迹与解读视角——兼评马克思的国家概念》，《天中学刊》2015 年第 1 期。

王联：《关于民族和民族主义的理论》，《世界民族》1999 年第 1 期。

曾少聪：《东南亚华人与土著民族的族群关系研究——以菲律宾和马来西亚为例》，《世界民族》2002 年第 2 期。

王成：《从西方化到本土化：英国的殖民统治与马来西亚的政治发展》，《史学月刊》2003 年第 8 期。

王建娥：《多民族国家包容差异协调分歧的机制设计初探》，《民族研究》2011 年第 1 期。

王建娥：《多民族国家建构认同的制度模式分析——以加拿大为例》，《民族研究》2013 年第 2 期。

王建娥：《国家建构和民族建构：内涵、特征及联系——以欧洲国家经验为例》，《西北师大学报》（社会科学版）2010 年第 2 期。

王建娥：《现代民族国家中的族际政治》，《世界民族》2004 年第 4 期。

陈建樾：《族际沟通与民族主义——族际政治的一种分析框架》，《世界民族》1996 年第 1 期。

王磊、王玉侠：《主权·统一·国族·集权·民主——论民族国家建构的五大构成要素》，《徐州工程学院学报》（社会科学版）2014 年第 6 期。

王文奇：《民族主义与民族国家的构建析论》，《史学集刊》2011 年第 3 期。

王艳芬：《马来亚的独立与英国殖民撤退的策略》，《史学月刊》2001 年第 6 期。

王卓君、何华玲：《全球化时代的国家认同：危机与重构》，

《中国社会科学》2013 年第 9 期。

王子昌：《华人移民与马来西亚的政治发展》，《世界民族》2007 年第 1 期。

王子昌：《集团博弈与公共利益——以马来西亚政治为例的研究》，《东南亚研究》，2002 年第 3 期。

王子昌：《问题与方法：略论王赓武先生的海外华人研究》，《东南亚研究》2013 年第 5 期。

王子昌：《政治领导与马来西亚国族"打造"》，《世界民族》2004 年第 1 期。

王晓朝：《论西方古代国家定义的演进》，《西北师大学报》（社会科学版）2010 年第 1 期。

王希恩：《当代西方民族理论的主要渊源》，《民族研究》2004 年第 2 期。

王缉思：《民族与民族主义》，《欧洲》1993 年第 5 期。

王宗礼：《多族群社会的国家建构：诉求与挑战》，《马克思主义与现实》2012 年第 4 期。

王宗礼：《国家建构、族际政治整合与公民教育》，《西北师大学报》（社会科学版）2013 年第 6 期。

王家峰：《在权力与权利之间：现代国家建构的历史逻辑》，《天津社会科学》2010 年第 6 期。

王东明：《关于"民族"与"族群"概念之争的综述》，《广西民族学院学报》（哲学社会科学版）2005 年第 2 期。

韦红：《20 世纪 90 年代以来马来西亚民族政治的淡化》，《世界民族》2002 年第 1 期。

威尔·金里卡、刘曙辉：《多民族国家中的认同政治》，《马克思主义与现实》2010 年第 2 期。

许国栋：《论马来西亚华人政治》，《华侨华人历史研究》1995 年第 1 期。

许利平、骆永昆：《马来西亚的种族政治与和谐社会的构建》，《东南亚南亚研究》2011 年第 3 期。

许梅：《独立后马来西亚华人的政治选择与政治参与》，《东南亚研究》2004 年第 1 期。

徐杰舜：《论族群与民族》，《民族研究》2002 年第 1 期。

许梅：《制约马来西亚华人政党政治发展的种族政治因素》，《世界民族》2003 年第 1 期。

肖滨：《两种公民身份与国家认同的双元结构》，《武汉大学学报》（哲学社会科学版）2010 年第 1 期。

肖滨：《公民认同国家的逻辑进路与现实图景——兼答对"匹配论"的若干质疑》，《中山大学学报》（社会科学版）2011 年第 4 期。

解建群：《俄罗斯学者关于民族概念的争论》，《国外理论动态》2000 年第 9 期。

严庆：《民族、民族国家及其建构》，《广西民族研究》2012 年第 2 期。

颜清湟：《一百年来马来西亚华社所走过的道路》，《南洋问题研究》2005 年第 3 期。

杨仁飞：《平等政治权益：半个多世纪以来马来西亚华族的追求》，《东南学术》2003 年第 2 期。

杨社平、郭亮、龚永辉：《民族与族群及其相关概念的分形解释》，《中南民族大学学报》（人文社会科学版）2015年第3期。

杨堃：《论民族概念和民族分类的几个问题》，《中国社会科学》1984年第1期。

叶江：《"Nation"（民族）概念辨析》，《上海师范大学学报》（哲学社会科学版）2009年第2期。

叶江：《当代西方的两种民族理论——兼评安东尼·史密斯的民族（nation）理论》，《中国社会科学》2002年第1期。

叶江：《当代西方"族群"理论探析》，《华东师范大学学报》（哲学社会科学版）2005年第5期。

叶笑云：《"碎片化"社会的政治整合——马来西亚的政治文化探析》，《东南亚研究》2006年第6期。

袁娥：《民族认同与国家认同研究述评》，《民族研究》2011年第5期。

翟胜德：《"民族"译谈》，《世界民族》1999年第2期。

张树青、刘光华：《关于民族国家的思考》，《兰州大学学报》1999年第4期。

张凤阳：《西方民族——国家成长的历史与逻辑》，《中国社会科学》2015年第6期。

张军：《全球化视域下的国家认同及其建构》，《青海社会科学》2012年第2期。

张力、常士闇：《国家建构与民族建构：多族群国家政治整合两要务》，《东南学术》2015年第6期。

张健：《国族与国族构建研究述评》，《云南行政学院学报》

2014 年第 6 期。

张友国：《族群认同与国家认同：和谐何以可能》，《首都师范大学学报》（社会科学版）2008 年第 5 期。

张祖兴：《论马来人"第五纵队"问题与马来亚联盟公民权计划》，《东南亚研究》2004 年第 6 期。

张祖兴：《马来亚华人抗日武装与马来亚联盟公民权计划》，《华侨华人历史研究》2005 年第 2 期。

张祖兴：《英国取缔马共的决策过程》，《东南亚研究》2008 年第 5 期。

张祖兴：《英国殖民当局与马华公会的成立》，《华侨华人历史研究》2009 年第 1 期。

赵海立：《政治认同解构：以马来西亚华人为例》，《华侨华人历史研究》2005 年第 4 期。

郑一省、叶英：《马来西亚华人与马来人共生态势初探》，《东南亚南亚研究》2011 年第 2 期。

周光辉、刘向东：《全球化时代发展中国家的国家认同危机及治理》，《中国社会科学》2013 年第 9 期。

周平：《对民族国家的再认识》，《政治学研究》2009 年第 4 期。

周平：《论族际政治及族际政治研究》，《民族研究》2010 年第 2 期。

周平：《民族国家时代的民族与国家》，《云南民族大学学报》（哲学社会科学版）2013 年第 5 期。

周平：《民族国家与国族建设》，《政治学研究》2010 年第

3 期。

周丕启：《民族主义与国家建构》，《国际政治研究》1999 年第 4 期。

周大鸣：《论族群与族群关系》，《广西民族学院学报》（哲学社会科学版）2001 年第 2 期。

朱军、高永久：《"分"与"合"：多民族国家民族整合的逻辑》，《黑龙江民族丛刊》2009 年第 5 期。

朱伦：《论"民族—国家"与"多民族国家"》，《世界民族》1997 年第 3 期。

朱伦：《西方的"族体"概念系统——从"族群"概念在中国的应用错位说起》，《中国社会科学》2005 年第 4 期。

朱仁显、王长晖：《90 年代马来西亚政党的变化趋势》，《南洋问题研究》1999 年第 4 期。

梁忠：《马来西亚政府华人政策研究——从东姑·拉赫曼到马哈蒂尔》，博士学位论文，复旦大学，2006。

曹云华：《从文化适应的角度看东南亚华人与当地民族的关系》，博士学位论文，暨南大学，2001。

廖小健：《战后马来西亚族群关系研究》，博士学位论文，暨南大学，2007。

曾营：《马哈蒂尔政府对华族的政策研究（1981—2003）》，硕士学位论文，广西师范大学，2008。

王雷：《马来西亚族群政策演变研究》，硕士学位论文，云南大学，2010。

刘莹：《新马族群政策及其对族群关系影响的比较研究》，硕士学位论文，云南大学，2010。

郭卫平：《独立以来新加坡马来民族政策的历史考察》，硕士学位论文，苏州科技学院，2011。

霍林峰：《马华政党视角下的马华族群关系演变研究（1946—1969）》，硕士学位论文，华中师范大学，2012。

胡丽君：《马来西亚的新经济政策与族群关系演变（1957—1990）》，硕士学位论文，华中师范大学，2014。

四　英文著作

Collin Abraham, *Divide and Rule: The Roots of Race Relations in Malaysia* (Petaling Jaya: INSAN, 1997).

James P. Ongkili, *Nation Building in Malaysia, 1946 – 74* (Kuala Lumpur: Oxford University Press, 1985).

Muzafar Desmond Tate, *The Malaysian Indians: History, Problems, and Future* (Kuala Lumpur: Strategic Information and Research Development Centre, 2008).

R. K. Vasil, *Ethnic Politics in Malaysia* (New Delhi: Radiant Publishers, 1980).

William Roff, *The Origins of Malay Nationalism* (Kuala Lumpur: Oxford University Press, 1994).

五　英文论文

Alun Jones, "The Orang Asli: An Outline of Their Progress in Modern Malaya," *Journal of Southeast Asian Studies*, Vol. 9, No. 2,

1968.

Alvin Rabushka, "The Manipulation of Ethnic Politics in Malaya," *Polity*, Vol. 2, No. 3, 1970.

A. J. Stockwell, "The Formation and First Years of the United Malays National Organization (U. M. N. O.) 1946 – 1948," *Modern Asian Studies*, Vol. 11, No. 4, 1977.

Albert Lau, "Malayan Union Citizenship: Constitutional Change and Controversy in Malaya, 1942 – 48," *Journal of Southeast Asian Studies*, Vol. 20, No. 2, 1989.

Alan Collins, "The Ethnic Security Dilemma: Evidence from Malaysia," *Contemporary Southeast Asia*, Vol. 20, No. 3, 1998.

Ch'en Su-ching, "The Chinese in Malaya," *Pacific Affairs*, Vol. 21, No. 3, 1948.

Charles Gamba, "Labour and Labour Parties in Malaya," *Pacific Affairs*, Vol. 31, No. 2, 1958.

C. M. Turnbull, "British Planning for Post-war Malaya," *Journal of Southeast Asian Studies*, Vol. 5, No. 2, 1974.

Charles Hirschman, "The Making of Race in Colonial Malaya: Political Economy and Racial Ideology," *Sociological Forum*, Vol. 1, No. 2, 1986.

C. M. Turnbull, "The Post-War Decade in Malaya: The Settling Dust of Political Controversy," *Journal of the Malaysian Branch of the Royal Asiatic Society*, Vol. 60, No. 1, 1987.

Cheah Boon Kheng, "The Erosion of Ideological Hegemony and

Royal Power and the Rise of Postwar Malay Nationalism, 1945-46,” *Journal of Southeast Asian Studies*, Vol. 19, No. 1, 1988.

Chandran Jeshurun, “MALAYSIA: The Mahathir Supremacy and Vision 2020,” *Southeast Asian Affairs*, 1993.

Cheah Boon Kheng, “Feudalism in Pre-Colonial Malaya: The Past as a Colonial Discourse,” *Journal of Southeast Asian Studies*, Vol. 25, No. 2, 1994.

Donna J. Amoroso, “Dangerous Politics and the Malay Nationalist Movement, 1945 – 47,” *South East Asia Research*, Vol. 6, No. 3, 1998.

Gordon P. Means, “The Orang Asli: Aboriginal Policies in Malaysia,” *Pacific Affairs*, Vol. 58, No. 4, 1985.

Heng Pek Koon, “The Social and Ideological Origins of the Malayan Chinese Association,” *Journal of Southeast Asian Studies*, Vol. 14, No. 2, 1983.

H. Osman-Rani, “Malaysia’s New Economic Policy: After 1990,” *Southeast Asian Affairs*, 1990.

Ishak bin Tadin, “Dato Onn and Malay Nationalism. 1946 – 1951,” *Journal of Southeast Asian History*, Vol. 1, No. 1, 1960.

Ira Klein, “British Expansion in Malaya, 1897-1902,” *Journal of Southeast Asian History*, Vol. 9, No. 1, 1968.

C. H. John, “The Federation of Malaysia: An Experiment in Nation-Building,” *American Journal of Economics and Sociology*, Vol. 26, No. 4, 1967.

James P. Ongkili, "National Integration In Malaysia," *Southeast Asian Affairs*, 1974.

James P. Ongkili, "The British and Malayan Nationalism, 1946- 1957," *Journal of Southeast Asian Studies*, Vol. 5, No. 2, 1974.

Jomo Kwame Sundaram, "Malaysia's New Economic Policy and National Unity," *Third World Quarterly*, Vol. 11, No. 4, 1989.

Jeffrey C. Kennedy. "Leadership in Malaysia: Traditional Values, International Outlook," *The Academy of Management Executive*, Vol. 16, No. 3, 2002.

Jason P. Abbott, "Malaysia's transitional moment? Democratic transition theory and the problem of Malaysian exceptionalism," *South East Asia Research*, Vol. 17, No. 2, 2009.

Khoo Kay Kim, "Malay Society, 1874 - 1920's," *Journal of Southeast Asian Studies*, Vol. 5, No. 2, 1974.

Khoo Kay Kim, "Sino-Malaya Relations in Peninsular Malaysia before 1942," *Journal of Southeast Asian Studies*, Vol. 12, No. 1, 1981.

K. S. Jomo, "Whither Malaysia's New Economic Policy?" *Pacific Affairs*, Vol. 63, No. 4, 1990.

Kikue Hamayotsu, "Islam and Nation Building in Southeast Asia: Malaysia and Indonesia in Comparative Perspective," *Pacific Affairs*, Vol. 75, No. 3, 2002.

Lee Yong Leng and Martina Ting, "Economic Divisions and Ethnic Differences in Malaysia," *Asian Journal of Social Science*, Vol. 14,

No. 2, 1986.

Liak Teng Kiat, "Malaysia: Mahathir's Last Hurrah?" *Southeast Asian Affairs*, 1996.

Lian Kwen Fee, "Between Kingdom and Nation: The Metamorphosis of Malay Identity in Malaysia," *Asian Journal of Social Science*, Vol. 25, No. 2, 1997.

Lee Hock Guan, "Malay Dominance and Opposition Politics in Malaysia," *Southeast Asian Affairs*, 2002.

Michael Swift, "Malayan Politics: Race & Class / Races Et Classes Dans La Politique Malaise," *Civilisations*, Vol. 12, No. 2, 1962.

Margaret Roff, "The Politics of Language in Malaya," *Asian Survey*, Vol. 7, No. 5, 1967.

Mark T. Berger, "Decolonisation, Modernisation and Nation-Building: Political Development Theory and the Appeal of Communism in Southeast Asia, 1945 – 1975," *Journal of Southeast Asian Studies*, Vol. 34, No. 3, 2003.

Maznah Mohamad, "Malaysia In 2002: Bracing for a Post-Mahathir Future," *Southeast Asian Affairs*, 2003.

NancyL. Snider, "Is National Integration Necessary? The Malaysian Case," *Journal of International Affairs*, Vol. 27, No. 1, 1973.

Nicholas J. White, "Capitalism and Counter-Insurgency? Business and Government in the Malayan Emergency, 1948–57," *Modern Asian Studies*, Vol. 32, No. 1, 1998.

Ozay Mehmet, "Malaysian Employment Restructuring Policies: Effectiveness and Prospects under the Fourth Malaysia Plan, 1980 - 85," *Asian Survey*, Vol. 22, No. 10, 1982.

P. T. Bau, "Nationalism and Politics in Malaya," *Foreign Affairs*, Vol. 25, No. 3, 1947.

Png Poh Seng, "The Kuomintang in Malaya, 1912 - 1941," *Journal of Southeast Asian History*, Vol. 2, No. 1, 1961.

Peter Wicks, "The New Realism: Malaysia since 13 May, 1969," *The Australian Quarterly*, Vol. 43, No. 4, 1971.

Peter C. N. Hardstone, "Nationalism, Integration and New States: The Malaysian Case," *Area*, Vol. 9, No. 4, 1977.

P. J. Drake, "The Economic Development of British Malaya to 1914: An Essay in Historiography with Some Questions for Historians," *Journal of Southeast Asian Studies*, Vol. 10, No. 2, 1979.

Pavalavalli Govindasamy and Julie DaVanzo, "Ethnicity and Fertility Differentials in Peninsular Malaysia: Do Policies Matter?" *Population and Development Review*, Vol. 18, No. 2, 1992.

P. Ramasamy, "Politics of Indian Representation in Malaysia," *Economic and Political Weekly*, Vol. 36, No. 45, 2001.

Rupert Emerson, "The Chinese in Malaysia," *Pacific Affairs*, Vol. 7, No. 3, 1934.

Radin Soenarno, "Malay Nationalism, 1896-1941," *Journal of Southeast Asian Studies*, Vol. 1, No. 1, 1960.

R. S. Milne, " National Ideology ' and Nation-Building in

Malaysia," *Asian Survey*, Vol. 10, No. 7, 1970.

R. S. Milne, "The Politics of Malaysia's New Economic Policy," *Pacific Affairs*, Vol. 49, No. 2, 1976.

Richard Stubbs, " Peninsular Malaysia: The ' New Emergency'," *Pacific Affairs*, Vol. 50, No. 2, 1977.

Robert Klitgaard and Ruth Katz, "Overcoming Ethnic Inequalities: Lessons from Malaysia," *Journal of Policy Analysis and Management*, Vol. 2, No. 3, 1983.

R. S. Milne, " Malaysia-Beyond the New Economic Policy," *Asian Survey*, Vol. 26, No. 12, 1986.

Rustom Mohammad Isa, "Political Stability and Economic Growth in Malaysia," *Pakistan Horizon*, Vol. 49, No. 4, 1996.

Rajah Rasiah and Ishak Shari, " Market, government and Malaysia's new economic policy," *Cambridge Journal of Economics*, Vol. 25, No. 1, 2001.

Sharom Ahmat, " Nation Building and the University in Developing Countries: The Case of Malaysia," *Higher Education*, Vol. 9, No. 6, 1980.

Shamsul A. B., "In Search Of 'Bangsa Malaysia': Politics Of Identity In Multiethnic Malaysia," *Hitotsubashi Journal of Social Studies*, Vol. 27, 1995.

Shamsul A. B., "Anthropology and the Politics of Identity and Nation-State Formation in Southeast Asia," *Paideuma: Mitteilungen zur Kulturkunde*, Vol. 45, 1999.

Shamsul A. B., "A History of an Identity, an Identity of a History: The Idea and Practice of 'Malayness' in Malaysia Reconsidered," *Journal of Southeast Asian Studies*, Vol. 32, No. 3, 2001.

Sunil S. Amrith, "Indians Overseas? Governing Tamil Migration to Malaya 1870-1941," *Past & Present*, No. 208, 2010.

T. N. Harper, "New Malays, New Malaysians: Nationalism, Society and History," *Southeast Asian Affairs*, 1996.

Tan Chee-Beng, "Chinese Identities in Malaysia," *Asian Journal of Social Science*, Vol. 25, No. 2, 1997.

Wang Gungwu, "Chinese Politics in Malaya," *The China Quarterly*, Vol. 43, 1970.

Wang Gungwu, "Political Heritage and Nation Building," *Journal of the Malaysian Branch of the Royal Asiatic Society*, Vol. 73, No. 2 (279), 2000.

Yeo Kim Wah, "The Anti-Federation Movement in Malaya, 1946-48," *Journal of Southeast Asian Studies*, Vol. 4, No. 1, 1973.

Yeo Kim Wah, "The Grooming of an Elite: Malay Administrators in the Federated Malay States, 1903 - 1941," *Journal of Southeast Asian Studies*, Vol. 11, No. 2, 1980.

Cheah Boon Kheng, "Malaysia: The Making of a Nation," *ISEAS-Yusof Ishak Institute*, 2002.

John Charles Bock, Education and nation-building in Malaysiaa: A Study of International Effect in Thirty-four Secondary Schools (Ph. D. diss., Stanford University, 1971).

后 记

岁月如梭，时间飞逝。转眼间，离博士毕业已经三载有余。本书是我在博士学位论文的基础上做部分调整和修改而完成的。这本"小书"能够呈现在读者面前，离不开诸多师友、亲人的帮助、支持和关怀。在这里，我要向他们致以最为真诚的谢意。

首先，要真诚的感谢我的导师何平教授。从攻读硕士学位到攻读博士学位期间，我一直受教于何老师。何老师对我这个"笨"学生的学业倾注了太多太多。从论文的选题、资料的搜集整理、文章的谋篇布局等，何老师都给予了我无微不至的指导，这才能够使得我在最短的时间内完成学业，获得博士学位。"师恩如山，师爱如海"。从 2003 年初入云南大学到现在已经十八载，何老师严谨的治学态度，淡泊、包容的处世态度不仅教会了我如何做学问，也让我更懂得了如何为人处世。在本书即将面世之际，在此真诚地对何老师说一声：谢谢！

其次，要感谢罗圣荣和李桂峰等良师益友。从博士学位论文的酝酿到撰写，再到本书的谋划，他们都给予了相当的支持和帮助。他们在资料的搜集、书稿的校对等方面给予的支持和帮助，对于本书及时定稿起了很大的推动作用。其中，应单独对罗圣荣师兄表示谢意。罗师兄与我共同师从何平教授，年长于我，在我的学业上对我关心颇多，本书的出版也得益于罗师兄的督促和多方联系。在此表示感谢。

最后，感谢我的家人，他们的陪伴是我不断前进的动力。日渐年迈的母亲的理解和包容使得我能够更加全身心地投入学业之中，完成博士学位论文的写作，顺利毕业。求学期间妻子独自一人带孩子诸多不易，劳心劳力，她的理解和支持是我坚持下来的动力。可以说，这本以博士学位论文为基础的"小书"得以定稿并出版，有她们的功劳。谢谢你们，因为有你们，我的路才会走得更稳、更远。

图书在版编目（CIP）数据

马来西亚民族国家建构研究：1957~2003 / 蒋炳庆
著. -- 北京：社会科学文献出版社，2022.1
（地缘政治理论研究丛书）
ISBN 978-7-5201-9296-5

Ⅰ.①马… Ⅱ.①蒋… Ⅲ.①民族国家-研究-马来
西亚-1957-2003 Ⅳ.①D733.862

中国版本图书馆 CIP 数据核字（2021）第 218703 号

·地缘政治理论研究丛书·

马来西亚民族国家建构研究（1957~2003）

著　　者 / 蒋炳庆

出 版 人 / 王利民
组稿编辑 / 宋月华
责任编辑 / 周志静
文稿编辑 / 赵海旭
责任印制 / 王京美

出　　版 / 社会科学文献出版社·人文分社（010）59367215
　　　　　 地址：北京市北三环中路甲 29 号院华龙大厦　邮编：100029
　　　　　 网址：www.ssap.com.cn
发　　行 / 市场营销中心（010）59367081　59367083
印　　装 / 三河市东方印刷有限公司

规　　格 / 开　本：787mm×1092mm　1/16
　　　　　 印　张：19.5　字　数：219 千字
版　　次 / 2022 年 1 月第 1 版　2022 年 1 月第 1 次印刷
书　　号 / ISBN 978-7-5201-9296-5
定　　价 / 128.00 元

本书如有印装质量问题，请与读者服务中心（010-59367028）联系